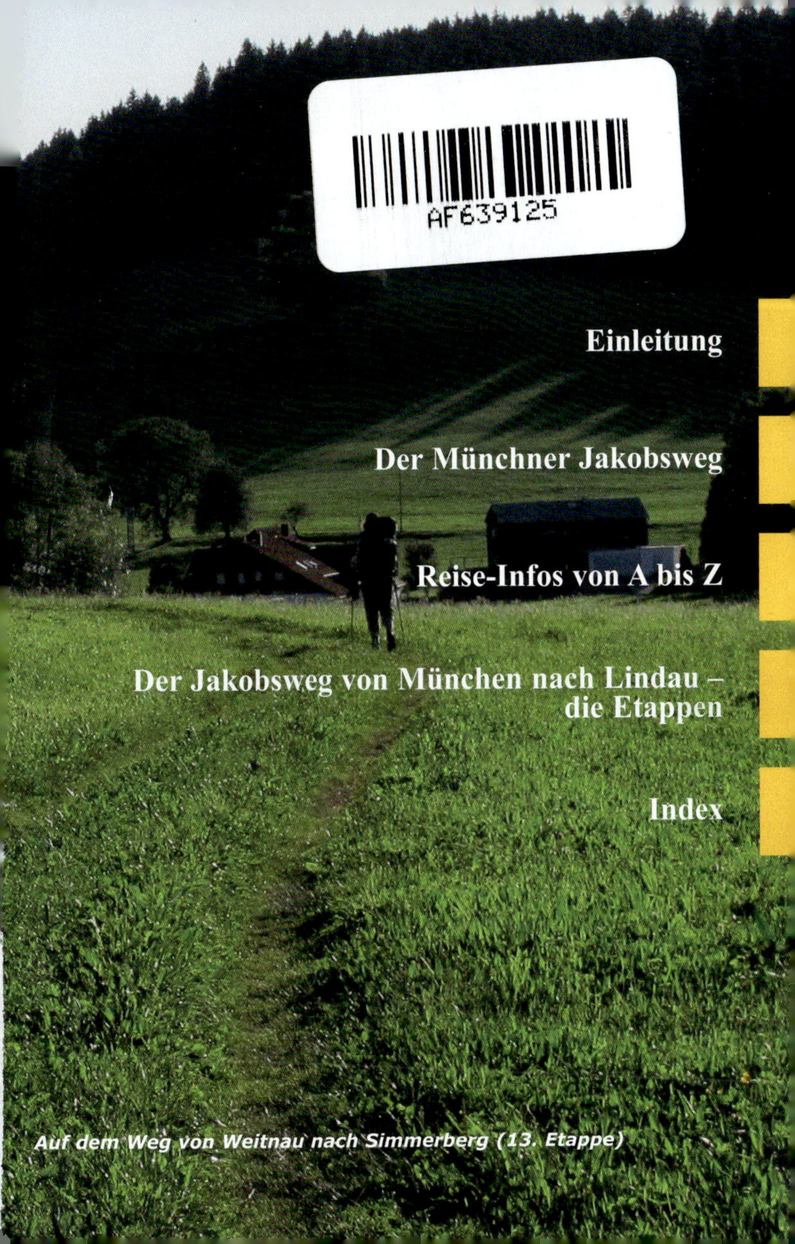

Auf dem Weg von Weitnau nach Simmerberg (13. Etappe)

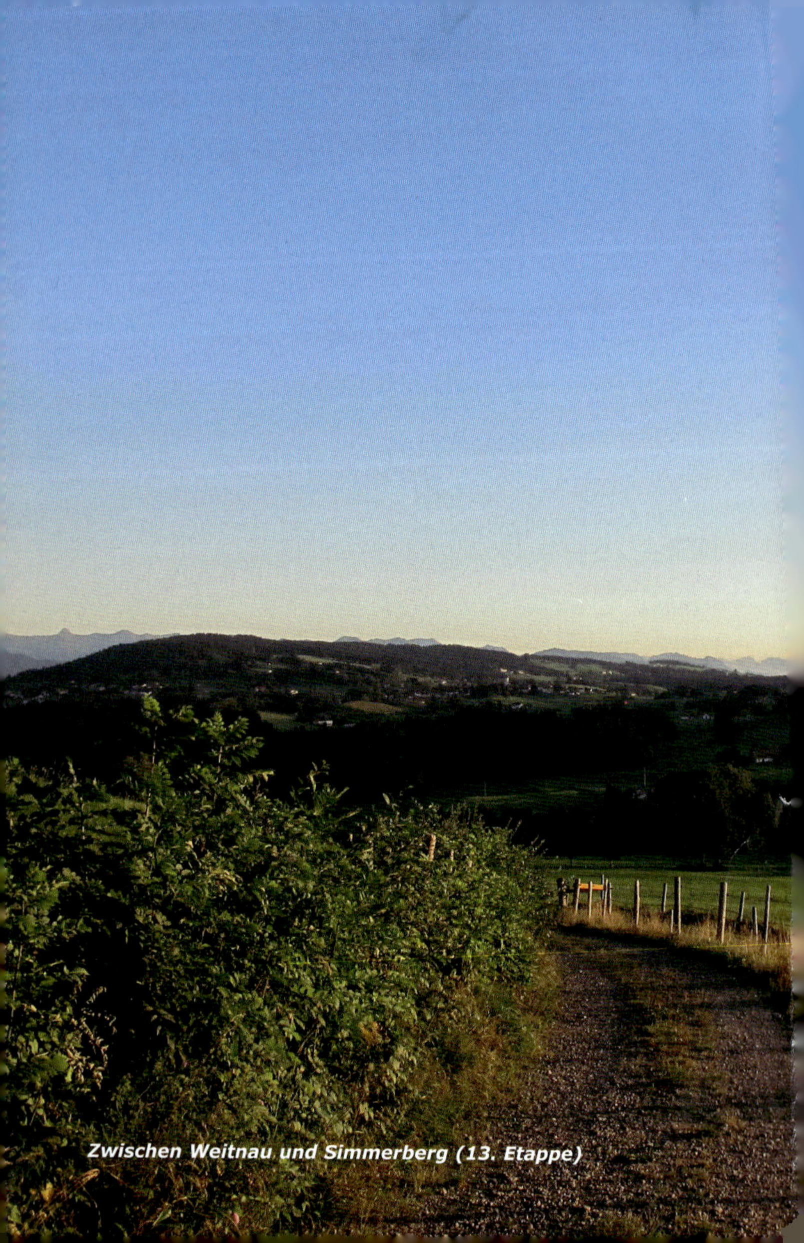

Zwischen Weitnau und Simmerberg (13. Etappe)

Band 187

OutdoorHandbuch

Christiane Haupt

Jakobsweg München – Lindau

mit Variante nach Bregenz

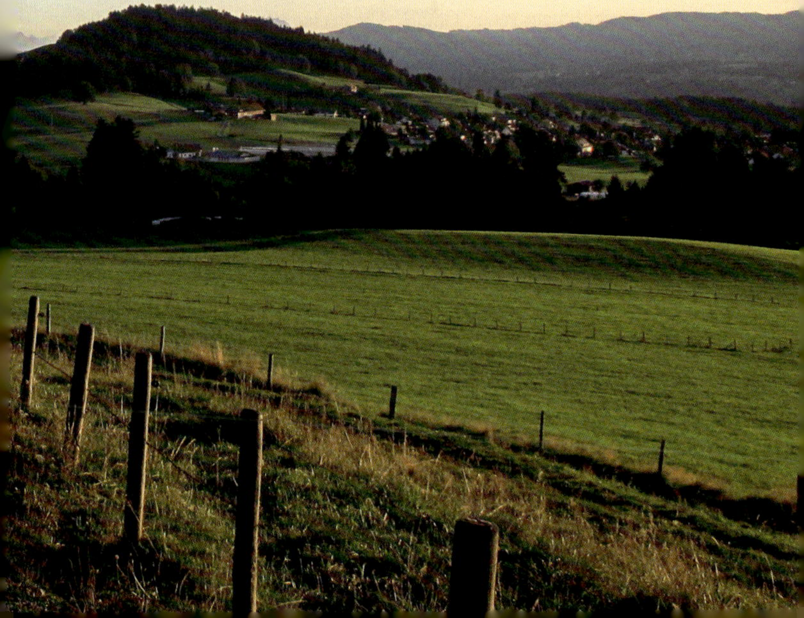

Jakobsweg: München – Lindau

Dieses OutdoorHandbuch wurde konzipiert und redaktionell erstellt vom:

Conrad Stein Verlag GmbH
Kiefernstr. 6, 59514 Welver
☏ 023 84/96 39 12
info@conrad-stein-verlag.de
www.conrad-stein-verlag.de
www.facebook.com/outdoorverlag
www.instagram.com/outdoorverlag

Druckprodukt mit finanziellem **Klimabeitrag**
ClimatePartner.com/53106-2406-1010

Als Outdoor-Verlag sind uns der Schutz und die Erhaltung der Natur seit jeher ein besonderes Anliegen. Auch in Sachen Klimaschutz haben wir eine Vorreiterrolle inne: Wir sind der einzige Buchverlag in Deutschland, der bereits seit 2008 seine Bücher konsequent klimaneutral in Deutschland produzieren und transportieren lässt. Dabei wird nicht nur klimaneutral, sondern auch nachhaltig, d. h. so umweltschonend wie möglich produziert, z. B. durch die Auswahl von umweltfreundlichen Materialien. Die bei der Produktion der Bücher entstandenen CO_2-Emissionen werden durch die Unterstützung von zertifizierten Klimaschutzprojekten ausgeglichen. Jedes Buch wird daher mit dem Logo „klimaneutral" und einer Climate-Partner-Zertifikatsnummer versehen. Mithilfe dieser Nummer können Sie unter www.climatepartner.com Informationen zu der eingesparten CO_2-Menge und dem Projekt finden, das mit der Abgabe gefördert wird.

Das Engagement des Conrad Stein Verlags wurde im Rahmen des Projekts „Klimaneutraler Buchverlag" mit dem Westenergie Klimaschutzpreis 2022 ausgezeichnet.

OutdoorHandbuch Band 187

ISBN 978-3-86686-843-4 8., überarbeitete Auflage 2024

Text: Christiane Haupt
Fotos: Hans-Jürgen Haupt
Karten: Manuela Dastig
Lektorat: Amrei Risse und Ricarda Kuschma
Layout: Ricarda Kuschma

Gesamtherstellung: AZ Druck und Datentechnik GmbH, Kempten

Dieses OutdoorHandbuch hat 192 Seiten mit 55 farbigen Abbildungen sowie 21 farbigen Karten im Maßstab 1:120.000, 18 farbigen Höhenprofilen und einer farbigen, ausklappbaren Übersichtskarte.

Autorin und Verlag freuen sich über Ihr Feedback. Schreiben Sie Ihre Tipps und Verbesserungen an info@conrad-stein-verlag.de oder nutzen Sie unsere Social-Media-Kanäle. Bitte nennen Sie dabei Titel, Auflage und Seitennummer.

Dieses Buch ist im Buchhandel und in Ausrüstungsläden erhältlich und kann im Internet oder direkt beim Verlag bestellt werden.

Titelfoto: Auf dem Weg zum Kloster Rottenbuch (6. Etappe)

Inhalt

☺ Eine **Übersichtskarte** des Weges, **Autorinnenprofil** sowie eine Liste aller verwendeten **Symbole** in diesem Buch finden Sie auf den vorderen und hinteren Umschlagseiten bzw. -klappen.

Einleitung

Schon im frühen Mittelalter war der Jakobsweg als Pilgerweg in Europa bekannt. Jakobus der Ältere, der Sohn des Zebedäus, war laut einer Überlieferung ein enger Verwandter von Jesus und wurde im Jahr 44 n. Chr. von Herodes getötet. Angeblich entdeckte man sein Grab im Jahr 813 in Galicien in Nordwestspanien und von da an pilgerten Hunderttausende nach Santiago de Compostela, um am Grab des Apostels für die Vergebung ihrer Sünden zu beten.

Im 11. und 12. Jh. hatte die Stadt für die christlichen Gläubigen einen ebenso hohen Stellenwert wie Rom oder Jerusalem. Und so machten sich Arme und Reiche, Gesunde und Kranke, Junge und Greise aus allen Teilen Europas auf die mehrmonatige Reise nach Spanien. Ein ganzes Wegesystem führte kreuz und quer über den Kontinent nach Santiago. Entlang der Pilgerrouten entstanden Hospize, Kirchen und Kapellen. Die verschiedenen Jakobswege aus allen Regionen Europas überzogen die alte Welt wie ein Netz, das sich schließlich wie ein Trichter auf Santiago de Compostela hin verengte.

In der Neuzeit geriet der Jakobsweg in Vergessenheit. Doch in den vergangenen 40 Jahren hat er eine bemerkenswerte Renaissance erfahren: 1982 besuchte Papst Johannes Paul II. Santiago und rief die Gläubigen dazu auf, die christlichen Wurzeln in Europa wiederzuentdecken. 1987 erklärte der Europarat die Jakobswege nach Santiago zum ersten Kulturweg Europas, die seither auch zum UNESCO-Weltkulturerbe gehören. Dies löste in ganz Europa eine zweite Wanderwelle auf dem Jakobsweg aus. Wurden 1987 gut 3.000 Pilgerinnen und Pilger pro Jahr registriert, waren es im Jahr 2017 über 301.000 und im Rekordjahr 2023 über 446.000 Menschen aus allen Ländern der Erde. Jeder, der zu Fuß, per Rad oder auf dem Pferderücken Santiago erreicht und anhand von diversen Stempeln in seinem Pilgerausweis nachweisen kann, dass er zumindest die letzten 100 km zu Fuß bzw. 200 km auf dem Rücken eines Pferdes oder per Rad zurückgelegt hat, erhält eine Urkunde. In Spanien und Frankreich wird die Urkunde „Compostela“ zunehmend in Bewerbungsunterlagen verwendet. Die Bewerberinnen und Bewerber zeigen damit, dass sie über ihre Fachkompetenz hinaus auch in sozialem und spirituellem Verhalten geübt sind und über Durchhaltevermögen verfügen. Manche Firmen verlangen regelrecht den Nachweis einer Pilgerfahrt nach Santiago als Qualifikationsbeleg.

Um es gleich vorwegzunehmen: Einen „richtigen“ Jakobsweg von München nach Lindau gab es im Mittelalter nicht. Die Pilgernden folgten meist den großen Han-

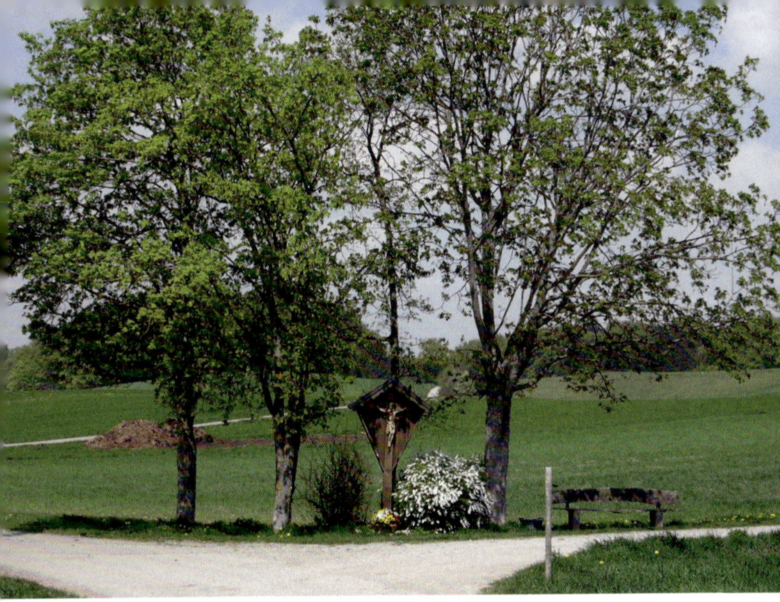

Auf dem Weg nach Andechs (2. Etappe)

delsrouten, da sie hier Übernachtungsmöglichkeiten und Versorgungsstätten fanden. Sie pilgerten häufig von Kloster zu Kloster, weil ihnen hier Unterschlupf und eine warme Mahlzeit gewährt wurde und Pilgernde niemals abgewiesen werden durften. Aber eine eindeutige Route gab es nicht. Man sah halt, wie man am besten vorankam, und nutzte auch mal eine Mitfahrgelegenheit auf einem Karren.

Heute ist es anders: Die verschiedenen Jakobswege durch ganz Europa sind gut beschildert. Dieses Buch beschreibt den Weg von München bis nach Lindau am Bodensee, wie er von einer privaten Initiative seit 2003 anhand von historischen Reiseberichten rekonstruiert und beschildert wurde. Die großen Handelsstraßen, auf denen einst die Gläubigen pilgerten, sind heute häufig befahrene Autostraßen und somit für den Weg zu Fuß nach Santiago de Compostella nicht mehr geeignet.

Die Initiatorinnen und Initiatoren des Münchner Jakobsweges orientierten sich bei der Planung deshalb an Orten, bei denen eine historische Beziehung zum Jakobuskult nachgewiesen werden konnte, und verbanden diese durch Wege, die abseits der viel befahrenen Straßen liegen. Dabei kam ihnen auch das vorbildliche bayerische Fernwandernetz zur Hilfe. Und so führt der Münchner Jakobsweg idyllisch durch Wälder und Wiesen, vorbei an sehenswerten Klosteranlagen und Wallfahrtskirchen, auf Wegen wie dem König-Ludwig-Wanderweg oder dem Prälatenweg.

Als ich im Sommer 2004 gemeinsam mit einer Freundin zum ersten Mal auf dem Jakobsweg von München nach Bregenz pilgerte, wurden wir häufig gefragt: „Der Jakobsweg? Aber der ist doch in Spanien?" Der 2003 eröffnete Münchner Jakobsweg war zu diesem Zeitpunkt noch fast unbekannt und viele Einheimische hatten noch nie davon gehört, dass nun der Weg zum heiligen Jakob durch ihre Gemeinde führte.

Inzwischen besteht der Jakobsweg schon fast 20 Jahre. Da hat sich einiges geändert: Viele Gemeinden freuen sich, dass die Pilgerinnen und Pilger in ihre Ortschaften kommen. Es werden mancherorts gemeinsame Gebete angeboten, Meditationsstätten entlang des Weges errichtet und in Gaststätten Pilgermenüs zubereitet. Viele Hotels und Pensionen haben sich auf die neuen Wandergäste eingerichtet und viele aus der Region, die selbst den Camino gegangen sind, bieten nun private Übernachtungsmöglichkeiten an. Das Netteste, was ich bei meinen Recherchen entdeckt habe, war eine Jakobsmuschel an einem Gartentor. Beim genaueren Betrachten sah ich ein Schild und einen Kasten mit Mineralwasser: „Wasserspende für Jakobspilger".

Mit der Popularität ändert sich aber auch der Weg immer wieder: Tourismusämter erkennen den Wert der Pilgernden, führen sie vielleicht noch zu der einen oder anderen Sehenswürdigkeit im Ort oder optimieren die Wegführung. Das heißt auch für dieses Buch, dass es inzwischen zum siebten Mal stark überarbeitet wurde. Doch ich möchte nicht ausschließen, dass sich auch nach sorgfältiger Recherche das ein oder andere ändert. Konsultieren Sie vor Ihrem Start auf dem Pilgerweg immer die Webseite des Conrad-Stein-Verlages (💻 www.conrad-stein-verlag.de), auf der die aktuellsten Änderungen zu finden sind.

In den mehr als 18 Jahren, in denen ich mich inzwischen mit dem Münchner Jakobsweg beschäftige, merke ich immer wieder, dass der Jakobsweg etwas sehr Lebendiges ist, er sich immer wieder verändert und wandelt und dass es DEN Jakobsweg nicht gibt.

Deswegen bitte ich Sie, beim Wandern bzw. Pilgern auf dem Münchner Jakobsweg immer daran zu denken, dass Ihr „Jakobsweg" einzigartig ist. Seien Sie offenen Geistes, egal ob Sie sich aus christlichen Motiven auf den Weg machen oder um Ruhe und Entspannung in einer hektischen Welt zu finden. Lassen Sie sich auf die Einfachheit des Pilgerlebens ein, lassen Sie sich überraschen von den vielfältigen Erfahrungen auf dem Weg. Lernen Sie vielleicht auch Ihre Grenzen kennen und freuen Sie sich, die schöne bayerische Landschaft in diesem beschaulichen

Tempo in sich aufnehmen zu können. Ich wünsche allen Leserinnen und Lesern dieses Buches, dass sie angeregt werden, den Weg selbst zu gehen, dass sie anschließend mit vielen positiven Erfahrungen heimkehren und der Jakobsweg zu Hause noch in ihrem Herzen nachhallt.

Danke

Danken möchte ich allen, die mich bei dieser 8. Auflage unterstützt haben. Mein besonderer Dank gilt meinem Sohn Fritz Müller. Bereits für die 5. Auflage hat er mich – gerade 7 Jahre alt – über 100 Kilometer zu Fuß begleitet. Ich denke, dieser Sommer 2017 war für uns beide eine einzigartige Erfahrung. Auch bei der Recherche für diese Auflage, war er wieder gerne mit auf dem Weg. Weiter gilt der Dank meiner Mutter Ursula Haupt, die den Kontakt zu den Fremdenverkehrsämtern und Vermietern seit vielen Jahren übernommen hat. Danken möchte ich auch Jörg Müller für die Erstellung des GPS-Tracks am Computer und natürlich den vielen Lesern der ersten sieben Auflagen, die mit ihren Anregungen und wertvollen Hinweisen geholfen haben, den Führer immer wieder aktuell zu halten. Mein ganz besonderer Dank gilt meinem Bruder Jürgen Haupt, der sich für die Fotografien in diesem Wanderführer verantwortlich zeichnet. Seit der ersten Auflage im Jahr 2007 hat er mich in diesem Projekt begleitet. Leider ist er im April 2020 plötzlich verstorben und so widme ich dieses Buch seinem Andenken.

Richtung Rottenbuch (6. Etappe)

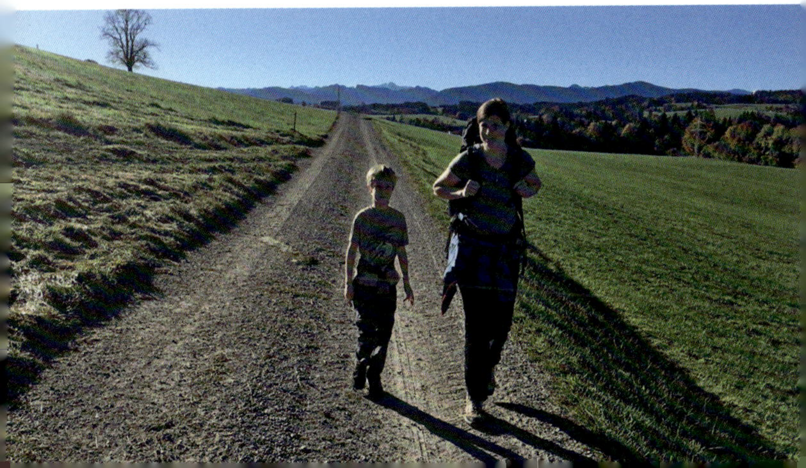

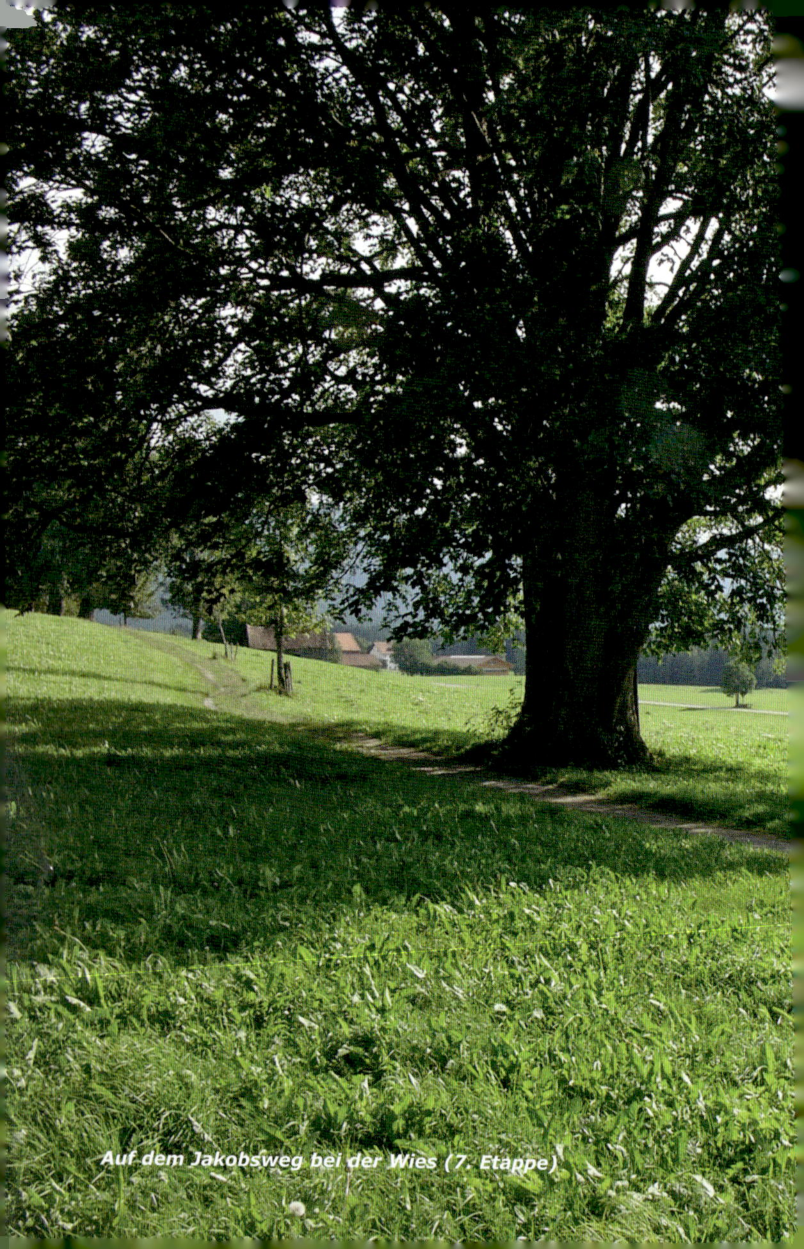

Auf dem Jakobsweg bei der Wies (7. Etappe)

Der Münchner Jakobsweg

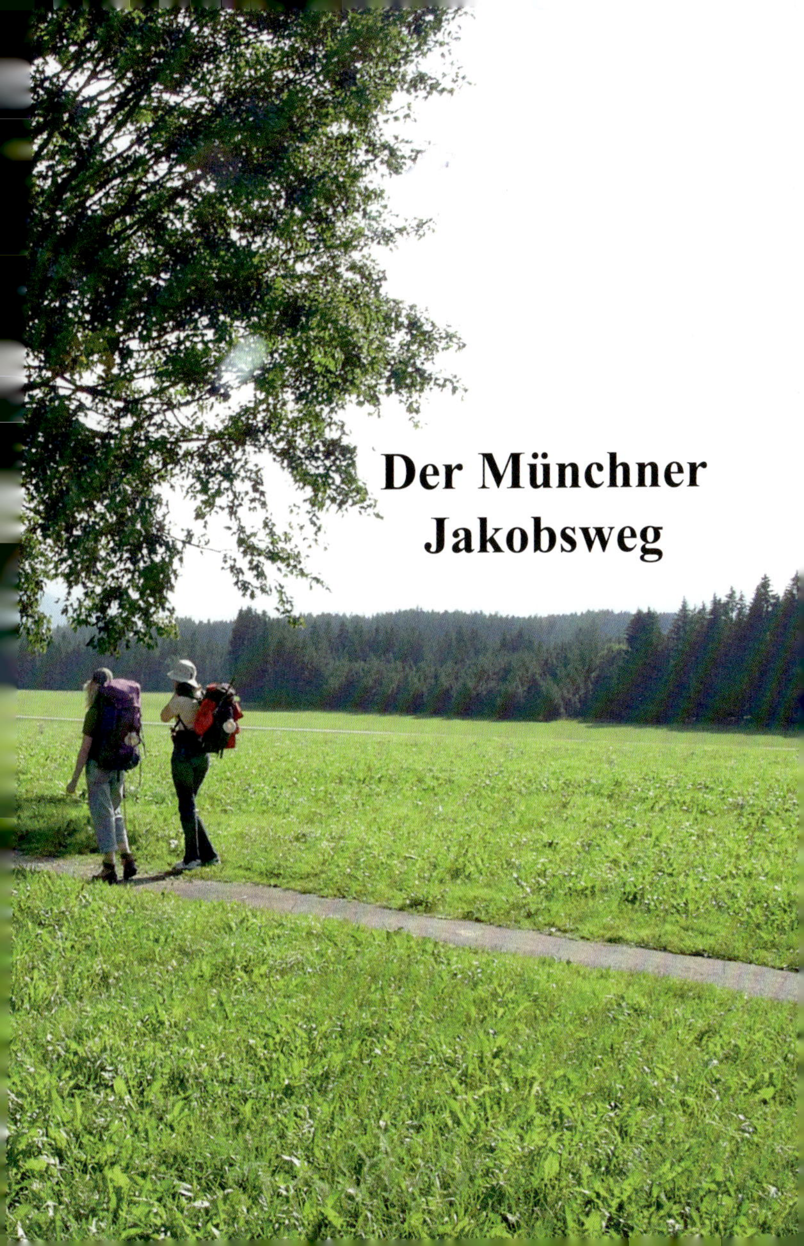

Im Mittelalter schien halb Europa im Wanderfieber zu sein. Mit einer Muschel als Erkennungszeichen an Kragen oder Hut und einem langen Wanderstab machten sich viele auf den Jakobsweg in Richtung Spanien. Das Wegenetz führte durch ganz Deutschland, die Schweiz und Frankreich bis nach Santiago de Compostela. Natürlich brachen auch viele Gläubige aus Bayern auf, um am Grab des heiligen Jakobs um die Vergebung der Sünden zu bitten. Wie groß dieses Abenteuer im Mittelalter gewesen sein muss, kann man nur erahnen. Die meisten Menschen kannten nur die Umgebung ihres Heimatdorfes. Selten kam man mit Fremden in Berührung, schon gar nicht mit Menschen, die eine fremde Sprache sprachen, andere Gewohnheiten oder Sitten hatten. Außerdem war die Pilgerfahrt eine Reise voller Gefahren: Räuber lauerten am Wegesrand, Krankheiten waren keine Seltenheit und die Anstrengung des Weges brachte viele an den Rand der Erschöpfung. Die Gefährlichkeit des Weges dokumentieren noch heute Kirchenbücher, in denen sich der Vermerk „Blieb auf Jakobs Straß" bei den vielen Verstorbenen oder Vermissten findet. Wer nach Santiago aufbrach, der nahm bewusst Abschied von der Heimat und Familie, in der Gewissheit, dass es bis zu einer glücklichen Rückkehr lange dauern würde.

Warum pilgerten die Menschen nach Santiago? Die Legende erzählt, dass der im Jahr 44 hingerichtete Apostel Jakobus dort begraben liegt. Angeblich hätten die Jünger seinen Leichnam nach der Hinrichtung in Jerusalem in die nahe Hafenstadt Jaffa getragen, wo sie ein Schiff an der Küste wundersam zu erwarten schien. Sie seien mit dem Toten eingestiegen und hätten den Segeln freien Lauf gelassen. Nach abenteuerlicher Fahrt sei das Schiff schließlich in Iria Flavia, dem heutigen Ort Padrón, eingelaufen. Nicht weit von der Küste entfernt sei Jakobus dann begraben worden. Im Sommer 813 wurde das angebliche Grab von einem Hirten wiederentdeckt. Dieser eilte, nachdem ihm Engel mitgeteilt hatten, dass es sich um die Gebeine des Apostels Jakobus handele, zum Bischof von Iria Flavia und unterrichtete diesen. Der Bischof folgte dem Hirten und entdeckte somit ganz offiziell die Reliquie. König Alfonso (759-842) begab sich, als er die Kunde vernahm, sofort zu der Fundstelle. Er gilt heute nicht nur als der erste Pilger, sondern er deklarierte den heiligen Jakobus auch zum Nationalheiligen, zum Beschützer des Christentums im vom Islam geprägten Spanien. Über dem Grab wurde eine Kirche errichtet und schon bald entstand eine Ortschaft, die vor allem von den wachsenden Pilgerströmen lebte. Der Ort wurde nach dem heiligen Jakob (Santiago) und dem Feld (lat. campus), auf dem die Sterne (lat. stella) leuchten, benannt.

München, 1158 als klösterliches Anwesen „Zu den Mönchen" gegründet, war in der Zeit der ersten Jakobspilgerinnen und -pilgern nur eine kleine Siedlung.

Eine Kapelle – Sankt Jakob im Anger – außerhalb der Stadtmauern diente als Sammelpunkt für jene, die aus Zentral- und Osteuropa nach Santiago unterwegs waren. Als sich im Jahr 1221 Franziskanermönche in München niederlassen wollten, wurden ihnen von der Bürgerschaft Münchens die Jakobskirche und ein kleines Haus daneben geschenkt. Die Franziskaner übernahmen die Versorgung der wachsenden Pilgerschar auf dem Anger vor den Toren Münchens. Und das war eine wachsende Aufgabe: Bis zu 60.000 sollen im Gnadenjahr 1392 wöchentlich durchgezogen sein.

Die heutige Route des Jakobswegs von der bayerischen Landeshauptstadt nach Lindau bzw. Bregenz ist zwar historisch nicht belegt, aber sie stellt eine plausible und sinnvolle Wegführung dar, der auch die Gläubigen im Mittelalter gefolgt sein könnten, vor allem, weil in ungefährer Distanz eines Tagesmarsches meist ein Kloster liegt, das einst sicher Übernachtungsplätze bereitstellte. Die Pilgerroute von München bis nach Spanien umspannt rund 2.700 km, man braucht gut drei Monate bis Santiago. Der Weg führt quer durch das Allgäu nach Lindau bzw. Bregenz und von dort zu den Anschlusswegen durch die Schweiz und Frankreich.

Pilgerausweis

Das wichtigste Requisit für das Pilgern ist der Pilgerausweis (spanisch: credencial de peregrino). Sie erhalten ihn bei einer Jakobusgesellschaft. Anhand dieses Ausweises, der in vielen Herbergen, Pfarrämtern und Kirchen abgestempelt werden kann, weisen Sie schließlich in Santiago nach, dass Sie tatsächlich den Weg zu Fuß bezwungen haben. Auf dem Weg zwischen München und Lindau ist der Ausweis Voraussetzung dafür, dass Sie in den privaten Pilgerunterkünften am Weg übernachten können. Manche Hotels oder Pensionen bieten auch unter der Vorlage des Pilgerausweises Vergünstigungen an (in solchen Fällen ist dies bei den Informationen zur Unterkunft im Reiseteil vermerkt).

Zur Ausstellung eines Pilgerausweises benötigen die Jakobusgesellschaften Namen und Adresse, Geburtsdatum sowie Pass- oder Personalausweisnummer. Außerdem sollten Sie der Gesellschaft mitteilen, an welchem Tag und in welchem Ort die Pilgerfahrt beginnen soll und ob Sie zu Fuß, per Fahrrad oder mit dem Pferd unterwegs sind.

Die Ausstellung des Ausweises kostet bei den Jakobusgesellschaften circa € 10 plus Porto. Es ist ratsam, den Pilgerausweis nicht in allerletzter Minute zu beantragen, denn die Ausstellung kann einige Tage in Anspruch nehmen (Jakobusgesellschaften ☞ Reise-Infos von A bis Z/Information, S. 25).

Auf dem Münchner Jakobsweg bekommen Sie den Pilgerausweis:

▷ Im Spirituellen Zentrum Sankt Martin (evangelisch) postalisch, oder im Rahmen einer Aussendungsfeier

♦ **Spirituelles Zentrum St. Martin**, Arndtstr. 8 Rückgebäude, 80469 München, ☎ 089/20 10 427, ✍ pilgern@stmartin-muenchen.de, 💻 www.stmartin-muenchen.de

▷ Im Rahmen einer Pilgermesse in der katholischen Sankt-Jakobs-Kirche am Anger (☞ Pilgersegen, siehe unten)

▷ Im Pilgerzentrum in Scheidegg (☞ S. 169); dort können Sie den Pilgerausweis vor Ort erwerben

Die Jakobsmuschel

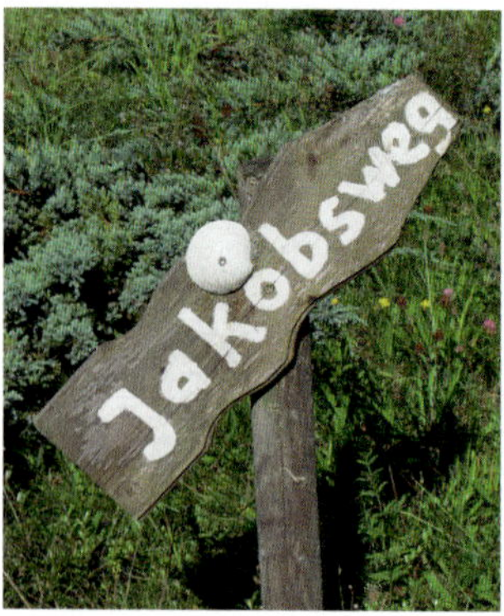

Wegweiser mit Muschel

Die Jakobsmuschel galt früher nicht nur als Zeichen für die Pilgerschaft nach Santiago, sondern vor allem als Nachweis, dass man das ferne Ziel erreicht hatte. Von Santiago aus wanderten viele weiter an das 90 km entfernte Kap Finisterre – das Ende der damals bekannten Welt –, wo man die Muschel am Strand findet. Später wurden Jakobsmuscheln auch in Santiago verkauft und waren somit eine wichtige Einnahmequelle für den Wallfahrtsort. Alle brachten diese mit nach Hause und bewiesen so, dass sie das Pilgerziel erreicht hatten.

Der Legende nach ritt ein spanischer Adeliger einst dem Schiff entgegen, das mit dem Leichnam des Jakobus nach Spanien einlief. Er verunglückte und versank im Meer. Vermutlich wäre er ertrunken, wenn nicht der heilige Jakob ihn aus den Fluten gerettet hätte. Als er jedoch dem Wasser entstieg, war sein Körper völlig mit Jakobsmuscheln bedeckt. Deshalb tragen Pilgernde bis heute Jakobsmuscheln als Symbol des Schutzes bei sich. Sie gilt als Erkennungszeichen und dient gleichzeitig auch zum Schöpfen und Trinken von frischem Wasser. In der christlichen Symbolik bedeutete die Muschel, dass der heilige Jakob den Pilger zu den Quellen Gottes führen möge. Papst Benedikt hatte die Jakobsmuschel in seinem Wappen.

Pilgersegen

Im Angerkloster der Armen Schulschwestern von Unserer Lieben Frau im Zentrum Münchens wurde 1989 eine alte Tradition wieder mit Leben erfüllt. Im Sommer können Sie in der St.-Jakob-Kirche ein bis zwei Mal im Monat an Aussendungsfeiern teilnehmen. Mit diesem Segen können Sie dann Ihre Wallfahrt nach Santiago beginnen und erhalten vom Kloster aus auch einen Pilgerausweis. Normalerweise finden die Aussendungen von März bis September im Anschluss an den Gottesdienst mit der Schwesterngemeinschaft am Samstag um 7:30 statt. Am Vorabend des Patroziniums, also am 24.7., findet jährlich ebenfalls eine große Aussendungsfeier statt.

Termine können telefonisch erfragt werden. Eine Anmeldung etwa zwei Wochen vor dem Aussendungstermin ist unbedingt erforderlich. Einen Pilgerausweis ohne Teilnahme an der Aussendungsfeier stellt die Schwesterngemeinschaft übrigens nicht aus.

♦ **Arme Schulschwestern Unserer Lieben Frau**, Unterer Anger 2, 80331 München, ☏ 089/231 79-0, 💻 schulschwestern.de/jakobuspilger/

Seit März 2020 ist es auch möglich, im Spirituellen Zentrum Sankt Martin jeweils am ersten Freitag im Monat um 8:15 an einer Segnung vor Antritt des Pilgerweges teilzunehmen. Die Anmeldung sollte mindestens eine Woche vorher erfolgen. Im November am Ende der Pilgersaison bietet das Zentrum eine Segnung für Zurückkehrende an (☞ links oben).

Das heilige Jahr

Seit 1122 feiert Santiago de Compostela das heilige Jahr. Papst Calixtus II. rief in diesem Jahr den Jubiläumsablass in der Kirche des heiligen Jakobus aus. Das heilige compostelanische Jahr wird seither immer dann gefeiert, wenn der Jakobstag, der 25. Juli, auf einen Sonntag fällt. Wer in einem heiligen Jahr zum Grab des Jakobus pilgert, erhält einen vollständigen Ablass der Sünden. Zahlreiche Veranstaltungen in Santiago de Compostela finden dann zu Ehren des Patrons von Spanien statt. In den Jubeljahren sind immer besonders viele unterwegs. Das nächste heilige Jahr wird 2027 gefeiert.

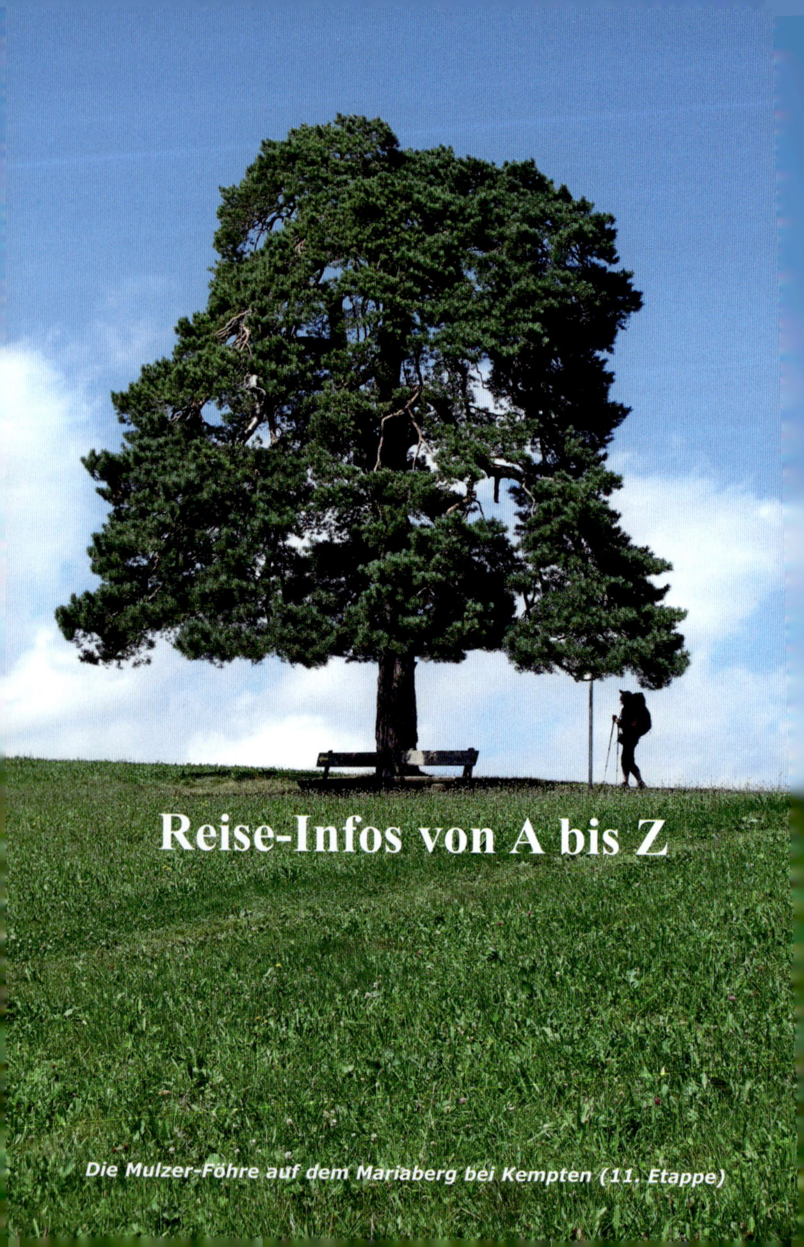

Reise-Infos von A bis Z

Die Mulzer-Föhre auf dem Mariaberg bei Kempten (11. Etappe)

An- und Rückreise

München hat einen internationalen Flughafen, von dem man mit der S-Bahn in die Innenstadt zum Startpunkt des Weges an der Jakobskirche gelangt. Gleichzeitig ist München sehr gut mit dem Zug zu erreichen.

Bei der Anreise mit dem eigenen Pkw können Sie den Wagen auf den Parkplätzen der Park&Ride GmbH im Parkhaus Messestadt Ost und Parkhaus Fröttmaning abstellen. Das Parken in diesen Parkhäusern kostet pro Tag € 3. Von beiden Parkhäusern aus ist die Innenstadt mit den öffentlichen Verkehrsmitteln zu erreichen.

♦ Park&Ride, ☏ 089/32 46 47 48, ✉ info@parkundride.de, 💻 www.parkundride.de

Von Lindau und Bregenz aus treten Sie die Heimreise am günstigsten mit dem Zug an. Die Züge fahren von beiden Orten fast stündlich in Richtung München zurück. Außerdem können Sie sowohl von Lindau als auch von Bregenz aus den Jakobsweg entweder in Richtung Rorschach fortsetzen oder mit dem Schiff nach Konstanz übersetzen, um dann auf dem Schwabenweg durch die Schweiz zu wandern. Näheres zu den Anschlussmöglichkeiten in der Schweiz finden Sie am Ende der Wegbeschreibung.

Für den Fall, dass Sie einen kürzeren Abschnitt des Jakobsweges in Bayern zurücklegen wollen oder müssen, sind Bahnhöfe und die wichtigsten Zugverbindungen entlang des Weges in der Wegbeschreibung mit dem Symbol 🚆 angegeben.

Günstige Rückreisemöglichkeiten nach München haben Sie von Marktoberdorf und Kempten aus, wo Sie größere Bahnhöfe finden. Viele andere Orte sind nur mit dem Überlandbus des Regionalverkehrs Oberbayern (RVO) bzw. dem Regionalverkehr Allgäu (RVA) zu erreichen. Diese fahren in manchen Dörfern nur wenige Male am Tag bzw. am Wochenende sowie in den bayerischen Schulferien (💻 www.schulferien.eu/bayern/ferientermine-by/) oft überhaupt nicht.

Sollten Sie aus einem kleineren Ort zurückreisen wollen, können Sie mithilfe der Reiseauskunft der Bayerninfo alle Verkehrsverbindungen innerhalb Bayerns im Vorfeld planen.

💻 www.bayerninfo.de

Ausrüstung

Um den Jakobsweg vollauf genießen zu können, sollten Sie in die Vorbereitung ein wenig Zeit investieren und überlegen, ob Sie mit Ihrer Ausrüstung viele Stunden am Tag bequem unterwegs sein können.

Der Rucksack sollte gut am Rücken sitzen, ohne Druckstellen zu verursachen. Für eine Mehrtagestour brauchen Sie einen Trekkingrucksack mit etwa 40-60 Litern Stauraum. Je leichter Ihr Gepäck ist, desto leichter wird Ihnen der tägliche Fußmarsch von fünf bis acht Stunden fallen. Auf Ihren Füßen lastet weniger Druck, was das Blasenrisiko erheblich senkt. Lassen Sie sich am besten in einem guten Sport- bzw. Bergsportgeschäft beraten, denn Tragegestelle, Material etc. sind heute sehr unterschiedlich und man sollte sich aus den verschieden Modellen ein Fabrikat heraussuchen, das gut zur eigenen Körperform passt. Häufig können Sie sich bei der Kaufberatung Gewichte in den Rucksack geben lassen, sodass Sie vor dem Kauf ein Gefühl dafür bekommen, wie bequem sich der Rucksack tragen lässt, wenn er 10 bis 15 Kilo schwer ist. Eine Regenhaube, die manchmal im Rucksack integriert ist, hält Ihr Gepäck bei Regen trocken. Sollte keine vorhanden sein, dann besorgen Sie sich noch einen passenden Regenschutz für den Rucksack. Nichts ist unangenehmer, als wenn man abends in der Herberge feststellen muss, dass seine Habe feucht geworden ist.

Outdoorbekleidung aus modernen Fasern ist strapazierfähig, leicht und trocknet extrem schnell. Sie sollten einkalkulieren, dass Sie öfter waschen müssen, denn das gesamte Gepäck für 10 bis 14 Tage Fußmarsch können Sie unmöglich auf Ihren Schultern tragen. Daher sollten Sie die Kleidung und Wäsche unter dem Aspekt auswählen, ob sie leicht ist, schnell trocknet und bequem zu tragen ist. Wirklich nur das Notwendigste mitzunehmen, auszuwählen, was einem wichtig ist und auf was man verzichten kann, diese Erfahrungen gehören mit zu den einprägsamsten Eindrücken auf dem Jakobsweg.

Regenbekleidung ist unverzichtbar. Nichts ist schlimmer, als wenn Sie in einen Schauer kommen und für den Rest des Tages nasse Kleidung am Leib haben. Empfehlenswert sind Regenponchos, die auch über den Rucksack passen. Dieses Cape hält Sie und Ihr Gepäck bei starken Regengüssen trocken. Manche haben sogar eine spezielle Ausbuchtung für Ihren Rucksack, sodass sie besser über Ihr Gepäck passen.

Bei starkem Regen sollte der Rucksack unbedingt unter dem Poncho sein, da das Wasser oft zwischen Rucksack und Rücken läuft und das Gepäck dann trotz Regenschutz nass wird. Gleichzeitig hat sich für mich persönlich gezeigt, dass es sinnvoll ist, neben dem Cape noch eine wasserdichte Goretex-Jacke mitzunehmen. Diese hält warm, schützt vor Wind und reicht bei leichtem Nieselregen völlig aus.

Einen Schlafsack brauchen Sie für den bayerischen Jakobsweg nur, wenn Sie vorhaben, im Freien oder in den wenigen Jugendherbergen am Weg zu übernachten. Ansonsten übernachten Sie ja in Hotels oder Privatunterkünften. Auch auf ein großes Handtuch im Gepäck können Sie verzichten. Sollten Sie allerdings planen, in die Schweiz weiterzuwandern, empfiehlt es sich, einen Schlafsack dabeizuhaben. Denn in der Schweiz gibt es viele billige Unterkünfte – wie z. B. „Schlafen im Stroh" –, in denen Sie auf einen Schlafsack nicht verzichten sollten.

Am wichtigsten ist es, Blasen vorzubeugen, denn wenn die Füße erst einmal wund sind, wird das Wandervergnügen oft zur Qual. Die wichtigsten Tipps zur Vorbeugung sind, nur eingelaufene Schuhe und möglichst speziell gepolsterte Socken oder Strümpfe ohne Nähte zu tragen. Pflegen Sie Ihre Füße auf dem Jakobsweg gut und halten Sie sie trocken. Nicht nur bei großer Hitze ist es ratsam, während der Pause die Schuhe auszuziehen und die Socken trocknen zu lassen. Ein kaltes Fußbad an einem Fluss kühlt zwar vorübergehend, lässt jedoch die Haut aufquellen und somit das Blasenrisiko ansteigen. Sinnvoll ist es – ob Sie zu Blasen neigen oder nicht –, vorbeugend ein paar spezielle Blasenpflaster einzupacken. Es hält meiner Erfahrung nach am besten, wenn es zusätzlich noch mit Leukoplast festgeklebt und dann mehrere Tage nicht abgenommen wird. Dann kann die Blase schnell verheilen.

Ein Wanderstock entlastet die Gelenke und stützt vor allem, wenn man Gewicht auf dem Rücken tragen muss. Die Erfahrung zeigt, dass zwei leichte Teleskopstöcke am besten sind. Ihre Länge kann individuell angepasst werden. Man kann sie auch platzsparend am bzw. im Rucksack verstauen.

In den Sommermonaten kam es in den vergangenen Jahren am Ammersee und Starnberger See zu einer Mückenplage. Daher ist es sicher auch gut, ein entsprechendes Mittel zum Schutz vor lästigen Stichen im Gepäck zu haben.

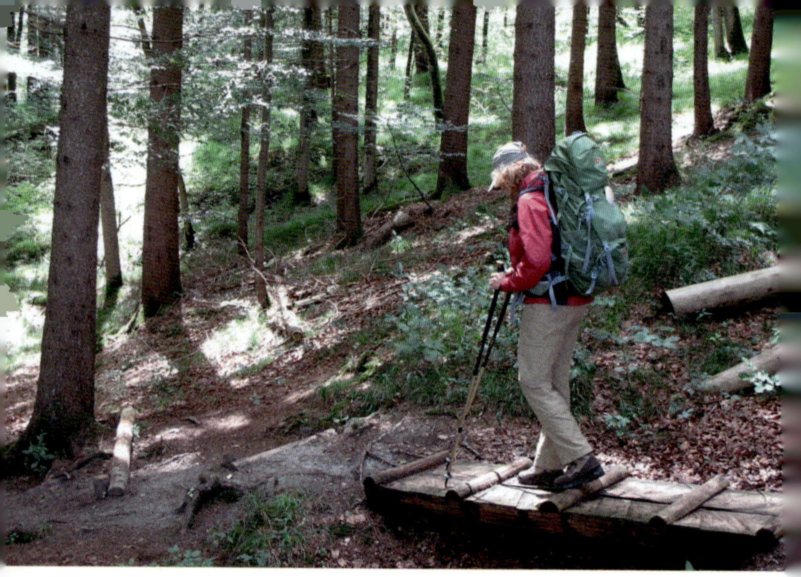

Wanderstöcke helfen in unwegsamem Gelände

Achten Sie darauf, dass Sie von allem nur das Nötigste mitnehmen und keine Vorräte mitschleppen. Überall am Weg können Sie einkaufen und notfalls auch Ihre Kosmetikartikel ergänzen.

📖 Dapprich, Stefan und Kuhn, Stefan: **Trekking ultraleicht**, Conrad Stein Verlag, Basiswissen für draußen Band 184, ISBN 978-3-86686-770-3

Folgendes Gepäck sollten Sie nicht vergessen:

- ☐ leichtes Regencape oder besser ein Regenponcho mit spezieller Ausbuchtung für den Rucksack
- ☐ ein Paar gut eingelaufene Wanderschuhe (wasserdicht)
- ☐ zwei bis drei Paar gute Wandersocken
- ☐ Pullover oder Fleecejacke – auch im Sommer
- ☐ Jacke (möglichst auch wasserabweisend)
- ☐ zwei Paar Hosen, im Sommer eine mit abnehmbaren Beinen bzw. eine kurze Hose
- ☐ Badeschlappen zum Duschen
- ☐ Sicherheitsnadeln oder Wäscheklammern, damit Sie gewaschene Wäsche an den Rucksack hängen können

- ☐ Handwaschmittel
- ☐ kleines Handtuch (am besten ein leichtes aus Mikrofaser)
- ☐ Taschenmesser
- ☐ kleiner Kompass
- ☐ Taschenlampe
- ☐ Sonnencreme
- ☐ Mückenschutz (in den Sommermonaten)
- ☐ Hut, Mütze oder Kopftuch als Sonnenschutz
- ☐ Handschuhe (insbesondere im Frühjahr und Herbst, möglichst wasserabweisende Langlaufhandschuhe, bei Regen werden die Hände schnell kalt)
- ☐ ganz wichtig: Wasserflasche oder Trinkschlauch – 2 l Wasser sollten Sie täglich dabeihaben!
- ☐ kleines Set an Verbandsmaterial (oft im Fahrradhandel oder in der Apotheke erhältlich)
- ☐ Blasenpflaster
- ☐ Plastiktüten zum wasserdichten Verpacken der Ausrüstung

Einkaufen

In den kleinen Ortschaften, die man am Jakobsweg passiert, öffnen die Geschäfte meist zwischen 8:00 und 9:00 und haben in der Regel bis 18:00 geöffnet. Am Samstag schließen die Geschäfte auf dem Land häufig um 12:00. Anders ist es in den etwas größeren Ortschaften wie Marktoberdorf und Kempten, hier sind Geschäfte unter der Woche und am Samstag häufig bis 20:00 geöffnet.

Im Allgäu gibt es direkt am Weg einige kleine Sennereien, in denen man sich eine köstliche Brotzeit beschaffen kann. Diese haben häufig selbst am Wochenende geöffnet. Sie sollten aber beachten, dass die meisten Sennereien über Mittag geschlossen haben – decken Sie sich also rechtzeitig mit einer Brotzeit ein.

Auf einigen Etappen gibt es allerdings keine Geschäfte und auch keine Einkehrmöglichkeiten. Falls es keine Einkaufs- bzw. Einkehrmöglichkeit am Weg gibt, wird am Anfang der Etappenbeschreibungen darauf hingewiesen.

Erste Hilfe

Sie sollten für eine mehrtägige Wanderung in der Lage sein, einfache Verletzungen erst einmal selbst zu versorgen. Zur Ausstattung sollten Pflaster, spezielles

Blasenpflaster, Nagelschere, Desinfektionsmittel, infektionshemmende Salbe und Verbandsmaterial gehören. Häufig gibt es im Fahrradhandel oder im Sportgeschäft kleine Beutel, in denen Sie das Wichtigste für die Erste Hilfe schon gut sortiert vorfinden.

Die Notrufnummer ☎ 112 sollten Sie auf jeden Fall im Kopf haben. Es ist ratsam, ein Mobilfunktelefon dabeizuhaben, um im Fall der Fälle schnell Hilfe rufen zu können.

Wichtig ist auch, dass Sie genügend zu trinken dabeihaben. Zwei Liter sollten Sie tagsüber auf jeden Fall trinken. Zu wenig Flüssigkeit kann schnell zu Leistungsabfall bzw. zu Kreislaufschwierigkeiten führen.

In vielen Orten finden Sie einen Arzt oder eine Apotheke. Doch gerade in kleinen Ortschaften und vor allem bei den letzten Etappen durch das Allgäu ist eine medizinische Versorgung nicht auf jeder Etappe voll gewährleistet. In Notfällen können Sie aber einen Notdienst zu sich in die Unterkunft kommen lassen. Erreichbar ist der ärztliche Bereitschaftsdienst über die bundesweit einheitliche kostenfreie Rufnummer 116 117.

Fahrrad

Offiziell bekommen alle, die Santiago de Compostela erreichen und nachweislich mehr als 200 km mit dem Fahrrad zurückgelegt haben, die Urkunde „Compostela". Die ausgeschilderte Route des Münchner Jakobswegs eignet sich allerdings nur bedingt zum Fahrradfahren. Teilweise sind die Strecken, wie z. B. die Ammerschlucht, ganz für Räder gesperrt. Andere Teilstrecken sind – wie der Peißen- oder der Auerberg – sehr steil.

Eine beschilderte Radroute „Jakobsweg" wie z. B. in Spanien gibt es bisher noch nicht. Allerdings gibt es in Bayern – und auch entlang des Jakobsweges – viele gut ausgebaute Radwege.

Trotzdem sollten Sie für diese Strecke über ein sehr gutes, geländetaugliches Rad und ausreichend Kondition verfügen, da es vor allem im Allgäu beständig auf und ab geht und es täglich viele Höhenmeter zu überwinden gilt. Sollte sich ein Teilstück meiner Meinung nach nicht für „normal sportliche" Radfahrerinnen und Radfahrer eignen, werden Sie unter dem Symbol 🚲 auf Alternativen für's Rad hingewiesen. Sicher ist es zusätzlich notwendig, eine gute Fahrradkarte mitzuführen, da die empfohlenen Alternativrouten nicht mit der Jakobsmuschel beschildert sind.

Über das Radwegenetz kann man sich sehr gut beim Bayerischen Staatsministerium für Landesentwicklung und Umweltfragen informieren. Das Ministerium hat eine Radkarte mit allen Fernradwegen in Bayern herausgegeben, die Sie im Internet kostenlos bestellen können:

💻 www.bayerninfo.de/rad → Kartenbestellung

Gepäcktransport

Zu den wesentlichen Erfahrungen auf dem Jakobsweg gehört eigentlich, dass man nur so viel Gepäck bei sich haben sollte, wie man selbst tragen kann. Nichtsdestotrotz gibt es einige, denen das schwere Gepäck zu schaffen macht und die aus gesundheitlichen Gründen selbst nicht mehr viel tragen dürfen. Inzwischen gibt es Veranstaltungsagenturen, die den Gepäcktransport bei einer organisierten Wanderung übernehmen.

♦ Alpenlandtouristik, Berthold Jetschke, Postfach 10 13 13, 86899 Landsberg, ☎ 081 91/30 86 20, ✉ info@alpenlandtouristik.de, 💻 www.alpenlandtouristik.de

Informationen und Internetlinks

Informationen, Beratung und Austausch mit anderen Pilgern zum Jakobsweg finden Sie in München im Spirituellen Zentrum Sankt Martin. Pilgerberatung erhalten Sie auf Anfrage, Pilgerbibliothek zur Informationsrecherche, Pilgertreff am 1. Dienstag im Monat, 19:00 (außerhalb der Ferien) sowie Pilgerstammtisch immer am 3. Dienstag im Monat ab 18:00.

♦ Spirituelles Zentrum St. Martin, Arndtstr. 8 Rückgebäude, 80469 München, ☎ 089/201 04 27, ✉ pilgern@stmartin-muenchen.de, 💻 www.stmartin-muenchen.de

Allgemeine Informationen, Auskünfte und Prospekte der Region erhalten Sie von:

ℹ Bayern Tourismus, Leopoldstraße 146, 80804 München, ☎ 089/21 23 97-0, ✉ tourismus@bayern.info, 💻 www.bayern.by

Für den Aufenthalt in München:

ℹ Tourismusamt München, Sendlinger Straße 1, 80331 München, ☎ 089/233 96-500, telefonische Hotelzimmervermittlung unter ☎ 089/23 39 65 55, ✉ tourismus@muenchen.de, 💻 www.muenchen.de

Für den Aufenthalt in Lindau:

- **Lindau Tourismus und Kongress GmbH**, Lennart-Bernadotte-Haus, Alfred-Nobel-Platz 1, 88131 Lindau, ☏ 083 82/26 00 30, ✉ info@lindau-tourismus.de, 🖳 www.lindau-tourismus.de

Für den Aufenthalt in Bregenz:

- **Vorarlberg Tourismus**, Tourismushaus, Bahnhofstraße 14, A-6901 Bregenz, ☏ 00 43/(0)55 74/42 52 50, ✉ info@vorarlberg.travel, 🖳 www.vorarlberg.travel

An vielen Orten erhalten Sie Auskünfte von den kommunalen Fremdenverkehrsämtern. Im Text sind sie mit dem Symbol **i** gekennzeichnet. Hier erhalten Sie Material über die Sehenswürdigkeiten, Landkarten und Informationen zu (weiteren) Übernachtungsmöglichkeiten. Zudem gibt es für alle bayerischen Regionen, durch die der Weg führt, regionale Tourismusverbände, die Informationen und umfangreiche Gastgeberverzeichnisse online zur Verfügung stellen:

- **Regionalentwicklung Oberallgäu**: Auf der Internetseite der Regionalentwicklung Oberallgäu/Projektgruppe Jakobsweg finden Sie die einzelnen Wegabschnitte des Jakobsweges durch das Allgäu als PDF-Dateien zum Herunterladen. Interessant sind vor allem die aktuellen pilgerfreundlichen Unterkünfte und Einkehrmöglichkeiten. Die Infoblätter liegen auch entlang des Weges in den Kirchen und Touristen-Infos aus.
  🖳 www.regionalentwicklung-oberallgaeu.de/jakobswege-im-oa.html
- **Regionalagentur Starnberg** - Gesellschaft für Wirtschafts- und Tourismusentwicklung im Landkreis Starnberg mbH, Hier finden Sie eine Reihe von Unterkünften in der Region zwischen Starnberger- und Ammersee.
  🖳 www.starnbergammersee.de/suchen-buchen
- **Ferienregion Westallgäu:** Unter dem Link „Aktiv > Sommer > Wandern > Pilgern" sind die Etappen von Weitnau bis zum Bodensee auf der Seite der Ferienregion ausführlich beschrieben. Außerdem hat die LAG Regionalentwicklung Westallgäu eine Broschüre zum „Pilgern zwischen Allgäu und Bodensee" herausgegeben, mit vielen weiteren Übernachtungstipps. Sie liegt an vielen Wegpunkten und in den Unterkünften aus, kann aber auch aus dem Internet heruntergeladen werden.
  🖳 www.westallgaeu.de
- **Tourismusverband Pfaffenwinkel:** Der Tourismusverband Pfaffenwinkel hat 2013 einen Flyer zu den einzelnen Streckenabschnitten in seiner Region, ebenfalls mit aktuellen Unterkunftshinweisen, erstellt. Dieser ist auf der Internetseite zum Download zu finden.
  🖳 www.pfaffen-winkel.de

Durch die anhaltende Popularität, die der Jakobsweg genießt, gibt es inzwischen zahlreiche Jakobusgesellschaften. Hier erhalten Sie auch den Pilgerausweis (☞ Der Münchner Jakobsweg, Pilgerausweis, S. 15).

Ⓓ Einen Überblick über die regionalen Pilgergesellschaften im deutschsprachigen Raum finden Sie unter 💻 https://www.pilgern.de/pilgergesellschaften

- Deutsche St. Jakobusgesellschaft e. V., Tempelhofer Straße 21, 52068 **Aachen,** ☎ 02 41/510 00 62, 💻 www.deutsche-jakobus-gesellschaft.de
- Jakobus-Pilgergemeinschaft Augsburg e. V., Bernhardiring 49, 86687 **Kaisheim,** ☎ 090 99/581, ✉ info@pilgern-schwaben.de, 💻 www.pilgern-schwaben.de/
- Fränkische St.-Jakobus-Gesellschaft Würzburg e. V., Ottostraße 1 – Kilianeum, 97070 **Würzburg**, ☎ 09 31/38 66 38 70, ✉ info@jakobus-franken.de, 💻 www.jakobus-franken.de, Pilgerausweis kann online im Netz bestellt werden.

Ⓐ Österreichische Jakobusgesellschaft, Großvolderbergstraße 16A, 6111 **Volders,** ☎ 00 43/(0)52 24/563 39

(CH) Schweizerische Vereinigung der Freunde des Jakobsweges „Les Amis du Chemin de Saint Jacques“, Sekretariat (Deutsch-Schweiz): Affolterstraße 14, CH-4542 **Luterbach**, ☎ 00 41/(0)32/682 25 50, ✉ sekretariat@viajacobi4.ch, 💻 www.viajacobi4.ch

Auch gibt es eine Reihe von Internetseiten, die Tipps für den Jakobsweg von München nach Lindau bzw. Bregenz, zum Pilgern an sich oder über den Jakobsweg ganz allgemein Auskunft geben. Stellvertretend sollen hier einige genannt sein:

- Das Jakobswegportal: Die Internetseite der Initiatoren des Münchner Jakobswegs mit aktuellen Informationen zur Wegbeschaffenheit. 💻 www.hanna-jakobsweg.de
- Jakobswege.net: Einige Wegetappen des Münchner Jakobsweg finden Sie auch unter 💻 www.jakobswege.net.
- Jakobus-Info: Privat initiierte Seite mit vielen Informationen zu den Jakobswegen in Deutschland und Europa. 💻 www.jakobus-info.de

Klima und Reisezeit

Grundsätzlich kann man von der Schneeschmelze ab Mitte März bis zum ersten richtigen Schneefall (meist Anfang Dezember) auf dem Münchner Jakobsweg pilgern. Allerdings ist die Zeit zwischen Mai und Mitte Oktober vermutlich die beste Pilgerzeit. Der typische Pilgermonat ist der Mai, viele gehen auch am Pfingstwochenende los. Der Vorteil im Frühsommer liegt auf der Hand: Es ist noch nicht zu heiß zum Wandern und möglicherweise regnet es auch nicht zu viel. Leider ist es gerade um Pfingsten häufig in den Herbergen voll, sodass man seine Übernachtungen vorbuchen sollte. Das gilt auch für die Sommermonate, die Hauptsaison in der Region. In dieser Zeit müssen Sie unbedingt ein paar Tage im Voraus planen und buchen.

Auch sollten Sie beachten, dass es im Juli und August in Südbayern Temperaturen von über 30 Grad haben kann. In dieser Zeit müssen Sie unbedingt genügend Wasser mitführen.

Besonders schön zum Pilgern kann der Herbst sein, wenn sich überall das Laub verfärbt. Allerdings sollten Sie bei der Planung bedenken, dass es im Oktober schon ab 18 Uhr dunkel wird. Eventuell müssen Sie deshalb kürzere Tagesetappen planen. In einzelnen Fällen könnte es im Oktober sogar im Allgäu auch schon in tieferen Lagen schneien, das heißt, wenn der Herbst kalt und regnerisch ausfällt, besser den Wetterbericht im Auge behalten.

Im Winter liegt in Oberbayern und dem Allgäu meist viel Schnee, sodass es ab dem ersten richtigen Schneefall nicht mehr ratsam ist, sich auf den Weg zu machen.

Landkarten, GPS-Tracks und Wegmarkierungen

Das Bayerische Landesvermessungsamt hat Karten im Maßstab 1:50.000 herausgegeben, in denen der „Münchner Jakobsweg“ ausgewiesen ist. Mit folgenden Karten decken Sie nahezu die gesamte Wegstrecke ab:

- UK 50-41 Ammersee – Starnberger See
- UK 50-49 Pfaffenwinkel – Ammergauer Alpen
- UK 50-39 Kaufbeuren
- UK 50-46 Kempten und Umgebung
- UK 50-45 Lindau, Naturpark Nagelfluhkette

Alternativ bieten sich – ebenfalls im Maßstab 1:50.000 – Karten aus dem Kompass-Verlag an. Mit den Kompass-Karten 180 bis 187 wird die gesamte Strecke bis Lindau abgedeckt. Wer weiter nach Bregenz wandern möchte, benötigt noch die Kompass-Karte 2 von Lindenberg im Allgäu bis in den Bregenzerwald:

- 🕮 Nr. 180 (Starnberger See, Ammersee)
- ♦ Nr. 179 (Pfaffenwinkel)
- ♦ Nr. 188 (Ostallgäu, Kaufbeuren)
- ♦ Nr. 187 (Oberschwaben)
- ♦ Nr. 2 (Bregenzerwald, Westallgäu)

☺ Die Kartenempfehlungen wurden von der Geobuchhandlung Kiel überprüft. ☎ 04 31/942 49

Die GPS-Tracks zu den beschriebenen Wegen können Sie von der Internetseite des Verlags (💻 www.conrad-stein-verlag.de) herunterladen. Suchen Sie dort nach diesem Buchtitel und gehen Sie zu dem Punkt „GPS-Tracks". Der abgebildete QR-Code führt Sie direkt zu der richtigen Seite.

Inzwischen wurde der Jakobsweg häufig in die allgemeine Wanderbeschilderung integriert, meist findet sich auch ein kleines Muschelzeichen mit auf dem Wegpfeil. Immer häufiger findet sich zwischen München und Stötten am Auerberg die „Europamuschel" als Wegmarkierung: eine stilisierte gelbe Muschel auf blauem Hintergrund. Mit dieser Muschelbeschilderung wird gleichzeitig die Wegrichtung angezeigt: Der Punkt, in dem sich alle Strahlen bündeln, weist die Richtung, der Sie folgen sollten.

Ab dem Gemeindegebiet Marktoberdorf bis zum Bodensee markiert häufig auch die „Schwabenmuschel" den Weg. Sie ist gelb auf weißem Grund.

Literatur

Von den zahlreichen Büchern über den Jakobsweg sei hier nur eine Auswahl genannt, welche sich u. a.. mit den Jakobswegen in Bayern beschäftigt.

- 🕮 Fenzl, Fritz: **Der bayerische Jakobsweg**. Magische Orte am tausendjährigen Pilgerpfad, Nymphenburger Verlag, ISBN 978-3-48501-012-2. Frenzl beschreibt 21 magische Orte, die auf dem Sternenweg liegen. Allerdings beschreibt er die Etappe von Passau nach Lindau.
- ♦ Hanna, Monika: **Der Münchner Jakobsweg**, Wandern auf dem Pilgerweg von München an den Bodensee, Langen Müller Verlag, ISBN 978-3-72431-035-8. Das Buch enthält eine Vielzahl von Informationen zur Kultur, Geschichte, Kunst und Natur entlang des Weges und eignet sich gut für die Vorbereitung.

- Kaiser, Jürgen: **Jakobswege in Deutschland,** Theiss Verlag, ISBN 978-3-80621-965-4. Sehr schöner Bildband über die Pilgerwege vor der eigenen Haustür
- Kaminski, Michael: **Pilgern mitten im Leben: Wie deine Seele laufen lernt,** Verlag Herder, ISBN-978-3-45131-026-3. Hübsches kleines Buch, dass sich mit der spirituellen Seite des Pilgerns befasst. Michael Kaminski ist Pilgerreferent im Spirituellen Zentrum Sankt Martin in München und erfahrener Pilgerbegleiter.
- Kerl, Sandra, **Komm mit mir nach Santiago – Meine Pilgerreise auf dem Camino Francés.** Verlag: Books on demand, ISBN 978-3-75838-778-4. Die „schreibende Pilgerin" Sandra Kerl lebt in Olching bei München und hat ihre Erfahrung auf dem Jakobsweg aufgeschrieben. Auch wenn sich ihr Buch nicht unmittelbar mit dem Pilgern auf dem Münchner Jakobsweg befasst, ist das Taschenbuch eine schöne Lektüre als Vorbereitung.

Telefon und Internet

Es kann vorkommen, dass das Telefonieren mit dem Handy im Wald oder unterwegs nicht möglich ist. Das hängt aber stark vom genutzten Netz ab. In den Ortschaften gibt es überall Handyempfang, allerdings nicht überall schnelles Internet.

Unterkunft

Entlang des Weges gibt es eine breite Palette von Übernachtungsmöglichkeiten in verschiedenen Preisklassen. Da es sich aber bei einigen Regionen um Ferienziele handelt, ist anzuraten, in den Schulferien die Übernachtungen im Voraus zu buchen. Bei der Auswahl der in diesem OutdoorHandbuch angegebenen Übernachtungsmöglichkeiten wurde Wert darauf gelegt, Unterkünfte in unterschiedlichen Preiskategorien aufzunehmen, sowie darauf, dass sämtliche Unterkünfte nahe am Jakobsweg liegen und Sie nicht weit von der Strecke abweichen müssen, um die abendliche Unterkunft zu erreichen.

Selbstverständlich handelt es sich hier nur um eine kleinere Auswahl der Übernachtungsmöglichkeiten am Weg, die keinen Anspruch auf Vollständigkeit erhebt. Weitere Übernachtungsmöglichkeiten werden von den Fremdenverkehrsämtern vermittelt, die in der Wegbeschreibung unter dem Symbol **i** zu finden sind.

Alle Preise, die in der Wegbeschreibung angegeben sind, beziehen sich, sofern nicht anders angegeben, auf eine Übernachtung mit Frühstück. Sie wurden für diese Auflage neu recherchiert und sind ohne Gewähr. Alle genannten Unterkünfte sind pilgerfreundlich und nehmen Übernachtungsgäste für eine Nacht auf.

Für einen Teil der Strecke finden sich auch kurze Beschreibungen von einzelnen Etappen mit den Adressen und Telefonnummern von pilgerfreundlichen Unterkünften unter folgender Internetadresse:

💻 www.regionalentwicklung-oberallgaeu.de/jakobswege-im-oa.html

Pilgerherbergen

Die klassische Herberge, die viele Pilger aus Spanien kennen, findet man auf dem bayerischen Jakobsweg kaum. Am ehesten kommen die Pilgerzentren in München, Marktoberdorf, Bernbeuren, Scheidegg und Lindau dem Geist dieser spanischen Quartiere nahe. So können im Spirituelle Zentrum Sankt Martin in München bis zu acht Personen übernachten. In Scheidegg gibt es seit 2007 eine Pilgerherberge der evangelischen Kirche, ebenso in Lindau, im Ortsteil Reutin, direkt am Jakobsweg. In Marktoberdorf und seit 2021 auch in Bernbeuren gibt es sehr engagierte, privat betriebene Jakobsherbergen.

Zum Teil stellen auch Privatleute, meist selbst engagierte Pilgerinnen oder Pilger, günstige Übernachtungsmöglichkeiten zur Verfügung. All diese Pilgerunterkünfte sind in der Wegbeschreibung mit dem Symbol 🏠 gekennzeichnet. Eine aktuelle Liste von offiziellen und privaten Pilgerunterkünften findet sich auch im Internet:

💻 https://pq-mod.de/pq-mod-de-cool-home/das-pq/aktuelles/

Als der Jakobsweg vor mehr als 20 Jahren initiiert wurde, gab es am Weg eine Reihe von Übernachtungsmöglichkeiten in Klöstern. Allerdings ist das nur noch im Kloster Andechs bedingt und nach Voranmeldung möglich (☞ Seite 52).

B&B

In den bayerischen Fremdenverkehrsregionen vermieten viele Privatleute Zimmer. Diese sind oft billiger als Hotels und häufig wesentlich persönlicher.

Viele Vermieterinnen und Vermieter am Weg haben sich inzwischen auf die Pilger eingestellt, erzählen zum Abendessen oder beim Frühstück manchmal nette Anekdoten von deren Erlebnissen oder geben Tipps für den weiteren Weg. Im Bereich der Privatvermietungen hat allerdings die Corona-Pandemie ihre größten Auswirkungen gehabt. Bei meinen Recherchen zu dieser und der letzten Auflage musste ich leider feststellen, dass viele kleinere Häuser und Privatleute aufgegeben haben. Das ist für den Münchner Jakobsweg sehr schade. Es bleibt zu hoffen, dass in den nächsten Jahren wieder neue Unterkünfte zur Verfügung stehen.

Wenn Sie auf Ihrem Weg auf pilgerfreundliche Gastgeberinnen und Gastgeber stoßen, die nicht in diesem Führer aufgelistet sind, freue ich mich über einen Hinweis unter ✍ info@conrad-stein-verlag.de. Diese werden auch sofort in den Updates (☞ unten) veröffentlicht.

Eine weitere Möglichkeit, günstige Übernachtungen entlang des Münchner Jakobswegs zu finden, stellt das Vermietungsportal Airbnb dar.

💻 https://www.airbnb.de/

Jugendherbergen

Voraussetzung für eine Übernachtung in einer Jugendherberge ist die Mitgliedschaft im DJH. Wer Mitglied des Verbandes werden will, kann den Antrag ganz einfach im Internet ausfüllen und absenden.

♦ DJH Services, 💻 www.jugendherberge.de

Mitglieder bis zu 26 Jahren (Junioren) zahlen einen Beitrag von € 7 pro Jahr. Der Beitrag für Einzelmitglieder ab 27 Jahren, Ehepaare und eheähnliche Gemeinschaften sowie für Familien beträgt € 22,50. Einzelmitglieder und Familien, die ab Juni eines Jahres dem DJH erstmalig beitreten, bezahlen im Beitrittsjahr nur den halben Jahresbeitrag.

In den bayerischen Jugendherbergen werden Einzelgäste ab dem 27. Lebensjahr nachrangig aufgenommen und bezahlen € 4 pro Nacht mehr. Diese Altersbeschränkung gilt selbstverständlich nicht für Gruppenleiter sowie für Familien mit mindestens einem minderjährigen Kind.

Campingplätze

Nicht überall, aber in einigen Orten gibt es auch Campingplätze am Weg. Sofern vorhanden, sind sie bei den jeweiligen Orten aufgeführt. Eine Übernachtung kostet zwischen € 4,50 und € 13 pro Nacht und Zelt.

Updates

Es gibt immer wieder Änderungen auf dem Weg. Der Conrad Stein Verlag veröffentlicht deswegen Updates zu diesem Pilgerführer, die direkt von der Autorin oder von Leserinnen und Lesern des Buches stammen. Sie finden sie auf der Verlagshomepage 💻 www.conrad-stein-verlag.de. Suchen Sie dort nach diesem Buchtitel und gehen Sie zu dem Punkt „Updates". Der abgebildete QR-Code führt Sie direkt zu der richtigen Seite.

Zum Gebrauch der Wegbeschreibung

Im folgenden Teil des Buches wird der gesamte Weg von München bis zum Bodensee nach Lindau in 15 Etappen beschrieben. Die täglichen Etappen sollten Sie, wenn Sie ein wenig Kondition haben, gut an einem Tag bewältigen können. Meist sind auch die Start- und Zielorte der Etappen möglichst gut mit öffentlichen Verkehrsmitteln zu erreichen, so dass Sie eventuell auch am Ende einer Etappe den Weg beenden oder an einer bestimmten Stelle wieder den Pilgerweg aufnehmen können.

Leider ist es auf dem bayerischen Jakobsweg manchmal schwierig, einen bestimmten Streckenteil auszulassen und ein Stückchen weiter die Wanderung wieder aufzunehmen, da häufig die Verkehrsmittel nicht direkt zur nächsten Etappe führen. Bei den einzelnen Wegetappen wird aber die Zug- bzw. Busverbindung angegeben, mit der Sie die nächste Station auf dem Jakobsweg erreichen können, falls das möglich ist. Bei der Auswahl der Tagesetappen wurde darauf geachtet, dass in den jeweiligen Zielorten Übernachtungsmöglichkeiten in unterschiedlichen Preiskategorien vorhanden sind. Selbstverständlich wurden auch solche Orte als Endpunkte gewählt, die besondere touristische Highlights anzubieten haben.

Damit Sie Ihr eigenes Tempo finden, sind die hier vorgestellten einzelnen Tagesetappen als Vorschläge zu verstehen. Selbstverständlich ist es jedem selbst überlassen, je nach Lust und Laune und vor allem Kondition andere Start- und Zielorte zu wählen und unterwegs vielleicht kürzere oder auch längere Einheiten pro Tag zu bewältigen.

Deshalb werden auch Übernachtungsmöglichkeiten an Zwischenzielen genannt, damit die Länge der jeweiligen Route von jedem frei gewählt werden kann. Die Kilometerangaben bei den Angaben zu den Ortschaften in der Wegbeschreibung addieren sich vom Startpunkt der Tagesetappe, sodass Sie einen Überblick haben, wie weit die Orte auseinanderliegen.

Der Jakobsweg von München nach Lindau – die Etappen

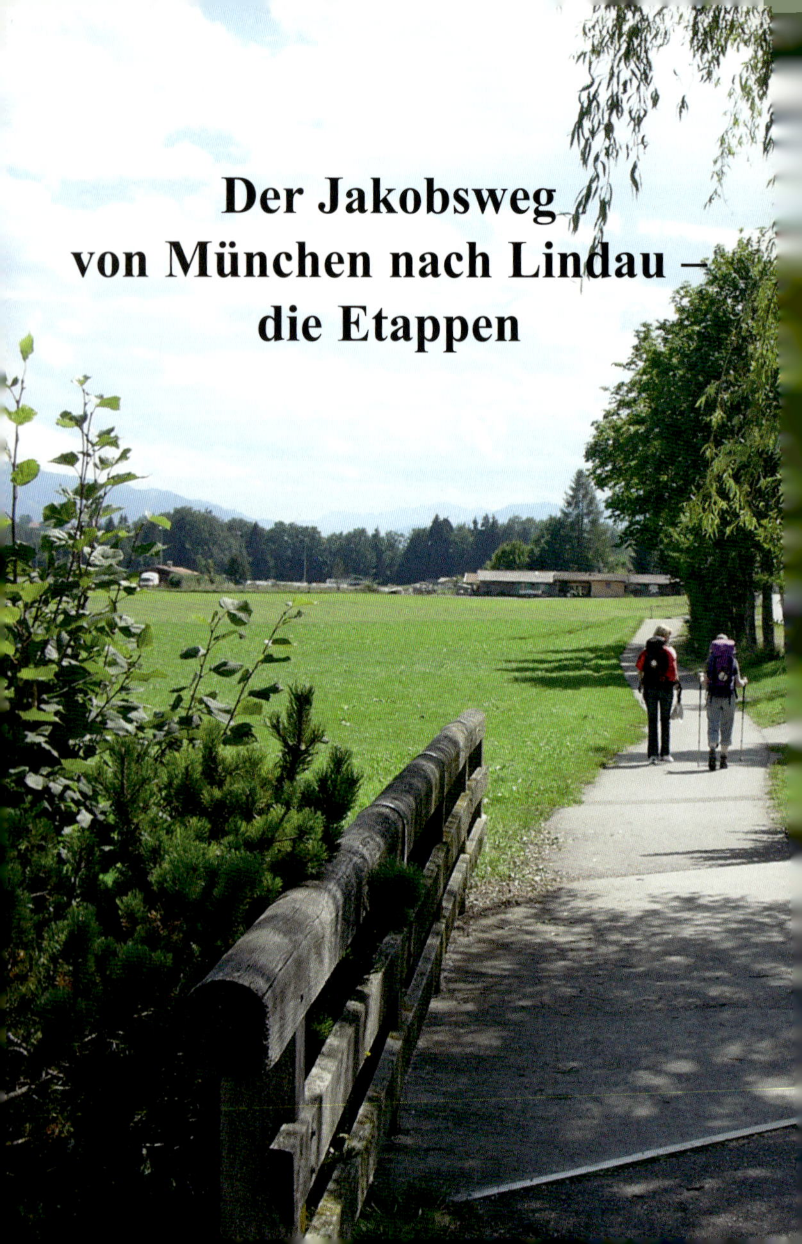

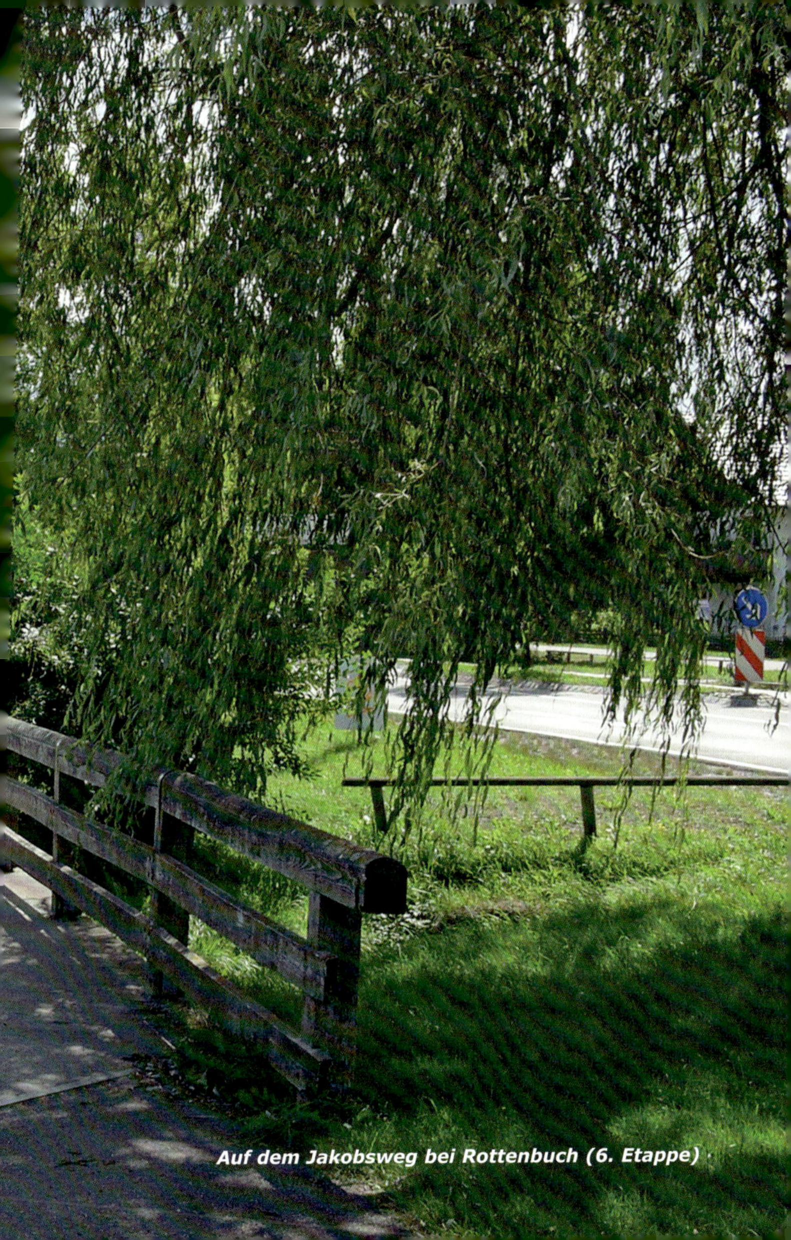

Auf dem Jakobsweg bei Rottenbuch (6. Etappe)

1. Etappe: Von München nach Schäftlarn

23,7 km, 6 Std. 15 Min, 567 m, 518 m, 509-594 m

0,0 km	519 m	München B&B BANK
10,9 km	560 m	Großhesselohe
12,9 km	590 m	Pullach BANK
23,7 km	520 m	Kloster Schäftlarn (ca. 1 km entfernt)

Traditionell beginnt man den Camino, den Jakobsweg, an der St.-Jakobs-Kirche am Anger, am Münchner Jakobsplatz. Man sollte sich kurz einmal bewusst werden, dass diese Kirche mitten in der Innenstadt von München im Mittelalter noch vor den Toren der heutigen Landeshauptstadt lag. Die heutige Etappe führt dann entlang der Isar hinaus aus der Stadt und durch die kleinen Gemeinden Grosshesselohe und Pullach bis zum Kloster Schäftlarn, idyllisch direkt am Fluss gelegen.

München B&B BANK

Tourismusamt München, Sendlinger Straße 1, 80331 München, 089/233 96-500, telefonische Hotelzimmervermittlung unter 089/23 39 65 55, tourismus@muenchen.de, www.muenchen.de

Pilgerherberge Spirituelles Zentrum St. Martin, Arndtstraße 8 (Rückgebäude), 80469 München, Matratzen auf der Kirchenempore für max. 8 Pers., nur mit gültigem Pilgerausweis (den Sie sich im Spirituellen Zentrum auch ausstellen lassen können), Spenden erbeten, Anmeldung eine Woche im Voraus erforderlich, 089/201 04 27 oder pilgern@stmartin-muenchen.de, www.stmartin-muenchen.de

♦ **Jugendherberge München**, Wendl-Dietrich-Straße 20, 80634 München, 089/20 24 44 50, muenchen-city@jugendherberge.de, www.muenchen-city.jugendherberge.de, ab € 41 p. P. (in der Feriensaison deutlich teurer)

B&B **Gästehaus CVJM München**, Landwehrstraße 13, 80336 München, 089/552 14 10, info@cvjmhotel.de, https://cvjmhotel.de, EZ ab € 65, DZ ab € 58 p. P. Ermäßigung für Jugendliche und junge Erwachsene bis 26 Jahren.

Camping München, Zentralländstraße 49, 81379 München, 089/723 17 07, campingplatz.muenchen@web.de. Der Campingplatz liegt in der Nähe des Tierparks Hellabrunn, also bereits auf dem ersten Drittel der heutigen Tagesetappe.

diverse Einkehrmöglichkeiten in der Nähe der Jakobskirche oder am Marienplatz

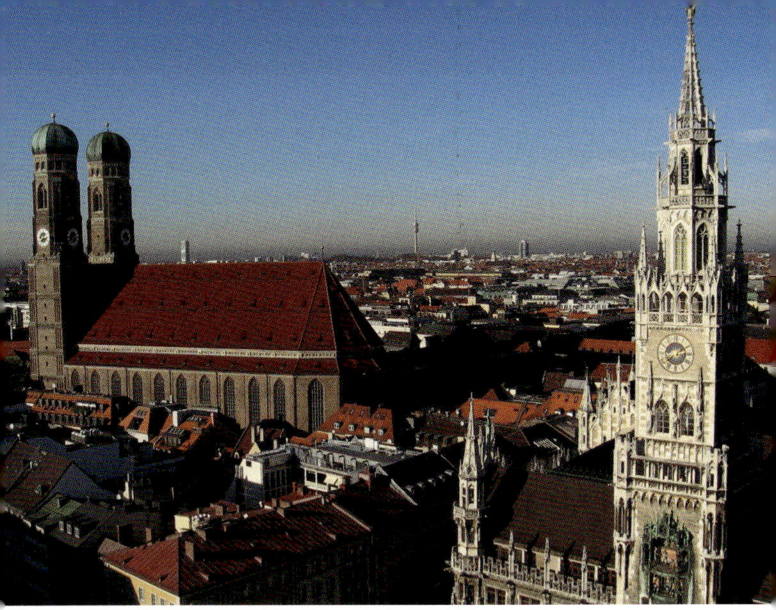

Frauenkirche und Rathaus vom Alten Peter aus gesehen

Viktualienmarkt, ca. 110 Stände mit Obst, Gemüse, Südfrüchten, Fleisch, Wild, Geflügel, Käse, Fisch, Brot- und Backwaren, Mo-Sa 7:00-20:00

St. Jakob am Anger, Kloster der Armen Schulschwestern. Im Sommer gibt es zwei Mal monatlich Aussendungsfeiern (☞ S. 16). Dom zu Unserer Lieben Frau (Frauenkirche). Einen Pilgerstempel können Sie ansonsten zu den Öffnungszeiten der Pforte (Mo-Fr 7:30-19:00, Sa 8:00-18:00, So 13:00-17:00) erhalten.

München ist die Landeshauptstadt von Bayern und mit 1,3 Mio. Einwohnern zugleich auch die größte Stadt des Bundeslandes. Münchens Ursprünge gehen auf eine Klostergründung zurück. Im 8. Jh. hatten sich Mönche aus dem Kloster Tegernsee am Petersbergl angesiedelt. Heute steht hier die Kirche St. Peter zwischen dem Viktualienmarkt und dem Marienplatz. Ihr Dörfchen wurde „Munichen" – zu den Mönchen – genannt. Das Münchner Stadtwappen, das einen Mönch in goldumrandeter schwarzer Kutte darstellt, weist auf diese Anfänge zurück. Die erste urkundliche Erwähnung findet sich allerdings erst 1158 als Villa Munichen, als Heinrich der Löwe, Herzog von Bayern und Sachsen, nahe dieser Mönchssiedlung eine Brücke über die Isar errichtete und Zölle zum Passieren dieser Brücke verlangte. Sollten Sie heute den Weg aus der Stadt über den Marienplatz und das

Tal wählen, überqueren Sie an der Ludwigsbrücke an der gleichen Stelle die Isar, an der einst die Brücke Heinrich des Löwens stand.

Die Jakobskirche, an der der Münchner Jakobsweg beginnt, geht auf eine „alte Kapelle des hl. Jacobus in prato" (im Anger, einer Wiese außerhalb der Stadtmauer) zurück. Auf dem Anger neben dem Jakobskloster sammelten sich im Mittelalter die Pilgerinnen und Pilger und schöpften neue Kräfte, bevor sie den weiten Weg fortsetzten. Es war gleichzeitig ein wichtiger Ort, um sich für die Reise auszurüsten. Zum Patroziniumsfest am 25. Juli fand bis 1791 eine Jakobidult statt, zeitweise ein wichtiger Warenmarkt für ganz Süddeutschland. Nach 1791 wurde dieses Marktgeschehen in die Au verlegt – bis heute lebt diese Jakobspilger-Tradition in der „Auer Dult" fort.

Das Kloster, das mit Sankt Jakob am Anger verbunden war, wurde 1803 im Zuge der Säkularisierung aufgelöst. Auf dem Areal entstand von 1820 bis 1826 ein Gefängnis („Fronfeste"), das bis 1930 genutzt wurde. Den Konventbau und die Kirche am Anger übernahm 1843 der Orden der Armen Schulschwestern von Unserer Lieben Frau. Beides wurde im Krieg völlig zerstört und dann – als einzige Kirche in der Innenstadt – neu gebaut. Die Armen Schulschwestern haben 1989 den Brauch wieder aufleben lassen, im Rahmen eines Gottesdienstes die Jakobspilger auszusenden, die neben dem kirchlichen Segen einen Geleitbrief mit auf den Weg bekommen (☞ S. 16).

⌘ Im Jahr 2006 wurde auf dem Jakobsplatz in unmittelbarer Nähe der Jakobskirche das Jüdische Zentrum mit Gemeindezentrum und neuer Synagoge wiedereröffnet.

♦ Jüdisches Museum, St.-Jakobs-Platz 16, 8033 München, Di-So 10:00-18:00, www.juedisches-museum-muenchen.de

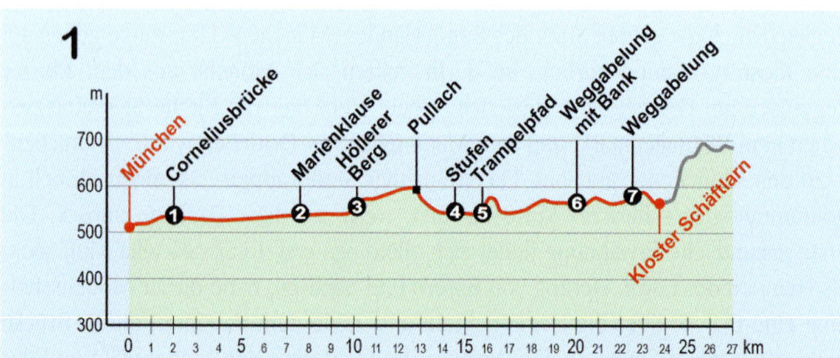

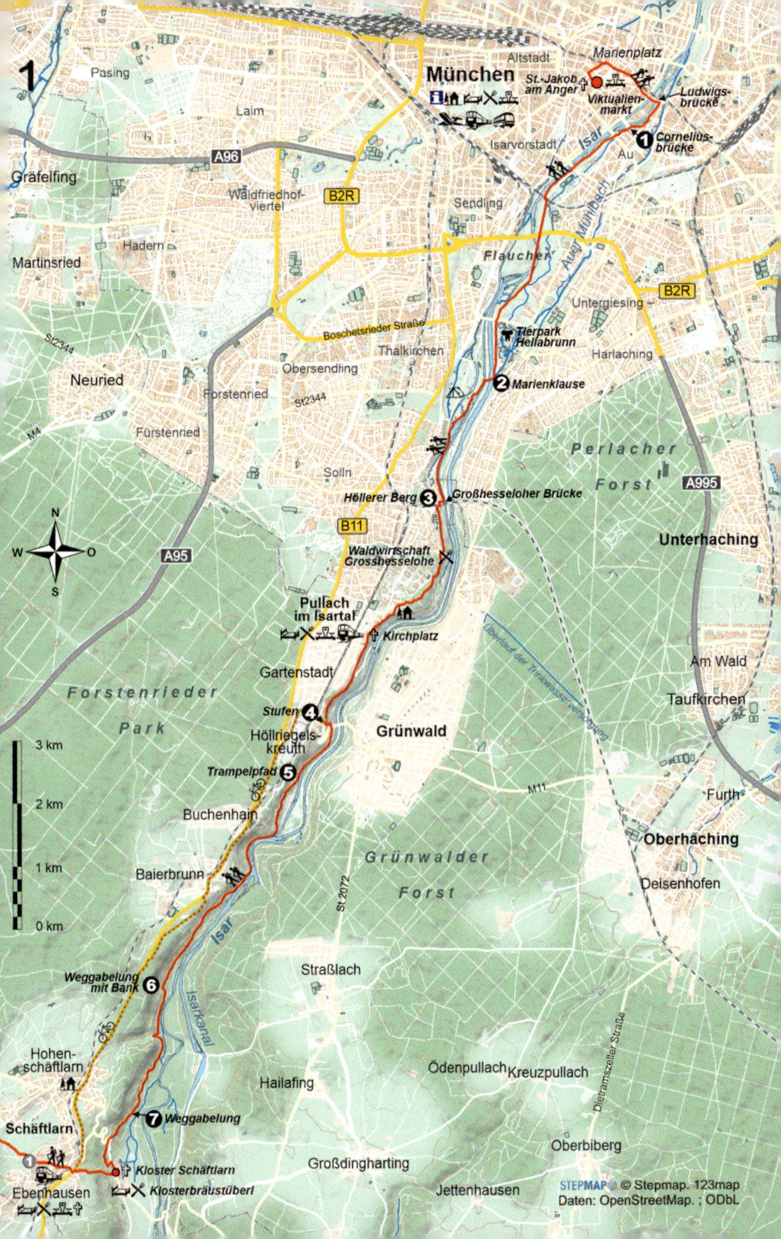
1
Pasing
Laim
München
Altstadt
Marienplatz
St.-Jakob am Anger
Viktualienmarkt
Ludwigsbrücke
Corneliusbrücke
Isarvorstadt
Au
Isar
Gräfelfing
A96
Waldfriedhofviertel
B2R
Sendling
Auer Mühlbach
Hadern
Martinsried
Flaucher
Untergiesing
Tierpark Hellabrunn
Harlaching
Boschetsrieder Straße
Thalkirchen
St2344
Neuried
Obersendling
Forstenried
Marienklause
Fürstenried
M4
Perlacher Forst
Solln
Höllerer Berg
Großhesseloher Brücke
A995
B11
Waldwirtschaft Grosshesselohe
Unterhaching
A95
N
W
O
S
Pullach im Isartal
Kirchplatz
Überlauf der Trinkwasserversorgung
Gartenstadt
Am Wald
Forstenrieder Park
Stufen
Taufkirchen
Höllriegelskreuth
Grünwald
3 km
Trampelpfad
M11
Furth
2 km
Buchenhain
Oberhaching
Grünwalder Forst
1 km
Baierbrunn
Deisenhofen
St 2072
0 km
Straßlach
Weggabelung mit Bank
Isarkanal
Hohenschäftlarn
Ödenpullach
Kreuzpullach
Hailafing
Dietramszeller Straße
Weggabelung
Schäftlarn
Oberbiberg
Kloster Schäftlarn
Großdingharting
Ebenhausen
Klosterbräustüberl
Jettenhausen
STEPMAP © Stepmap. 123map
Daten: OpenStreetMap. ; ODbL

Von der Jakobskirche können Sie entweder noch zur Mariensäule pilgern und von dort aus durch das Tal und das Isartor München verlassen oder Sie wandern gleich auf der Corneliusstraße über den Gärtnerplatz zur Isar. Auf jeden Fall sollten Sie den Münchner Fluss an der Ludwigsbrücke bzw. Corneliusbrücke ❶ überqueren, dann nach rechts abbiegen und am Ostufer der Isar flussaufwärts folgen. Sie passieren die Isarauen, wo im Sommer viele Sonnenhungrige die Sonne anbeten, etwas später dann den Tierpark Hellabrunn und den Flaucher, ein beliebtes Münchner Naherholungsgebiet.

Bei der Marienklause ❷ überqueren Sie die Isar sowie den Isarkanal und wenden sich dann nach links. Nach einigen Metern erreichen Sie eine Wegkreuzung. Hier nehmen Sie den Radweg Richtung Wolfratshausen/Pullach. Nach ca. 1 km kommen Sie durch das Naherholungsgebiet Hinterbrühl. Hier folgen Sie dem Weg direkt an dem kleinen See entlang. An der Holzbrücke überqueren Sie den Kanal nach rechts und wandern dann nach links weiter die Isar aufwärts. Unterhalb der Eisenbahnbrücke am Höllerer Berg ❸ gehen Sie rechts bergauf und folgen etwas später links den Stufen. Kurze Zeit später geht es unter den S-Bahn-Schienen hindurch und nach dieser Unterführung rechts erneut in Richtung des Wegweisers „Wolfratshausen/Pullach". Der Jakobsweg führt anschließend gleich wieder nach links zwischen zwei Gärten hindurch. Als Nächstes erreichen Sie den bekannten Biergarten „Waldwirtschaft" in **Großhesselohe.**

Großhesselohe

Waldwirtschaft Großhesselohe, Georg-Kalb-Straße 3, 82049 Pullach bei München, ☏ 089/74 99 40 30, info@waldwirtschaft.de, täglich 11:30-23:00 (Küchenschluss 21:30)

S-Bahn zurück nach München bzw. nach Hohenschäftlarn und Ebenhausen

Direkt am Parkplatz der Waldwirtschaft führt der Jakobsweg links am Biergarten vorbei und danach ca. 2 km weiter geradeaus nach Pullach.

Pullach

Jugendherberge Pullach-Burg, Schwaneck, Burgweg 4-6, 82049 Pullach i. Isartal, ☏ 089/74 48 66 70, info@jugendherberge-burgschwaneck.de, https://www.jugendherberge.de/jugendherbergen/burg-schwaneck/, Preise auf Anfrage, geschlossen vom 21.12. bis 15.1.

Gasthof Rabenwirt, Kirchplatz 1, 82049 Pullach i. Isartal, ☏ 089/793 01 85, info@rabenwirt.de, www.rabenwirt.de, EZ ab € 98, DZ ab € 128, 10:00-24:00

✞ Jakobuskirche (ev.), Pfarrkirche Hl. Geist (kath.)

Pullach hat vermutlich eine längere Geschichte als die Landeshauptstadt München. Hügelgräber aus keltischer Zeit belegen eine recht frühe Besiedlung des Isartals. Auch die Römerstraße von Salzburg nach Augsburg überquerte südlich von Pullach das tief eingeschnittene Isartal. Im 19. Jh. wurde Pullach zur Künstlerkolonie. Mehrere Villen am Isarhochufer sind aus dieser Zeit noch erhalten, so auch das klassizistische Schloss Schwaneck, das vom Bildhauer und Erschaffer der Bavaria auf der Münchner Theresienhöhe, Ludwig von Schwanthaler (1802-1848) erbaut wurde. Heute befindet sich darin die Pullacher Jugendherberge.

Von Pullach aus gelangen Sie in einen besonders schönen Abschnitt des Isartals. Ein Denkmal erinnert heute noch an den berühmten Münchner Architekten Gabriel von Seidl (1848-1913), dem es zu verdanken ist, dass dieses Flussidyll bis in unsere Tage in seiner Schönheit und Einzigartigkeit erhalten geblieben ist.

Der Architekt **Gabriel von Seidl**, auf den beispielsweise Gebäude wie das Bayerische Nationalmuseum und das Künstlerhaus am Lehnbachplatz in München zurückgehen, war eines Tages im Jahr 1902 an der Isar spazieren gegangen, als ein Zaun ihm den einst freien Spazierweg versperrte. Bereits der Baubeginn des Stauwehres bei Höllriegelskreuth und des Werkkanals im Jahr 1889 und die Inbetriebnahme der Wasserkraftanlage „Zentrale I“ im Jahr 1894 hatten das Isartal in bisher nicht gekanntem Umfang verändert. Als nun auch noch sein Spazierweg versperrt war, reagierte von Seidl mit zornigen Briefen und Zeitungsartikeln und gründete noch im selben Jahr den Isartalverein. Gabriel von Seidl gelang es, Münchner Bürger für ein Engagement zum Schutz des Isartals zu gewinnen. Von Seidl wurde erster Vorsitzender des Vereins, dessen Hauptzweck der Schutz und die Pflege des Isartals und seiner Umgebung sowie die Erhaltung der landschaftlichen Schönheiten war. Der Verein sollte Geldmittel beschaffen, um Grundstücke zu erwerben, die als Rast- und Aussichtsplätze dienen konnten oder die von Bebauung freigehalten werden sollten. Ein weiteres wichtiges Ziel war die Erschließung von Wanderwegen, auf denen sich zum Beispiel heute ein Teil des Münchner Jakobsweges befindet. An der gesamten Zielsetzung des Isartalvereins hat sich bis heute kaum etwas geändert. Denn auch in unseren Tagen ist die landschaftliche Schönheit entlang der Isar massiv bedroht. Dies liegt vor allem an der zu erwartenden Bautätigkeit und der großen Zunahme der Erholungssuchenden entlang der Isar.

Sie durchqueren den Ort Pullach auf der Heilmannstraße bis Sie den Kirchplatz erreichen, dort biegen Sie dann nach links ab und folgen dem Straßenverlauf an der Kirche vorbei in einem Bogen nach links in die Habenschadenstraße. Diese endet schließlich in einem Rad- und Spazierweg, der entlang des Isarhochufers weiter geradeaus führt.

Ca. 300 m nach dem Denkmal für Gabriel von Seidl geht es links auf einem schmalen Steig über 200 Stufen ❹ steil bergab ins Isartal.

🚲 Die hier beschriebene Route ab Pullach bis nach Schäftlarn eignet sich nicht für Räder. Von daher empfehle ich, dem beschriebenen Weg bis kurz hinter dem Seidl-Denkmal zu folgen. An der Weggabelung, an der links die Stufen bergab zur Isar führen, bleiben Sie auf dem Radweg ganz rechts (der Weg in der Mitte ist zwar auch für Radfahrer geeignet, führt aber sehr steil hinunter ins Isartal und eignet sich eher für geübte Trailfahrer). Dieser Radweg geht entlang des Isarhochufers und ist bis Kloster Schäftlarn gut beschildert.

Am Ende der Stufen erreichen Sie die Autobrücke über die Isar. Überqueren Sie an dieser Stelle die Straße (nicht die Isar) und folgen auf der anderen Straßenseite dem schmaleren Sträßchen geradeaus Richtung Brückenwirt. Bleiben Sie auf diesem Weg, der dann im weiteren Verlauf entlang des Isarkanals führt. Ca. 1 km nach dem Brückenwirt geht ein schmaler Trampelpfad ❺ nach rechts ab. Nach nur wenigen Metern folgt ein Stoppschild und Sie überqueren eine kleine Straße und folgen dann der Muschel bergauf durch einen Buchenwald. Bei der nächsten Gabelung bei den Garagen folgen Sie dem rechten Weg weiter bergauf. Bleiben Sie auf diesem breiteren Weg durch den Buchenwald, auch wenn auf den nächsten Kilometern immer mal wieder schmälere Wege nach rechts abzweigen. Sie wandern für ca. 5 km durch den Laubwald flussaufwärts, bis Sie schließlich eine Weggabelung mit einer Bank ❻ erreichen. Hier zeigt ein Wegweiser links Richtung Kloster Schäftlarn und rechts nach Hohenschäftlarn.

Folgen Sie links dem Wegweiser „Kloster Schäftlarn" bis zur nächsten Gabelung. Hier wählen Sie den schmalen Pfad links, der in einigen Kehren abwärtsführt (hier weist Ihnen nach ein paar Metern die Muschel den Weg, die Sie allerdings erst in der ersten Kehre des Pfades finden). Auf diesem schmalen Pfad wandern Sie weiter, bis Sie an der nächsten Weggabelung ❼ den rechten Pfad bergauf nehmen.

Sie überqueren schließlich die Klosterstraße und folgen gleich auf der anderen Straßenseite einem schmalen Pfad, der Sie die letzten 100 m zum **Kloster Schäft-**

larn führt. An dem Plakat mit der Aufschrift „Ave Maria" finden Sie rechts eine kleine Mariengrotte, die sehr sehenswert ist. Wenige Meter weiter erreichen Sie dann schließlich das Kloster.

Kloster Schäftlarn

Gemeindeverwaltung Schäftlarn, Starnberger Straße 50, 82069 Hohenschäftlarn, 081 78/93 03-0, www.schaeftlarn.de, Mo, Di und Fr 8:00-12:00, Mi 8:00-12:00 und 14:00-18:00, Do geschlossen. Die Gemeindeverwaltung befindet sich im Ortsteil Hohenschäftlarn (nicht direkt am Jakobsweg).

Abtei Schäftlarn, 82067 Kloster Schäftlarn, 081 78/790 (Pforte), www.abtei-schaeftlarn.de. Das Kloster selbst hat zwar keine eigene Pilgerunterkunft, vermittelt aber aktuelle Adressen in Schäftlarn, die Jakobspilger aufnehmen. Für Informationen kann man sich an die Klosterpforte wenden bzw. auf der Homepage unter www.abtei-schaeftlarn.de/kloster-orden/jakobsweg/.

♦ **Sonja Kuhlmann**, Bahnhofstraße 8, 82069 Hohenschäftlarn, 081 78/95 59 70, klaus-friedrich.kuhlmann@web.de. Preis auf Anfrage, eine Voranmeldung einige Tage vorher unbedingt erforderlich (ca. 30 Min vom Kloster entfernt, Sie können aber statt an der Klosterstraße bergab zum Kloster zu wandern, den Weg bergauf Richtung Hohenschäftlarn nehmen) .

Hotel Klosterbraustüberl, Kloster Schäftlarn 16, 82067 Schäftlarn, 081 78/36 94, ka.kraus@t-online.de, www.klosterbraeustueberl-schaeftlarn.de, EZ ab € 61, DZ ab € 86 inklusive Frühstück, Restaurant: 10:00-22:00, Mi Ruhetag

weitere Übernachtungsmöglichkeiten im ca. 1 km entfernten Ebenhausen (☞ nächste Tagesetappe, S. 46)

S-Bahn-Anschluss nach München ab Ebenhausen (ca. 1 km vom Kloster Schäftlarn entfernt) (☞ nächste Tagesetappe)

✝ Klosterkirche der Abtei Schäftlarn (kath.)

⊙ Pilgerstempel: an der Klosterpforte sowie in der Eingangskapelle zur Klosterkirche

Das Kloster in Schäftlarn zählt neben dem Kloster Weltenburg zu den bayerischen Urklöstern. Im Jahr 762 unterstellte sich der adelige Grundherr Waltrich mit einer Siedlung von „Speerschäftern" im Isartal der Domkirche zu Freising und ließ auf seinen Liegenschaften ein neues Kloster zu Ehren des heiligen Dionysus errichten. Als Abt und zugleich Weihbischof der Diözese Freising leitete er selbst die Geschicke seines Eigenklosters. Bereits im Jahr 782 wurde das erste Kirchlein an dieser Stelle vom Bischof von Freising geweiht und Benediktinermönche siedelten sich dort an. Die unmittelbare Nachbarschaft zu einer damals noch intakten Römerstraße, einem Rüstungsbetrieb und dem Herrschaftszentrum einer einflussreichen Adelsfamilie verhalfen dem Kloster zu einer strategisch guten Position.

Als allerdings im 10. Jh. die Ungarn in der Gegend ihr Unwesen trieben, fiel das klösterliche Leben auf seinen Tiefpunkt und die Benediktinermönche wurden durch Weltpriester ersetzt. Erst im Jahr 1140 wurde von Bischof Otto I. von Freising in Schäftlarn erneut ein Kloster gegründet – eine Prämonstratenserpropstei. Der Orden, den Norbert von Xanten 1120 gegründet hat, lebt nach den Regeln des heiligen Augustinus und bemüht sich um eine Verbindung von Klosterleben und Seelsorge. Die Prämonstratenser blieben bis zur Säkularisierung 1803 in Schäftlarn.

Während der Säkularisierung wurde das Kloster aufgelöst. Doch im Jahr 1866 stiftete König Ludwig I. ein neues Benediktinerkloster und verlangte von den Mönchen die Gründung einer Schule. Das Gymnasium mit angeschlossenem Internat wurde zwar unter den Nationalsozialisten geschlossen, aber nach dem Krieg wiedereröffnet und besteht bis heute.

Ein wahres Schmuckstück sind die Klosterkirche und der Klosterbau. Giovanni Antonio Viscardi errichtete 1702-1707 den barocken Klosterbau, in dem sich heute noch die Schulräume befinden. Der sehr beeindruckende Bau der Klosterkirche – wohl eine der bedeutendsten Barockschöpfungen des Freistaates – entstand zwischen 1733 und 1760. Den Kirchenbau führte erst der Hofbaumeister Francois Cuvilliés der Ältere (1695-1768) durch. In einer zweiten Bauphase von 1751 bis 1760 wurden der Hofbaumeister Johann Georg Gunetsrhainer und der wohl genialste Rokoko-Architekt seiner Zeit, Johann Michael Fischer (1692-

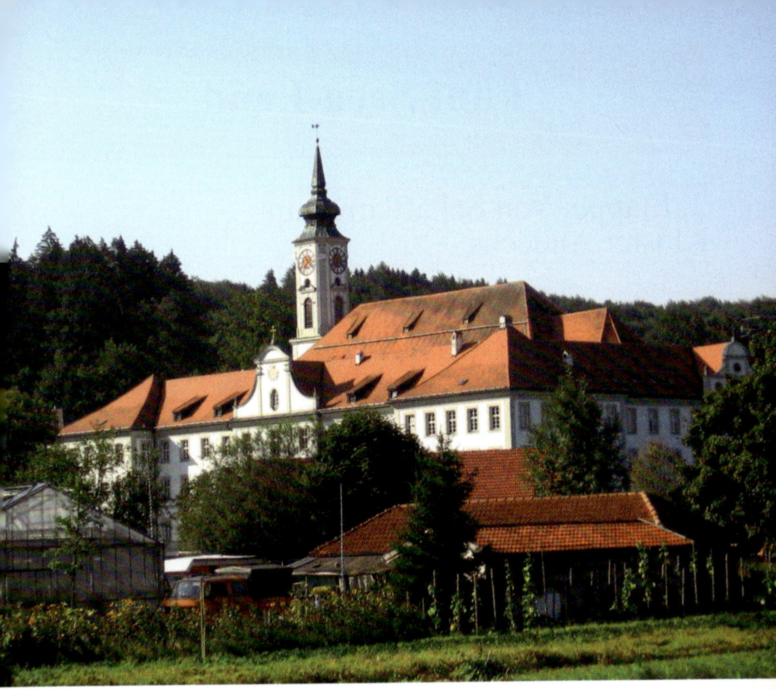

Kloster Schäftlarn

1766), engagiert. Überhaupt wurden viele Künstler aus der Region, die Rang und Namen hatten, für den Neuausbau nach Schäftlarn geholt.

Viele Künstler, deren Meisterwerke Sie in Schäftlarn zu sehen bekommen, werden Ihnen auf dem Weg nach Lindau wieder begegnen. Von Fischer zum Beispiel werden Sie noch ein weiteres Meisterwerk sehen: das Marienmünster in Dießen am Ammersee. Im Innenraum beeindruckt der Stuck von Johann Baptist Zimmermann (1680-1758), einem Stuckateur der Wessobrunner Schule. Sein Meisterwerk – das Kuppelfresko der Wieskirche – werden Sie auf dem weiteren Weg ebenfalls noch besuchen. Die Altäre stammen von Johann Baptist Straub (1704-1784), der unter Kurfürst Albrecht von Bayern Hofbildhauer wurde, und das Schloss Nymphenburg sowie die Münchner Residenz maßgeblich mitgestaltete. Auch von diesem bedeutenden Rokokobildhauer werden Sie auf dem Jakobsweg im Kloster Andechs noch ein weiteres Kunstwerk zu sehen bekommen.

2. Etappe: Von Schäftlarn zum Kloster Andechs

27 km, 6 Std. 45 Min., ↑ 425 m, ↓ 312 m, ⇧ 520-704 m

0,0 km	⇧ 520 m	Kloster Schäftlarn
1,0 km	⇧ 692 m	Ebenhausen BANK
4,3 km	⇧ 700 m	Neufahrn
8,3 km	⇧ 603 m	Manthal
11,9 km	⇧ 589 m	Starnberg **B&B** BANK
16,9 km	⇧ 649 m	Maising
27,0 km	⇧ 690 m	Kloster Andechs (Erling 500 m)

Heute geht es erst einmal aus dem Isartal über viele Stufen steil hinauf bis nach Ebenhausen und dann sehr einsam weiter durch Wiesen und Wälder bis zum Starnberger See. Am quirligen Ufer angelangt, geht es nach Starnberg erneut vom See weg bergauf, bis man dem Jakobsweg in die schattige Maisacher Schlucht folgt. Nach dem kleinen Dorf Maisach und dem gleichnamigen See geht es durch die wunderschöne Landschaft sehr gemächlich zum „Heiligen Berg" – dem Kloster Andechs, das dann plötzlich nach einer Wegbiegung in seiner ganzen Pracht vor Ihnen liegt.

Von der Klosterkirche gehen Sie auf der Straße ca. 10 m zurück und nehmen dann den Fußweg, der 1 km bergauf in den Ortsteil Ebenhausen führt.

Ebenhausen

BANK

Hotel Gut Schwaige, Rodelweg 7, 82067 Ebenhausen, ☏ 081 78/930 00, info@hotel-gutschwaige.de, www.hotel-gutschwaige.de, EZ ab € 80, DZ ab € 105

S-Bahn zurück nach München

✝ Sankt Benedikt (kath.), Heilandskirche (ev.)

Nachdem Sie den steilen Hang des Isarhochufers erklommen haben, erreichen Sie in Ebenhausen den Rodelweg, dem Sie noch ca. 10 Meter bis zur Wolfrats-

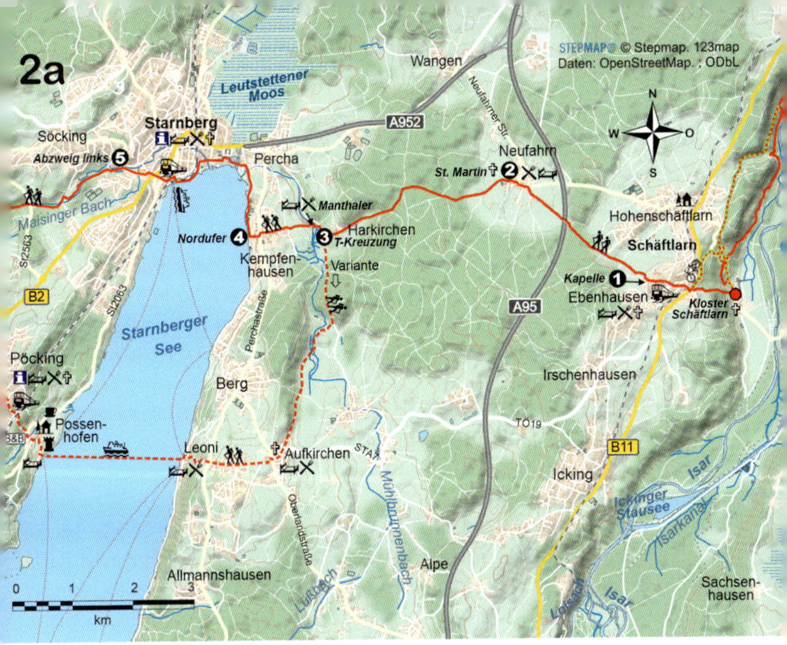

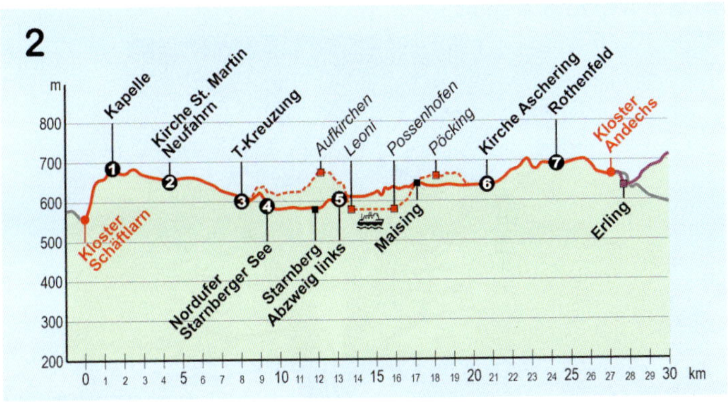

hauser Straße folgen. Überqueren Sie am Maibaum die Straße und folgen der Muschel über die S-Bahn-Gleise. An der nächsten Weggabelung orientieren Sie sich nach links und folgen bergan der Lechnerstraße. Am Ende der Straße errei-chen Sie den Ortsteil Zell mit einer kleinen Kapelle ❶, an der Sie rechts vorbei wandern. Auf der Neufahrner Straße wandern Sie weiter geradeaus wieder aus dem Ort hinaus. Folgen Sie der kleinen, asphaltierten Fahrstraße immer geradeaus. Sie passieren nach gut 20 Min. auf diesem Weg eine kleine Waldkapelle, die der Muttergottes geweiht ist und am Eingang von einer gelben Jakobsmuschel geziert wird. Anschließend unterqueren Sie die Autobahn A95 und erreichen nach wenigen Kilometern Neufahrn. Wandern Sie auf der Zellerstraße in den Ort.

Neufahrn

Gasthof Jägerwirt, Starnberger Str. 119, 82069 Schäftlarn OT Neufahrn, ☏ 08 178/868 40, gasthof@jaegerwirt-neufahrn.com, https://jaegerwirt-neufahrn.com, EZ ab € 85, DZ ab € 85, Restaurant: Mo-Fr 17:00-21:00, Sa, So und feiertags 11:00-22:00

✝ Sankt Martin (kath.)

Auf dem Weg durch Neufahrn folgen Sie zunächst der Zeller Straße, bis Sie die Starnberger Straße erreichen, der Sie nach links bis zur Pfarrkirche Sankt Martin ❷ folgen. An der Kirche orientieren Sie sich nach links und verlassen auf der Harkirchener Straße den Ort vorbei an einer Reihe von Apfelbäumchen in

Auf dem Weg nach Andechs

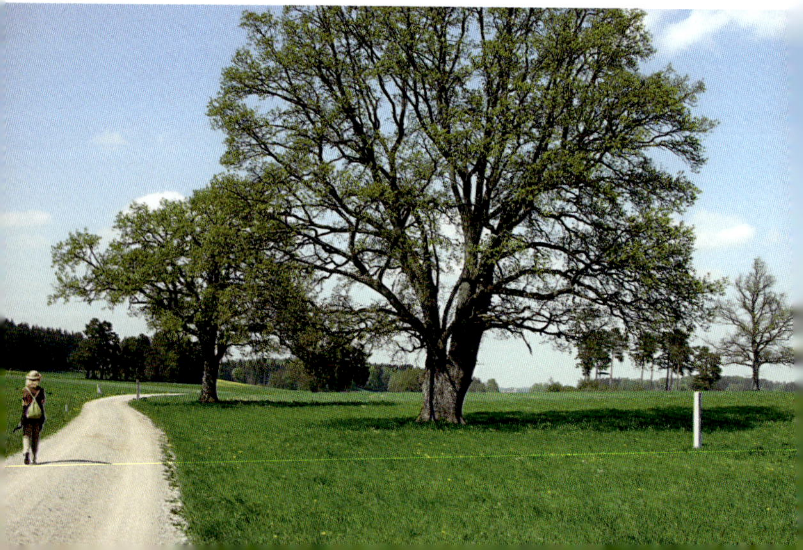

Richtung Wald. Im Wald erreichen Sie nach wenigen Kilometern eine Abzweigung. Folgen Sie hier dem Wegweiser „Wolfrathshausen/Mölbach“. Gleich nachdem Sie links abgebogen sind, gabelt sich der Weg erneut. Bleiben Sie hier rechts. Von hier aus ist Harkirchen bereits ausgeschildert. Harkirchen durchqueren Sie auf dem Sträßchen Richtung Manthal. Kurz hinter dem Ort erreichen Sie eine T-Kreuzung ❸, an der Sie sich für eine von zwei möglichen Routen des Jakobswegs entscheiden müssen (ein Schild weist Sie darauf hin).

Wenn Sie der Hauptroute folgen wollen, dann sollten Sie an der Informationstafel nach rechts abbiegen (die Beschreibung der Alternativroute nach links finden Sie weiter unten, ☞ Variante S. 56). Bleiben Sie bei der nächsten Gabelung (kurz nach der Wegtrennung) links auf der Manthalstraße. Folgen Sie dem Weg in nördlicher Richtung. So erreichen Sie **Manthal**.

Manthal

Manthaler, Manthalstraße 1, 82335 Berg (Ortsteil Manthal), ☎ 081 51/556 63 91, info@manthaler.de, EZ ab € 65, DZ ab € 100, Di-So 11:00-20:00, Mo Ruhetag

Folgen Sie der Straße durch Manthal. Sie erreichen schließlich immer geradeaus Kempfenhausen. Wandern Sie den Milchberg – vorbei an der Marianne-Strauß-Klinik – hinab bis zur Münchner Straße. Hier biegen Sie kurz nach links ab und überqueren diese Straße nach etwa 20 m. Biegen Sie nun in die Straße „Seehang“ ein und wandern vorbei an prachtvollen Villen, bis Sie das Nordufer des Starnberger Sees ❹ erreichen. Sie biegen nach rechts ab und wandern durch das Naherholungsgebiet Percha entlang des Uferwegs.

Bootshütte Food & Bar, Münchner Str. 47a, 82335 Berg (direkt am Seeufer), kleiner Kiosk mit schöner Kuchenauswahl, täglich 12:00-17:00

Restaurant Seetub'n, Schiffbauerweg 20, 82335 Berg (direkt am Seeufer), ☎ 081 51/74 66 81, info@seestubn-percha.de, https://seestubnpercha3.jimdofree.com/, Di-So 12:30-22:00, Mo Ruhetag

Gleich nach dem Restaurant Seestub'n erreichen Sie eine Weggabelung. Auch wenn die Wegweiser für den Jakobsweg dort nach links weisen, sollten Sie hier den rechten Weg wählen. Die Brücke über den Lüßbach wurde zur Zeit der Recherche dieser Auflage gerade abgerissen und es war noch ungewiss, ob sie erneuert werden soll. Wählen Sie deshalb den rechten Weg und Sie erreichen nach wenigen Metern einen asphaltierten Radweg, dem Sie für knapp 50 m nach links folgen. Sobald von rechts die Seestraße in diesen Weg einmündet, biegen Sie wieder nach links Richtung Naherholungsgebiet ab und folgen dem Weg entlang des Sees. Überqueren Sie die Einfahrt zum Yachthafen auf der Nepomukbrücke und wandern Sie am Zaun des Seebades entlang, bis Sie direkt am Seeufer den Bürgerpark Schiffwiese auf dem ehemaligen Werftgelände der Seeschifffahrt Starnberger See erreichen.

( ) **Tommy's Tealounge**, (Bürgerpark) Dampfschifffahrtweg, 82319 Starnberg, Mi-So 13:00-17:00, Pausen-Geheimtipp für Teeliebhaber, fast 20 Sorten frisch aufgebrüht. Derzeit wird im Bürgerpark umgebaut und die Tealounge war geschlossen (Stand Sommer 2024).

Dem Weg folgend (Sie können durch den Park gehen oder außen am Park vorbei) erreichen Sie die S-Bahn-Schienen und folgen diesen nach links in das Zentrum von **Starnberg** hinein.

Starnberg

Tourismusverband Starnberger Fünf-Seen-Land, Wittelsbacherstraße 2c, 82319 Starnberg, 081 51/906 00, info@sta5.dc, www.sta5.de, Mai bis 6. Oktober Mo-Fr 9:00-18:00, Sa 10:00-13:00, . Oktober bis Ende April Mo-Fr 9:30-17:00

Gasthaus Zur Sonne, Hanfelder Straße 7, 82319 Starnberg, 081 51/20 60 oder 362 30, info@scholler-starnberg.de www.scholler-starnberg.de, Preis auf Anfrage, Restaurant Mo-Fr 10:30-22:30, Sa, So, feiertags Ruhetag

♦ **Hotel Starnberger See**, Bahnhofsplatz 6, 82319 Starnberg, 081 51/90 85 00, office@hotelstarnbergersee.de, www.hotelstarnbergersee.de, Zimmer ab € 100

♦ **Gästehaus Sieben Quellen**, Söckinger Straße 6a, 82319 Starnberg, 01 75/116 11 01, sieben-quellen@web.de, www.siebenquellen.com. EZ € 98, DZ € 138

weitere Unterkünfte mit der Möglichkeit zur Online-Buchung unter www.starnbergammersee.de

Strandhouse, Strandbadstraße 17, 82391 Starnberg, 081 51/97 35 65, www.strandhouse-starnberg.de, täglich von 9:30-22:00

♦ **Strandcafé Starnberg**, Seepromenade, 82391 Starnberg, 081 51/74 68 86, www.strandcafe-starnberg.de, täglich 10:00-17:00

♦ **Wirtshaus Starnberg im Tutzinger Hof**, Tutzinger-Hof-Platz 7, 82391 Starnberg, 081 51/971 88 75, täglich 11:00-23:00 (warme Küche bis 21:30)

✕ **Dechant Fischladen&Restaurant**, Hauptstraße 20, 82319 Starnberg, ☏ 081 51/121 06, Laden: Di-Fr 9:00-18:00, Sa 8:30-14:00, Restaurant: Di-Do bis 20:00, Mo Ruhetag, geräucherte Fische aus dem Starnberger See

Starnberger Eiswerkstatt, Wittelsbacherstraße 9, 82391 Starnberg, www.starnberger-eiswerkstatt.de, täglich 9:00-20:00

S-Bahn-Anschluss nach München bzw. nach Tutzing, von dort Zuganschluss zum DB-Fernnetz

✞ Pfarrkirche Sankt Maria – Hilfe der Christen (kath.), Friedenskirche (ev.)

Starnberg zog bereits im 15. Jh. Herzöge und Kurfürsten an den See. 1246 eroberten die Wittelsbacher die Festung auf dem Schlossberg und bauten diese zu einem wohnlichen Schloss um. Das Schloss wurde zum beliebten Sommersitz der bayerischen Herzöge. Später erlahmte das Interesse an Starnberg und erwachte erst wieder, als Münchner Sommerfrischler Mitte des 19. Jh. den Ort für sich entdeckten. Zu der Beliebtheit Starnbergs trug zu dieser Zeit vor allem der Bau der Eisenbahnlinie 1851 und die Eröffnung der Dampfschifffahrt 1854 bei.

Das Wahrzeichen der Stadt Starnberg ist die St.-Josef-Kirche mit ihrem kuppelgekrönten Turm. Sie wurde zwischen 1764 und 1770 auf einer Anhöhe am Starnberger See erbaut. Die Kirche gilt dank der vollendeten Einheit ihrer Innenausstattung als eines der beeindruckendsten Gotteshäuser des ländlich-bayerischen Barocks. Der Hochaltar mit den Statuen des Johann Nepomuk und des Franz Xaver stammen von Ignaz Günther (1725-1775). Die von Günther geschaffenen Altäre und vor allem seine ausdrucksstarken und lebendigen Gewandfiguren stellen einen Höhepunkt der Rokokobildhauerei dar.

⌘ **Museum Starnberger See – barocke Pracht und Fischerleben**, Possenhofener Straße 5, 82319 Starnberg, ☏ 081 51/44 75 70, www.museum-starnberger-see.de

Starnberg durchwandern Sie immer an der Uferpromenade entlang, bis Sie an der S-Bahn die zweite Unterführung erreichen. Hier unterqueren Sie die Bahngleise und folgen der Bahnhofstraße bergauf. Überqueren Sie die Weilheimer Straße und folgen Sie der Söckinger Straße geradeaus bis zur Maisinger-Schlucht-Straße. Hier biegen Sie links ein ❺. Am Werksgelände des Starnberger Wasserwerks gehen Sie vorbei und folgen dann links einem Weg entlang des Maisinger Bachs, auf dem Sie nach ca. 2 km die romantische Maisinger Schlucht erreichen. Diese durchwandern Sie und gelangen schließlich auf die Straße, auf der Sie nach Maising wandern. An der Ortsstraße, die Sie in Maising erreichen, gehen Sie rechts.

Maising

Gasthaus Georg Ludwig, Ortsstraße 16, 82343 Maising/Pöcking, ☏ 081 51/34 45, info@gasthaus-georg-ludwig.de, www.gasthaus-georg-ludwig.de, EZ ab € 88, DZ ab € 105, Do-Mo 11:00-23:00, Di und Mi Ruhetag

Maisinger Seehof, Seestraße 14, 82343 Maising, ☏ 081 51/442 42, info@maisingerseehof.de, www.maisingerseehof.de, von Ostern bis Mitte Oktober Di-So 12:00 bis Sonnenuntergang ganztägig (witterungsbedingt Abweichungen möglich, bei schlechtem Wetter geschlossen), Mo Ruhetag

Etwa 500 m westlich von Maising befindet sich der unter Naturschutz stehende Maisinger See, ein Stausee, der durch seinen üppigen Schilfbewuchs und die angrenzende Moorfläche ein echtes Vogelparadies ist. Die Maisinger Schlucht – ein tiefer Einschnitt in die Landschaft – wurde durch den Abfluss des Maisinger Sees geformt. Die Schlucht mit dichtem Laubbewuchs ist eine Oase für Erholungssuchende. Am Grund der Schlucht befindet sich der Brunnen für das Trinkwasser der Gemeinde Starnberg. Die Wasserqualität ist so gut, dass das Wasser in Starnberg naturbelassen aus dem Wasserhahn kommt.

Aus Maising heraus folgen Sie dem Forstweg, der direkt in der Straßenkurve abzweigt und zum Gasthaus am Maisinger See führt. Der Weg verläuft nun durch ein sehr schönes Naturschutzgebiet und weiter auf einem Wirtschaftsweg, der nach Aschering führt. Bei der Kirche in Aschering ❻ geht es zunächst rechts und dann gleich wieder nach links, den Wegweisern nach Andechs oder Wanderweg 3 bzw. König-Ludwig-Weg folgend. Sobald Sie Aschering wieder verlassen haben, führt der Münchner Jakobsweg, der hier mit dem König-Ludwig-Weg identisch ist, bergauf und in ein Waldstück. Kurz nachdem der Weg beschwerlich eine Art Hohlweg hinaufgeführt hat, sind an einem Wegweiser sowohl das Schild für den König-Ludwig-Weg als auch die Jakobsmuschel angebracht. Biegen Sie hier nach rechts ab.

Immer geradeaus geht es weiter in den Wald hinein und vorbei am Eßsee, den Sie rechter Hand durch die Bäume schimmern sehen können.

⌘ Am Eßsee hat der Medizinnobelpreisträger Konrad Lorenz in den Fünfziger- und Sechzigerjahren das bekannte Institut für Verhaltensphysiologie von Wasservögeln geleitet. Das Institut – inzwischen Max-Planck-Institut für biologische Intelligenz – gibt es noch heute. Mehrmals jährlich werden dort Führungen veranstaltet (aktuelle Infos unter https://www.bi.mpg.de/veranstaltungen).

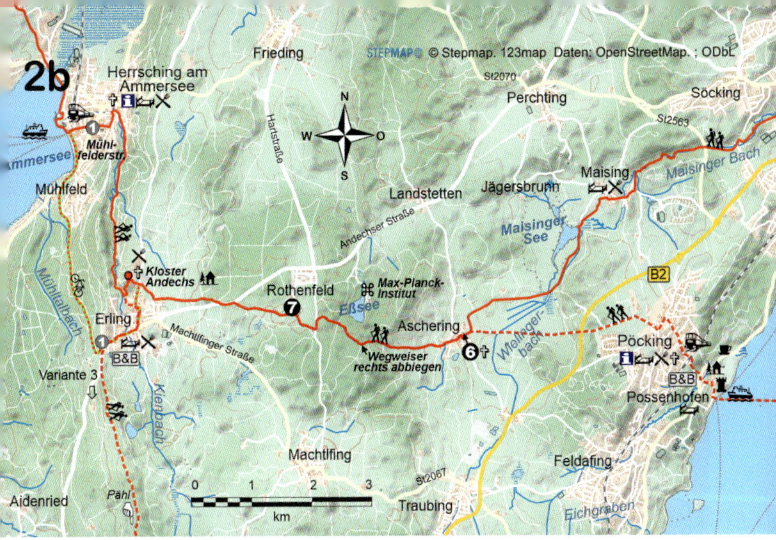

Wenn Sie den Eßsee passiert haben, gelangen Sie am Ende des Waldes schließlich auf eine Straße. Hier biegen Sie links ab, überqueren anschließend die Straßen und gehen gleich wieder nach rechts in den Wald hinein. Lassen Sie Rothenfeld ❼ rechts liegen und folgen Sie dem Weg weiterhin geradeaus. Über einen Wirtschaftsweg gelangen Sie auf die Straße Andechs – Perchting, die Sie überqueren und der Sie ein paar Meter nach links folgen. Nehmen Sie schließlich den Fußweg, der nach rechts abzweigt. Am Ende des Parkplatzes führt ein geteerter Weg steil zum Etappenziel, zum **Kloster Andechs,** hinauf.

Andechs

Pilgerunterkunft im Kloster im Otmar-Speicher des Klosters, Die Pilgerunterkunft des Klosters wird zurzeit renoviert. Deshalb stehen nur wenige Gästezimmer zur Verfügung. Frühzeitige Anmeldung (mindestens zwei Wochen im Voraus) erforderlich, ☏ 08 15 2/37 60, 💻 www.andechs.de/kloster/gaeste/jakobspilger.html. Die Zimmervergabe erfolgt bis 16:30 an der Klosterpforte.

Weitere Unterkünfte finden Sie im 0,5 km entfernten Erling, ☞ Variante 3. Etappe.

✕ **Klostergasthof Andechs**, Bergstraße 9, 82346 Andechs, ☏ 081 52/930 90, täglich 11:00-20:00

♦ **Andechser Bräustüberl**, Bergstraße 2, 82346 Andechs, ☏ 081 52/37 62 61, täglich 11:00-20:00, 💻 www.andechs.de/gastronomie/braeustueberl.html

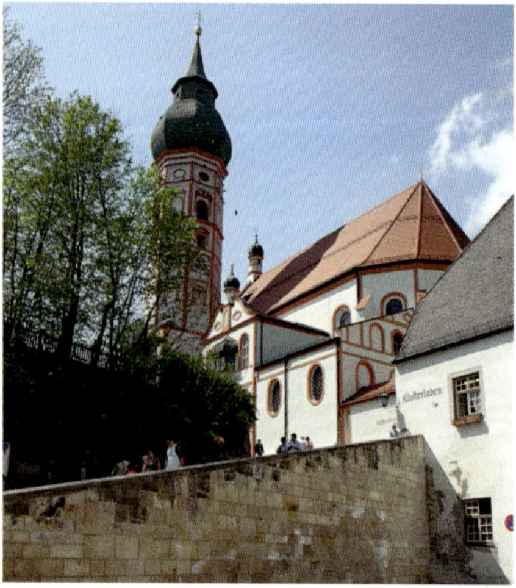

Klosterkirche in Andechs

☺ Das Kloster ist im Sommer häufig Veranstaltungsort für hochkarätige Kirchenkonzerte. Wer sich im Vorfeld über die Konzerttermine informieren möchte, kann das unter ☏ 081 52/37 60 tun.

Auf dem „Heiligen Berg" von Andechs steht das berühmte Benediktinerkloster – Ziel frommer Wallfahrer und Liebhaber bayerischer Braukunst. Seit 1455 widmen sich die Mönche dem Bierbrauen und das Andechser Dunkelbier ist über die Landesgrenzen hinaus bekannt. Die Wurzeln des Klosters liegen im 10. Jh. Der Legende nach brachte der heilige Rasso (880-954) – Ahnherr des Andechser Grafengeschlechts – eine Reliquie aus dem Heiligen Land in die Kapelle der Burg von Andechs.

Die Burg Andechs entwickelte sich ab 1132 zum Herrschaftsmittelpunkt einer der mächtigsten Dynastien der Stauferzeit. Ihr entstammten die Heilige Elisabeth, Tochter der Königin Gertrud von Ungarn, und die heilige Hedwig von Schlesien. Allerdings unterlag die Familie den konkurrierenden Wittelsbachern im frühen 13. Jh. Nach dem Aussterben der Andechs-Meranier 1248 wurde ihr Reliquienschatz in der Burgkapelle vergraben. Die Burg selbst wurde von den Wittelsbachern zerstört. Im Jahr 1388 wurden die Reliquien unter dem Altar der Nikolauskirche der Burg Andechs wiederentdeckt und in die Münchner Residenz, den heutigen Alten Hof, überführt. Die bayerische Bevölkerung pilgerte zum Heiligtum von Andechs, denn es hieß, dass allein die Besichtigung des Schatzes eine Pilgerfahrt nach Rom ersetzen würde.

1416 übernahmen die Augustiner-Chorherren von Dießen die Betreuung der Andechser Wallfahrt. Finanziert durch Spenden der Pilger und durch Herzog Ernst (1373-1438) entstand um 1430 anstelle der alten Burgkapelle eine repräsentative Kirche. Dieser gotische Bau bildet, ungeachtet späterer Umgestaltungen, bis heute den architektonischen Kern der Klosterkirche. Der Andrang der Wallfahrer, möglicherweise aber auch das schlechte Gewissen wegen des Justizmordes an Agnes Bernauer († 1435), der Gemahlin seines Sohnes Albrecht, haben Herzog Ernst in seinem Todesjahr 1438 dazu bewogen, für Andechs ein eigenes Chorherrenstift zu gründen. Es bildete 1455 die Grundlage für die Umwandlung in eine Benediktinerabtei und wurde mit einem Abt aus dem Kloster Tegernsee besiedelt.

Nach seiner frühen Blüte geriet Andechs im 16. Jh. in eine Krise, die erst um 1600 wieder zu einem geistlichen Neubeginn führte. Von den Schicksalsschlägen im Dreißigjährigen Krieg und einem Großbrand im Jahr 1669 erholte sich die Abtei und gelangte im späten 17. und im 18. Jh. zu barockem Glanz. Der Konventbau stammt vom Graubündner Meister Caspar Zucalli. Im Inneren der Kirche zeigen die Wessobrunner Stuckateure aus der Familie Schmuzer ihr Können. Im Vorfeld der 300-Jahr-Feier (1755) wurde der Innenraum erneut durch erstrangige Künstler wie Johann Baptist Zimmermann, Johann Baptist Straub oder Franz Xaver Schmädl im Stil des Rokokos gestaltet. Eine umfangreiche Sammlung von Votivbildern und Kerzen aus mehreren Jahrhunderten dokumentiert die ungebrochene Anziehungskraft des „Heiligen Bergs".

Der Innenraum der Klosterkirche im Rokokostil

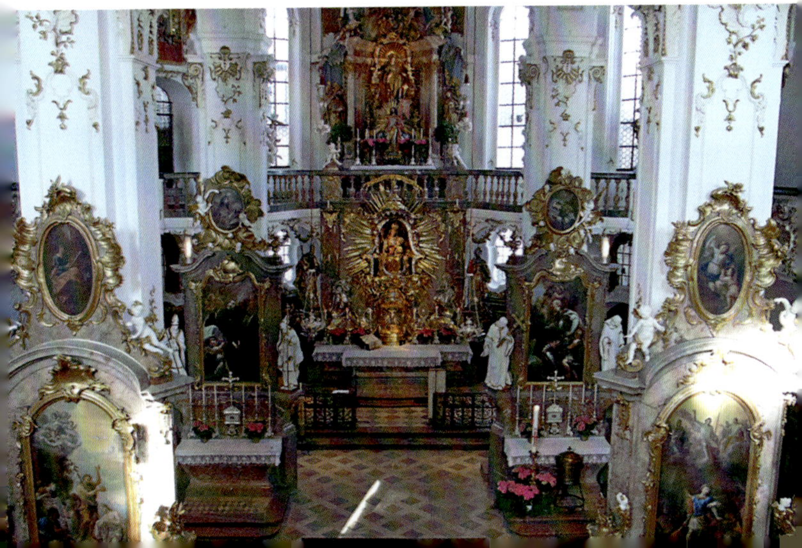

Die Aufhebung der Abtei Andechs im Zuge der Säkularisation erfolgte am 17. März 1803. In schneller Folge wechselten die privaten Eigentümer, bis im Jahr 1846 König Ludwig I. die vormaligen Liegenschaften der Abtei erwarb. Er übergab sie 1850 seiner neuen benediktinischen Stiftung, der Abtei St. Bonifaz in der Münchner Maxvorstadt, als landwirtschaftliches Standbein. So erfuhr Andechs 1850 als Subpriorat der Abtei St. Bonifaz seine monastische Wiederbelebung und erzielt bis heute die Einkünfte für die Versorgung und den Unterhalt der Abtei. Damit finanziert Andechs auch das pastorale und soziale Engagement (insbesondere die Obdachlosenhilfe in München) der Abtei. St. Bonifaz erhält keine Kirchensteuermittel.

In Andechs ist die Tradition der mönchischen Braukunst bis auf den heutigen Tag lebendig. Jedes Jahr werden ca. 115.000 hl Bier am Fuße des Heiligen Bergs gebraut. Knapp 10 % des Andechser Bieres werden auf dem Klosterberg, also im Bräustüberl und im Klostergasthof, ausgeschenkt. Der Rest wird in ganz Deutschland und in vielen europäischen Ländern vertrieben.

Variante 2. Etappe: Von Schäftlarn über Possenhofen u. Pöcking zum Kloster Andechs

25,4 km, 6 Std. 50 Min., ↑ 490 m, ↓ 379 m, ⇧ 520-704 m

0,0 km	⇧ 520 m	Kloster Schäftlarn
1,0 km	⇧ 692 m	Ebenhausen BANK
12,1 km	⇧ 670 m	Aufkirchen BANK
13,8 km	⇧ 640 m	Leoni (ab hier Weiterfahrt mit dem Dampfer)
13,8 km	⇧ 600 m	Possenhofen ⌘
15,8 km	⇧ 672 m	Pöcking BANK
25,4 km	⇧ 690 m	Kloster Andechs

Die Alternativroute über Possenhofen und Pöcking ist zwar kunsthistorisch interessanter, allerdings müssen Sie sich bei dieser Variante nach den Abfahrtszeiten der Dampfer über den Starnberger See richten, die Leoni mit dem gegenüberliegenden Possenhofen verbinden.

Von Schäftlarn bis Harkirchen bleiben Sie auf der zuvor beschriebenen Hauptroute. An der Jakobsweg-Informationstafel in Harkirchen folgen Sie der Beschilderung nach links in den Wald. Sobald man den Wald verlässt, geht es nach rechts in die Straße An der Leiten (ebenfalls ein unbefestigter Wirtschaftsweg). Bergab erreichen Sie schließlich eine Weggabelung. Hier fehlt eine Muschelbeschilderung. Folgen Sie an der Weggabelung links der Martinsholzer Straße. Sie wandern entlang eines kleinen Bächleins. An der nächsten T-Kreuzung geht es rechts nach Grabenfeld (auch hier ist kein Schild mit der Muschel zu finden). Wenn Sie linker Hand einen kleinen Pavillon sehen, wählen Sie den Weg scharf rechts bergauf. An der Wegkapelle Sankt Anna am Ende des Waldes biegen Sie nach links in die Lindenallee, der Sie bis nach **Aufkirchen** folgen. Vorbei am Oskar-Maria-Graf-Denkmal wandern Sie nach links in Richtung der Wallfahrtskirche Mariä Himmelfahrt.

Aufkirchen

Die Post, Landgasthof, Marienplatz 2, 82335 Berg (Ortsteil Aufkirchen), 081 51/446 12-0, info@post-aufkirchen.de, www.post-aufkirchen.de, EZ ab € 99, DZ ab € 129, Restaurant von 11:30 bis 22:00, Di/Mi Ruhetag

Dechant Fischladen, Marienstraße 2, 82335 Berg (Ortsteil Aufkirchen), Mi-Fr 9:00-18:00, Sa 8:00-12:00. Geräucherte Fische aus dem Starnberger See

Mariä Himmelfahrt (kath.)

In der Wallfahrtskirche Mariä Himmelfahrt finden Sie einen Pilgerstempel.

Aufkirchen ist als Ufkiricha erstmals gegen Ende des 10. Jh. belegt. Graf Otto schenkte den Ort dem Freisinger Domstift. Der Name Aufkirchen, d. h. die Kirche auf einer Anhöhe, zeigt, dass sich an dieser Stelle schon damals ein Gotteshaus befunden hat, seit wann aber genau, ist unbekannt. Die Größe der Pfarrei im Mittelalter legt nahe, dass Aufkirchen ein alter Pfarrsitz ist, dem später errichtete Kirchen der Umgebung als Filialen zugeordnet wurden. Gegen Ende des Mittelalters setzte eine rege Wallfahrt nach Aufkirchen ein. Das damalige Kirchlein erwies sich als zu klein, um die Vielzahl der Pfarrangehörigen und Wallfahrer aufnehmen zu können. Im Frühjahr 1499 wurde ein Neubau unter Pfarrer Ulrich Hueber begonnen.

Den Bauplatz hatten der Gründungslegende nach zwei Ochsen gewiesen, die von Aufhausen her, ohne angetrieben zu werden, einen Wagen mit einem schweren Tuffstein ziehend bei der alten Kirche stehen geblieben waren. Für die Pfarrgemeinde war dies ein Zeichen göttlichen Willens, dass die Kirche an dieser Stelle errichtet werden sollte. Schon während des Baus ereigneten sich viele Wunderzeichen, die zu Beginn des 17. Jh. der damalige Pfarrherr Georg Colonus – wohl nach alten Überlieferungen – aufschrieb. 1688 wurde die Wallfahrtskirche dem Orden der Augustiner-Eremiten vermacht, der daraufhin in Aufkirchen eine Niederlassung gründete. Erster Superior und Pfarrer war P. Joseph Staffir. Berühmtester Vertreter seines Ordens war in Aufkirchen der Gelehrte und geschätzte Barockprediger Gelasius Hieber, der hier 1724-1730 als Superior wirkte und Teile seines beachtlichen Gesamtwerkes verfasste. Auch ein Aufkirchener Wallfahrtsbüchlein stammt aus seiner Feder. Die Wallfahrtskirche Mariä Himmelfahrt ist ein spätgotisches Schmuckstück und beherbergt ein besonders schönes Gnadenbild der Muttergottes. Außerdem finden Sie in der kleinen Kapelle auch ein Standbild des heiligen Jakobus des Älteren als Pilger.

Der Kreuzweg nach Leoni wurde vom königlichen Baurat Johann Ulrich Himbsel 1856 errichtet. Im 19. Jh. war es nicht unüblich, dass Privatpersonen solche Kreuzwege erbauen ließen. Die Reliefs des Kreuzweges von Aufkirchen nach Leoni stammen von Anton Ganser. Am 22. Juli 1894 wurde der Schriftsteller Oskar Maria Graf in diesem Ort geboren und ging hier auch zur Schule. Sein Buch „Das Leben meiner Mutter" handelt vom Leben einer Bauernfamilie in Aufkirchen.

Aufkirchen durchwandern Sie bis zur Wallfahrtskirche Mariä Himmelfahrt. An der Kirche biegen Sie rechts ab, folgen der Straße gleich wieder nach links und erreichen den Kreuzweg (der Ortsteil von Aufkirchen, den Sie dem Kreuzweg folgend erreichen, nennt sich Kreuzweg).

Sie erreichen die Berger Straße, eine breite Ortsverbindungsstraße, die Sie überqueren, und steigen weiter geradeaus steil hinab nach Leoni am Ufer des Starnberger Sees.

Leoni

Seehotel Leoni, Assenbucher Straße 44, 82335 Berg (Ortsteil Leoni), 081 51/50 60, info@seehotel-leoni.com, www.seehotel-leoni.com, EZ ab € 170, DZ ab € 197. Restaurant täglich 7:00 bis 10:00 Frühstück, 12:00-15:00 und 17:30 -20:30 warme Küche.

Fischermeister Gastl-Pischetsrieder, Assenbucher Straße 41, 82335 Berg (Ortsteil Leoni), 081 51/56 85, Do-So 11:00-18:00 (im Sommer auch Mi). Hofladen und Hofcafé, geräucherte Fische aus dem Starnberger See (Geräucherte Renken sind eine oberbayerische Spezialität, besonders am Starnberger- und Ammersee.)

Dampferverbindungen direkt zwischen Leoni und Possenhofen von Ostern bis Kirchweih (Mitte Oktober) um 10:37, 11:17, 13:42, zusätzlich am Wochenende 16:17 und 17:37. Den aktuellen Fahrplan finden Sie unter https://www.seenschifffahrt.de/de/starnberger-see/fahrplan/.

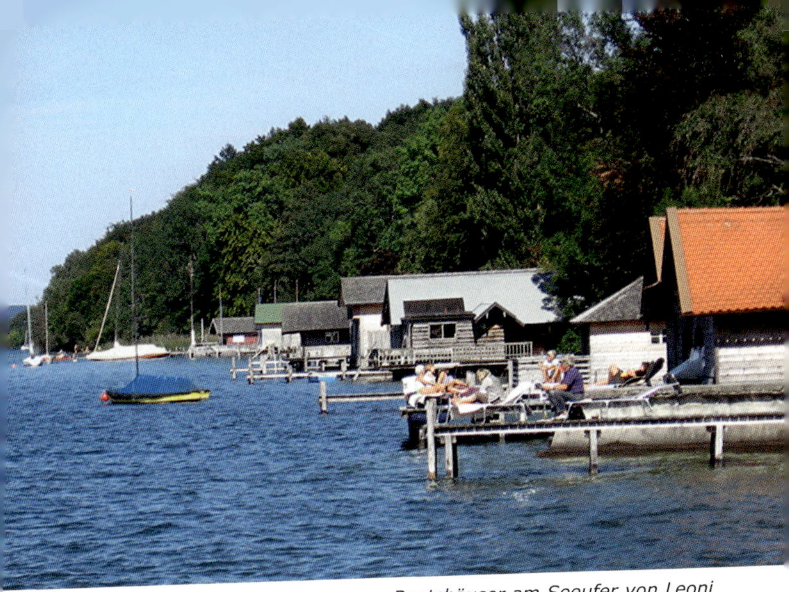

Bootshäuser am Seeufer von Leoni

Leoni hieß ursprünglich Assenhausener Puech oder Assenbuch. Um das Jahr 1810 baute der bayerische Staatsrat Franz von Krenner in dieser außergewöhnlich schönen Lage eine Villa. Zu dieser Zeit war das völlig ungewöhnlich (nach München dauerte die Fahrt mit der Postkutsche über 4 Stunden) und so war Krenner einer der ersten „Zoagrosten" am Starnberger See.

Nach seinem Tod vererbte er die Villa an den Bassisten der Königlichen Hofoper, den Italiener Giuseppe Leoni, der die Villa zusammen mit seiner Frau zu einer Pension und Gasthaus umbauen ließ. Das Restaurant erfreute sich in der Münchner High Society größter Beliebtheit und so sprach man schließlich nicht mehr von Assenbuch, sondern bald von Leonihausen oder nur noch von Leoni. Später wurde der Ort sogar offiziell nach dem italienischen Restaurantbesitzer benannt. 1833, nach dem Tod der Leonis und einigen Besitzerwechseln, wurde die Villa abgerissen und durch ein mondänes Hotel ersetzt. Einer der Besitzer – Oskar Strauch – baute 1896 sogar eine Standseilbahn auf die Rottmannshöhe, auf der ein weiteres Luxushotel stand. Die dampfbetriebene Bahn überwand einen Höhenunterschied von 91 m, wofür sie ca. 15 Minuten brauchte. In zwei offenen Waggons konnten bis zu 30 Personen befördert werden – eine Ausflugssensation für die Münchner Sommerfrischler dieser Zeit.

Wenn Sie in Leoni das Ufer des Starnberger Sees erreichen, weist die Muschel sowohl nach rechts als auch nach links. Folgen Sie der Beschilderung nach links. (Wenn Sie dem Weg nach rechts folgen, kommen Sie entlang des Sees zunächst auf den König-Ludwig-Weg und nach ca. 4 km auf die Etappe 2 Richtung Starnberg. Bis Starnberg sind es von Leoni aus ca. 7 km.) Linker Hand erreichen Sie den Dampfersteg von Leoni (3-mal tägl.– am Wochenende bis zu 5-mal tägl. – Verbindung nach **Possenhofen**, Zeiten ☞ S. 58, weitere Schiffsverbindungen nach Starnberg).

Nach der Überfahrt, sobald Sie den Dampfer am Steg in Possenhofen verlassen haben, wandern Sie rechter Hand am Schloss vorbei, in dem die berühmte Kaiserin Elisabeth von Österreich (Sissi) ihre Kindheit verlebte. Bleiben Sie auf der Straße, die Sie bergan bis zur Hauptstraße (Kurt-Stieler-Straße) führt. Folgen Sie dieser kurz nach rechts und biegen bei nächster Gelegenheit links in den Schlossberg ab. Hier geht es bergauf, bis Sie den S-Bahnhof Possenhofen mit seinem privaten Kaiserin Elisabeth Museum erreichen.

Possenhofen

Jugendherberge Pöcking-Possenhofen, Kurt-Stieler-Straße 18, 82343 Pöcking, ☏ 081 57/99 66 11, jhpossenhofen@djh-bayern.de, www.jugendherberge.de/de-de/jugendherbergen/possenhofen643/, ab € 24,50 p. P., nur mit Jugendherbergsausweis, vom 7.12. bis zum 27.12. geschlossen

Hotel Villa Sisi, Hindenburgstraße 12, 82343 Pöcking, ☏ 081 57/931 70, buchung@hotel-villa-sisi.de, https://hotel-villa-sisi.de/, EZ ab € 70, DZ ab € 115

Beach Paradies Kiosk Robert Müller, Kurt-Stieler-Straße 1, 82343 Pöcking (im Schlosspark), ☏ 081 57/32 73, 10:00-20:00, bei schönem Wetter während der Sommermonate geöffnet

S-Bahn nach München bzw. zum Bahnhof nach Tutzing, von dort Anschluss an das Fernbahnnetz

In den Jahren 1281 bzw. 1282 schenkte der Pfalzgraf Friedrich von Scheyern Wittelsbach dem Kloster Schäftlarn neben anderen Besitzungen auch einen Hof in „Pozzenhofen" und beurkundete damit den ersten Hinweis auf diese kleine ehemalige Fischer- und Bauernsiedlung. 1536 erbaute der Kanzler von Herzog Wilhelm dem Standhaften, Jacob Rosenbusch, das nach dem Ort benannte Schloss Possenhofen. 1538 erhielt er von den bayerischen Herzögen die Besitzrechte für den Ort Possenhofen sowie 1545 für das Dorf Pöcking.

Nach mehreren anderen Besitzern, zuletzt dem Reichsgrafen Basselet von la Rosée, gelangten das Schloss und die beiden Hofmarken 1834 schließlich in den Besitz von Herzog Maximilian Joseph von Bayern. Seine Tochter Prinzessin Elisabeth in Bayern, die spätere Kaiserin Elisabeth von Österreich (Sissi), verbrachte hier ihre unbeschwerte Kindheit.

König Maximilian II. ließ in Possenhofen eine Bahnstation für den hohen Adel errichten (jetzt S-Bahn-Station – Sie wandern direkt daran vorbei, werfen Sie einen Blick hinein, die Station ist wirklich sehenswert).

Seit 2004 befindet sich im historischen Bahnhofsgebäude das Kaiserin Elisabeth Museum.

⌘ **Kaiserin Elisabeth Museum**, Sonderausstellung im Königssalon S-Bahnhof Possenhofen, ☏ 081 57/92 59 32, Mai bis Mitte Oktober jeweils Fr, Sa und So sowie feiertags von 12:00 bis 18:00

Vor dem Bahnhof führt der Jakobsweg links über eine Brücke über die Bahngleise weiter nach **Pöcking**. In Pöcking überqueren Sie die Hauptstraße und wandern ein kurzes Stück nach links, bevor Sie an der nächsten Möglichkeit wieder nach rechts in den Ascheringer Weg einbiegen.

Pöcking

Gemeindeverwaltung Pöcking, Feldafinger Straße 4, 82343 Pöcking, ☏ 081 57/93 06-0, rathaus@poecking.de, www.poecking.de, Mo-Fr 8:00-12:00, Do zusätzlich 16:00-18:00

Gasthof Zur Post, Hauptstraße 19, 82343 Pöcking, ☏ 081 57/13 98, info@posthotel-poecking.de, www.posthotel-poecking.de, ab € 145, Mo, Di, Do und Fr 17:00-23:00, Sa und So 10:00-14:00 und 17:00-21:00, Mi Ruhetag

S-Bahn Richtung München bzw. zum Bahnhof nach Tutzing, von dort Anschluss an das Fernbahnnetz

✝ St. Pius (kath.), Heilig-Geist-Kirche (ev.)

Auf dem Sträßchen Ascheringer Weg, in das Sie nach rechts eingebogen sind, gehen Sie weiter, bis Sie die Bundesstraße 2 überqueren. Dort führt ein Wirtschaftsweg weiter nach Aschering. Kurz vor Aschering – im Auwinger Moos – trifft die Alternativroute wieder mit der Hauptroute zusammen (folgen Sie ab hier der Beschreibung bei ☞ Etappe 2).

3. Etappe: Vom Kloster Andechs nach Schondorf

➲ 21,1 km, ⧗ 5 Std. 15 Min., ↑ 220 m, ↓ 369 m, ⇧ 532-690 m

0,0 km	⇧ 690 m	Kloster Andechs ✕
4,5 km	⇧ 547 m	Herrsching i ✕ BANK ✝
11,2 km	⇧ 580 m	Breitbrunn BANK
13,6 km	⇧ 569 m	Buch **B&B**
16,4 km	⇧ 540 m	Stegen **B&B** ✕
21,1 km	⇧ 538 m	Schondorf i **B&B** ✕ BANK ✝

Heute verlassen Sie den „Heiligen Berg“ und steigen durch das wunderschöne Kiental hinab nach Herrsching am Ammersee. Der See wird die nächsten zwei Tage Ihr ständiger Begleiter sein, denn nun geht es zunächst nach Breitbrunn und Buch, dann über den pittoresken Sieben-Brücken-Weg direkt am See nach Stegen. Hier sind Sie am Nordende des Ammersees angelangt und können die atemberaubende Sicht auf den gesamten See und die dahinter beginnenden bayerischen Alpen genießen. Wandern Sie dann am Uferweg weiter, bis Sie Schondorf erreichen, wo Sie bereits der heilige Jakob in einer kleinen Kapelle direkt über dem Seeufer erwartet. Wer sich eine Wanderpause gönnen möchte, kann aber auch von Herrsching aus den Dampfer über den See nach Dießen nehmen.

Alle, die mit dem Rad unterwegs sind, müssen hier auf die Straße von Andechs nach Herrsching ausweichen. Der Weg durch das Kiental ist für das Rad ungeeignet. An der Uferpromenade stoßen Sie wieder auf den Jakobsweg.

Gegenüber der Kirchenpforte des Klosters steigen Sie die Holzstufen hinunter, an einer kleinen Kapelle vorbei, und folgen dem Wegweiser „Fußweg durchs Kiental nach Herrsching“. Halb rechts führen weitere Stufen hinunter. Unten angekommen orientieren Sie sich nach rechts in Richtung des Schildes „Fußweg nach Herrsching, S-Bahn“ weiter bergab durch den Laubwald.

Sobald Sie **Herrsching** erreichen, gehen Sie nach links Richtung Bahnhof (eine Muschel weist Ihnen den Weg) und biegen dann rechts in die Weinhartstraße. Überqueren Sie die Mühlfelderstraße ❶ und wandern dann weiter geradeaus Richtung See. Ab dem Seehaus bleiben Sie rechter Hand auf dem idyllischen Fußweg entlang der Uferpromenade.

Herrsching

Touristen-Information Herrsching Fünf-Seen-Land, Bahnhofsplatz 3, 82211 Herrsching am Ammersee, ☏ 081 52/52 27, herrsching@sta5.de, www.ammersee-region.de oder www.herrsching.de, Mai bis 6. Oktober Mo-Fr 9:00-13:00 und 14:00-18:00, Sa 9:00-13:00, Oktober bis April Mo-Fr 10:00-13:00 und 13:30-16:00

Gasthof Hotel Zur Post, Andechsstraße 1, 82211 Herrsching am Ammersee, ☏ 081 52/39 62 70, willkommen@post-herrsching.de, www.post-herrsching.de, EZ ab € 89, DZ ab € 139, Restaurant Do-So 10:00-22:00

SVG Gästehaus Herrsching am Ammersee, Mühlfelder Straße 72, 82211 Herrsching am Ammersee, ☏ 081 52/93 00-0, urlaub@svg-sued.de, www.svg-gaestehaus.de. Preise auf Anfrage.

♦ **Romantik Hotel Chalet am Kiental**, Andechsstraße 4, 82211 Herrsching am Ammersee, ☏ 081 52/98 25 70, info@chaletamkiental.de, www.chaletamkiental.de, ab € 120

♦ weitere Unterkünfte mit der Möglichkeit zur Online-Buchung unter www.starnbergammersee.de

Kunstparkschlösschen Herrsching

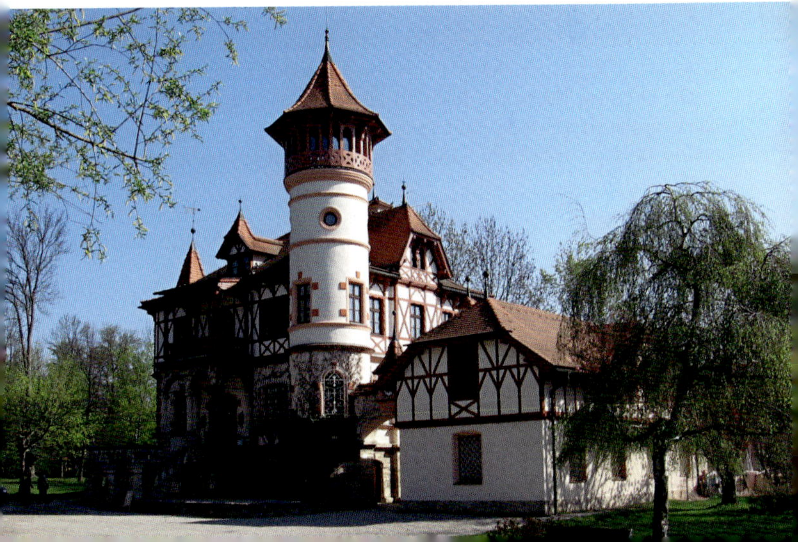

Matos Fischladen, Summerstraße 22, 82211 Herrsching, am Ammersee, ☏ 081 52/13 37, Mi 10:00-18:00, Do-Sa 10:00-19:00, So 12:00-19:00 Mo/Di Ruhetag

Fischerei Schlamp, Seestraße 41, 82211 Herrsching am Ammersee, ☏ 081 52/35 54, Mi, Do, Fr 9:00-18:00, Sa 9:00-13:00, Brotzeit und Snacks auch zum Mitnehmen

S-Bahn-Verbindung von Herrsching nach München

Die Dampfer am Ammersee fahren traditionell ab Ostern bis Ende Oktober. Von Herrsching aus gibt es Verbindungen nach Dießen um 9:30, 11:45, 13:15, 15:30, 17:00. Das Schiff nach Utting, Schondorf und Stegen verlässt Herrsching um 10:45, 13:10, 14:35, 16:55 und 18:20. Im Hochsommer sind noch weitere Verbindungen möglich, Anfang April und im Oktober nur eingeschränkter Schiffsverkehr. Infomieren Sie sich außerhalb der Hauptsaison besser im Internet oder telefonisch:
☏ 081 43/940 21, einen aktuellen Fahrplan finden Sie unter
www.seenschifffahrt.de/de/ammersee/fahrplan/.

✝ St. Nikolaus (kath.), Erlöserkirche (ev.)

Herrsching wird im Jahr 776 erstmals als Schenkung der Adelsfamilie der Huosier an das Kloster Schlehdorf beurkundet. Im Archäologischen Park der Gemeinde ist heute eine rekonstruierte frühchristliche Adelskirche aus dem 7. Jh. zu sehen, deren Grundmauern bei der Erweiterung des Friedhofs entdeckt wurden. Das Wahrzeichen von Herrsching ist die Nikolauskirche, die auf einem Hügel thront und 1065 zum ersten Mal urkundlich erwähnt wurde.

Die Ortschaft Herrsching blieb bis ins 19. Jh. ein Fischer- und Bauerndorf. Dann begann sie sich zum Ausflugs- und Urlaubsort für die sogenannten „Sommerfrischler" zu entwickeln. 1889 erbaute der Maler Ludwig Scheuermann

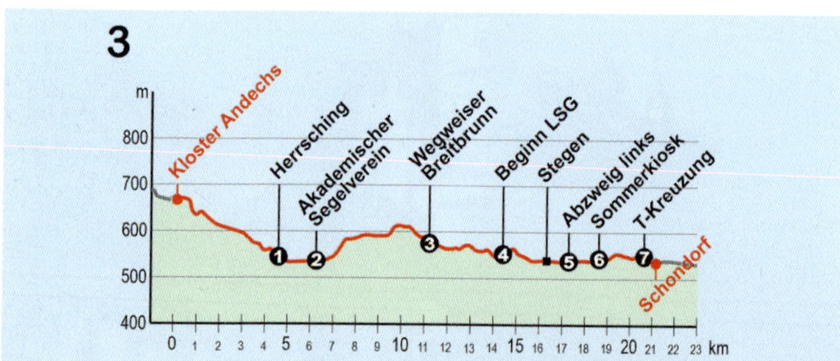

(1859-1911) ein Schlösschen im Gründerzeitstil nahe am Seeufer und feierte dort im Sommer mit seinen Freunden Künstlerfeste. Das Scheuermann-Schlösschen ging nach dem Tod des Erbauers in Gemeindebesitz über. Nachdem es in der Nachkriegszeit als Flüchtlingsquartier gedient hatte, wurde es renoviert und wird heute unter dem Namen „Kunstparkschlösschen" als Kulturzentrum für Konzerte und Ausstellungen genutzt.

☺ Wenn Sie sich einen Tag Fußmarsch sparen wollen, können Sie auch von Herrsching aus mit dem Schiff nach Dießen fahren. In den Sommermonaten fährt vom Dampfersteg aus fünf Mal am Tag der Dampfer nach Dießen (☞ S. 64). Sie können auch den Dampfer nach Schondorf, Utting oder Riederau nehmen und von dort aus weiter auf dem Jakobsweg wandern.

In Herrsching wandern Sie an der Seepromenade entlang in Richtung Norden, bis Sie an der Rieder Straße das Gelände des akademischen Seglervereins ❷ erreichen. Hier verlassen Sie das Seeufer und folgen der Straße weiter geradeaus. Nach 10 m

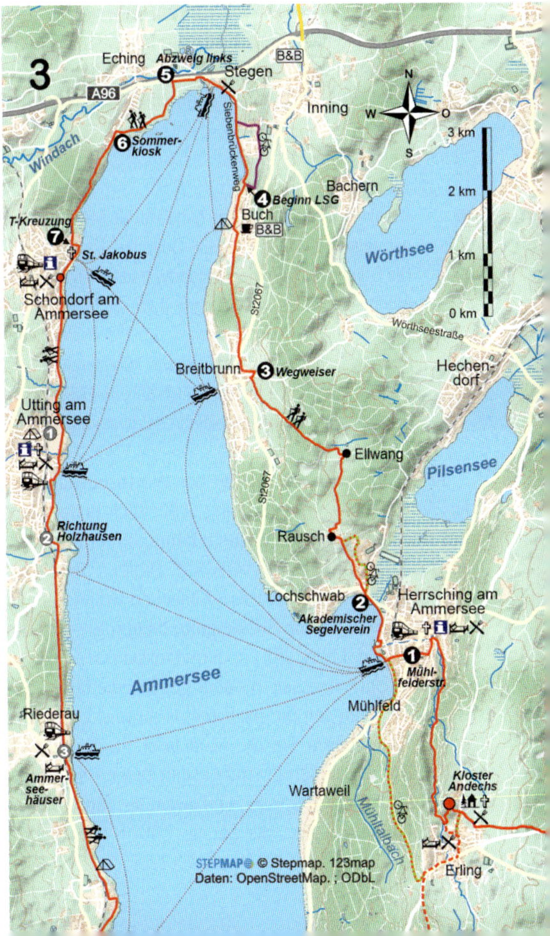

führt rechts der Obere Stocketweg Richtung Rausch. Sie folgen dem Schotterweg bergauf, bis Sie das kleine Dorf erreichen. Hier orientieren Sie sich nach links, an der kleinen Kapelle vorbei, und wandern dann am Ortsende rechts auf dem asphaltierten Wirtschaftsweg weiter nach Ellwang. In Ellwang folgen Sie dem Weg nach links Richtung **Breitbrunn**.

🚲 Der Weg hinauf nach Rausch ist ein etwas steiler Schotterweg, den Sie mit einem geländetauglichen Fahrrad gut bezwingen können. Einfacher ist es allerdings, wenn Sie nach dem akademischen Seglerverein nicht den Oberen Stocketweg geradeaus fahren, sondern rechts dem Schild „Radweg" nach Breitbrunn folgen. In Breitbrunn folgen Sie dann wieder dem beschilderten Jakobsweg bis kurz nach Buch.

Breitbrunn

☕ **Kiosk**, direkt am See, 🚪 ab Mitte Mai bis Mitte September bei schönem Wetter geöffnet, täglich 10:00-18:00, kalte Getränke, Kaffee, Brotzeit und Kuchen

⛴ Die Dampfer am Ammersee fahren traditionell ab Ostern bis Ende Oktober. Von Breitbrunn aus gibt es Verbindungen 8:45, 12:20 und 16:10 nach Utting, Holzhausen und Dießen; ab 13:40 und 17:35 nach Schondorf und Stegen; Anfang April und im Oktober nur eingeschränkter Schiffsverkehr. Infomieren Sie sich außerhalb der Hauptsaison besser im Internet oder telefonisch ☎ 081 43/940 21, einen aktuellen Fahrplan finden Sie unter 💻 www.seenschifffahrt.de/de/ammersee/fahrplan/fahrplan/.

In **Breitbrunn** gehen Sie an der Wörthseestraße – das ist die Straße, auf der der Wirtschaftsweg aus Ellwang schließlich endet – nach rechts ca. 5 m bis zur nächsten Abzweigung mit einem Baum, hinter dem sich dann auch der Wegweiser mit der Jakobsmuschel ❸ versteckt. (Sollten Sie einen Abstecher an das Seeufer oder zum kleinen Brotzeit-Kiosk machen wollen, gehen Sie an der Wörthseestraße nach links.) An der Abzweigung biegen Sie nach links ab und folgen der Jaudesbergstraße. Diese führt in einer Linkskurve an einer Streuobstwiese vorbei (☺ im Herbst darf man hier Bioobst gegen eine kleine Spende selbst pflücken). Am Friedhofsweg biegen Sie nach rechts ab und gehen geradeaus bis zur Münchner Straße. Überqueren Sie die Münchner Straße und halten Sie sich dabei leicht rechts. Auf der anderen Straßenseite biegen Sie rechts in den Bucher Weg, auf dem Sie Breitbrunn wieder verlassen. Er führt Sie im weiteren Verlauf in eine schöne Laubbaumallee, der Sie ca. 700 m nach **Buch** folgen.

Buch

B&B

B&B Pension Café Waldeck, Waldstraße 5, 82266 Inning am Ammersee (Ortsteil Buch), ☏ 081 43/527, EZ ab € 80, DZ ab € 110

Campingplatz Buch, In der Senke 2, 82266 Inning am Ammersee (Ortsteil Buch), ☏ 081 43/427

Die Dampfer am Ammersee fahren traditionell ab Ostern bis Ende Oktober. Von Buch aus gibt es Verbindungen um 13:50 und 17:50 nach Stegen. Das Schiff nach Schondorf und Utting fährt um 12:05 und 15:55. Anfang April und im Oktober gibt es nur einen eingeschränkten Fahrplan. Infomieren Sie sich außerhalb der Hauptsaison besser im Internet oder telefonisch ☏ 081 43/940 21, einen aktuellen Fahrplan finden Sie unter www.seenschifffahrt.de/de/ammersee/fahrplan/.

Buch erreichen Sie auf der Breitbrunner Straße, die schließlich in einer Linkskurve in die Seestraße mündet. Folgen Sie dieser am Campingplatz nach rechts. Am Ende der Seestraße biegen Sie leicht links in die Ammerseestraße ein. Am Ende der Ammerseestraße geht es leicht versetzt rechts auf einem Trampelpfad weiter geradeaus Richtung Stegen. Sie bleiben auf diesem Trampelpfad, der Sie direkt auf eine Bank zuführt. Hier beginnt das Landschaftsschutzgebiet ❹.

Da diese Strecke entlang des Ammersees für Fährräder gesperrt ist, müssen Sie als Fahrradfahrer hier nach rechts abbiegen und auf dem Radweg weiter nach Stegen fahren.

Wanderer passieren links die Schranke und erreichen den Siebenbrückenweg, der immer wieder über kleine Brücken und Stege hoch über dem Ammerseeufer entlangführt. (☺ Links führen immer wieder steile Treppen hinunter zum Seeufer, wo Sie einige verwunschene Badebuchten finden). Auf dem Siebenbrückenweg erreichen Sie das Freizeitgelände von Stegen.

Mit der kleinen Ortschaft **Stegen** erreichen Sie auch das nördlichste Ende des Ammersees, von wo aus Sie einen schönen Blick über den See in seiner vollen Länge haben.

Stegen

B&B

B&B Pension Ingolde, Moosstraße 44, 82266 Inning am Ammersee, ☏ 081 43/76 08, EZ ab € 45, DZ ab € 75, ca. 10 Min. vom See entfernt

Seehaus Schreyegg, Landsberger Straße 78, 82266 Stegen am Ammersee, 081 43/99 25 37, info@seehaus-schreyegg.com, www.seehaus-schreyegg.com, täglich 11:30-22:00, Di Ruhetag

Restaurant Fischer, Landsberger Straße 79, 82266 Stegen am Ammersee, 081 43/99 28 00, booking@fischer-ammersee.com, www.fischer-ammersee.com, 9:00-24:00, Restaurant und Strandbar (Strandbar nur im Sommer), täglich 9:00-23:00

Eismacherei, Landsberger Straße 8266 Stegen am Ammersee, 081 43/992 80 14, 12:00-17:00, Mo und Di Ruhetag, für viele das beste Eis am Ammersee mit einigen ausgefallenen Sorten

Die Dampfer am Ammersee fahren traditionell ab Ostern bis Ende Oktober. Von Stegen aus gibt es Verbindungen um 8:15, 10:25, 12:00, 14:10 und 15:50 nach Schondorf, Utting und Dießen. Anfang April und im Oktober gibt es nur einen eingeschränkten Fahrplan. Infomieren Sie sich außerhalb der Hauptsaison besser im Internet oder telefonisch 081 43/940 21, einen aktuellen Fahrplan finden Sie unter www.seenschifffahrt.de/de/ammersee/fahrplan.

Stegen – ein Ortsteil der Gemeinde Inning – war früher von hoher verkehrstechnischer Bedeutung für die Ammerseeregion. Der kleine Ort am Nordende des Ammersees war von 1766 an 100 Jahre lang ein wichtiger Umschlagplatz für Flößer, welche Holz vom Kloster Ettal in Oberbayern nach Dachau trifteten. Heute ist der Ort Heimathafen der Weiß-Blauen Dampferflotte am Ammersee.

Auf dem Fußweg erreichen Sie das Erholungsgebiet von Stegen. Sie wandern am Badestrand entlang zur Landsberger Straße. An zwei hübschen Seebiergärten und der Eismachereich vorbei führt der Weg geradeaus Richtung Minigolfplatz. Kurz hinter dem Minigolfplatz führt der Radweg nach Eching zur Autobahnbrücke hinauf, entlang der A96 überqueren Sie die Amper und bleiben dann leicht links auf dem Radweg, der getrennt durch eine Böschung parallel neben der Autobahn verläuft bis dann der Fußweg 90 Grad nach links, wieder Richtung See, abbiegt ❺. Sie erreichen das Landschaftsschutzgebiet Ammersee West.

Wandern Sie auf dem Pfad durch das Naturschutzgebiet. In den Sommermonaten darf das Ufergebiet nicht betreten werden, da sich hier ein Brutgebiet seltener Vögel befindet. Auch wenn es hier mehrere Abzweigungen gibt, bleiben Sie immer auf dem mittleren Weg, der Sie ins Naherholungsgebiet Eching führt. Am Seeufer am Badeplatz in Eching mit schönem Sommerkiosk ❻, haben Sie links über den See einen schönen Blick auf das Kloster Andechs.

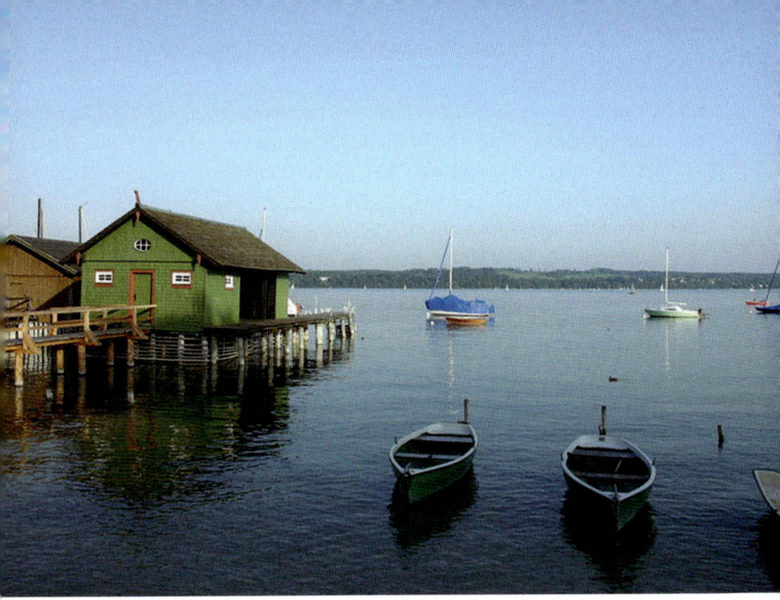

Bootshäuser am Ammersee bei Schondorf

Eching

Strandhaus, Erholungsgebiet 1, 82279 Eching am Ammersee, 081 43/366 92 56, bei schönem Wetter tägl. 11:00-22:00, warme Küche bis ca. 20:30

Wandern Sie hinter dem Kiosk „Strandhaus" vorbei bis Sie nach wenigen Metern auf die Kaangerstraße stoßen. Dort biegen Sie nach links ab. Folgen Sie dem Straßenverlauf, der dann auf einem breiten Waldweg mündet, weiter geradeaus. Dieser Waldweg bringt Sie durch ein Auenwäldchen am Westufer des Ammersees nach Schondorf. Nach ca. 1,5 km erreichen Sie die ersten Häuser. Der Waldpfad mündet in einer T-Kreuzung mit einem Flurkreuz ❼. Sie biegen nach links ab und erreichen den See. Folgen Sie der Uferpromenade am Restaurant Forster nach rechts bis zur romanischen Sankt-Jakobs-Kapelle.

Schondorf

B&B BANK

Tourismusbüro Schondorf am Ammersee, Bahnhofstraße 44, 86938 Schondorf am Ammersee, 081 92/88 99, www.schondorf-tourismus.de,
Mitte Mai bis Mitte September Mo, Di, Do und Fr 10:00-12:00, Mi geschlossen, Mitte September bis Mitte Mai Di und Do 10:00-12:00

Gasthof Drexel (Shiro Sushi Ammersee), Landsberger Straße 58, 86938 Schondorf am Ammersee, ☏ 08 19 2/50 59 54, shiro.ammersee@gmail.com, EZ ab 65, DZ ab 50 (in der Nebensaison November-März günstigere Preise), Restaurant: täglich 12:00-21:00

B&B **Gästezimmer Himmelsrauschen**, Schlafen im Atelier am Ammersee (Zimmer in Privatunterkunft), Silvia Bühler, Uttinger Str. 37, 86938 Schondorf, 01 51/17 60 43 06, http://www.himmelsrauschen.de, buchbar auch unter www.airbnb.de, Voranmeldung unbedingt erforderlich

Wirtshaus am Steg, St.-Jakobs-Bergerl 2, 86938 Schondorf am Ammersee, ☏ 081 92/93 48 21, Mo, Do, Fr, 12:00-14:00 und 17:00-21:00, Sa, So 12:00-21:00

♦ **Gasthaus zum Aleks,** Bahnhofstraße 18, 86938 Schondorf am Ammersee, ☏ 081 92/996 73 82, www.gasthaus-zum-aleks.de, täglich 11:00-21:30, an Wochentagen zwischen 14:30 und 17:00 keine warme Küche

Seerestaurant Café Forster, An der Point 2, 86938 Schondorf am Ammersee, ☏ 081 92/219, ab Ostern bis Mitte Oktober täglich 8:00-20:00

Verbindung nach München, Utting bzw. Dießen

Die Dampfer am Ammersee fahren traditionell ab Ostern bis Ende Oktober. Von Schondorf aus gibt es Verbindungen um 8:31, 10:42 und 14:25 nach Utting, Holzhausen und Dießen. Anfang April und im Oktober gibt es nur einen eingeschränkten Fahrplan. Infomieren Sie sich außerhalb der Hauptsaison besser im Internet oder telefonisch ☏ 081 43/940 21, einen aktuellen Fahrplan finden Sie unter www.seenschifffahrt.de/de/ammersee/fahrplan.

Pfarrkirche Hl. Kreuz sowie Filialkirche Sankt Jakobus (kath.)

⊙ Pilgerstempel: in der Kapelle Sankt Jakobus (direkt am Seeufer neben dem Dampfersteg, der Jakobsweg führt direkt daran vorbei)

Im romanischen Kirchlein Sankt Jakobus, das auf einer leichten Erhebung am Ammerseeufer gegenüber des Dampferstegs errichtet wurde, treffen Sie auf den Wegpatron. Der Erbauer Chuonradus, Ahnherr der Schondorfer, ließ die Kirche 1149 aufgrund eines Gelübdes erbauen. Gemeinsam mit den Grafen Berthold und Poppo von Dießen-Andechs war er 1146 zum Kreuzzug nach Jerusalem aufgebrochen, einem der verlustreichsten Kreuzzüge der Geschichte. Aus Dankbarkeit darüber, dass er überlebt hatte, errichtete Chuonradus nach seiner Heimkehr die Kapelle. In der romanischen Kirche ziert ein barocker Hochaltar das Kircheninnere. In der Mittelnische steht der heilige Jakobus der Ältere. An einem Pfeiler im Langhaus wurde im Jahr 1892 ein romanisches Wandgemälde mit der Halbfigur der Gottesmutter aufgedeckt.

Die Jakobskirche war wohl bereits für die Pilger im Mittelalter eine Station. Und auch heute ist Schondorf eng mit dem Münchner Jakobsweg verknüpft. Als der Weg von der bayerischen Landeshauptstadt nach Lindau und Bregenz im Jahr 2003 neu beschildert wurde, feierte man die offizielle Einweihung des Weges unterhalb der Sankt-Jakobs-Kapelle in Schondorf. Sollte die Kirche verschlossen sein, kann man sich an Frau Schwarz von der Pension Schwarz (direkt am See, der Jakobsweg führt daran vorbei) wenden. Die Familie betreut die kleine Jakobus-Kapelle sehr engagiert.

Variante 3. Etappe: Vom Kloster Andechs über Pähl nach Wessobrunn

24,9 km, 6 Std. 20 Min., ↑ 484 m, ↓ 492 m, ⇧ 544-745 m

0,0 km	⇧ 690 m	Kloster Andechs
0,8 km	⇧ 666 m	Erling **B&B** BANK
9,3 km	⇧ 591 m	Pähl BANK
15,5 km	⇧ 553 m	Raisting BANK
18,9 km	⇧ 575 m	Stillern
24,9 km	⇧ 701 m	Wessobrunn BANK

Diese Route ist für Eilige, denn man spart einen Tag Fußmarsch. Hier ist es deutlich ruhiger als am trubeligen Ammerseeufer (gerade im Sommer und an den Wochenenden). Allerdings ist dieser Weg nur spärlich mit der Muschel gekennzeichnet. Wenn Sie der Wegbeschreibung unten folgen, kommen Sie aber völlig unproblematisch nach Wessobrunn. Diese Etappe verspricht nach Erling atemberaubende Blicke vom Hochufer auf den Ammersee, bis Sie am Golfplatz nach Pähl absteigen. Von dort wandern Sie über Wiesenwege relativ eben nach Raisting, dessen riesige Erdfunkanlage Sie schon von Weitem sehen können. Entlang des Bächleins Rott verlassen Sie Raisting wieder und wandern über den Weiler Stillern (mit tollem Biergarten an den Wochenenden) durch den Wald. Sobald es nach einem Waldstück kontinuierlich leicht bergauf geht, haben Sie Wessobrunn und seine alte Klosteranlage schon fast erreicht.

Für diese Route steigen Sie gegenüber dem Portal der Klosterkirche einige Holzstufen abwärts (wie zu Beginn der zuvor beschriebenen Etappe 3). Nach ca. 100 m am Ende der Stufen angekommen, nehmen Sie den oberen linken Weg, der entlang einer Weide führt und verlassen hier den markierten Weg Richtung Kiental/Fußweg nach Herrsching. Sie erreichen **Erling**, einen Ortsteil von Andechs, und folgen, sobald Sie die Andechser Straße erreichen, dieser nach rechts.

Erling

B&B BANK

Hotel Zur Post, Starnberger Straße 2, 82346 Andechs (Ortsteil Erling), 081 52/918 20, zurpost-andechs@t-online.de, www.hotelzurpost-andechs.de, EZ ab € 110, DZ ab € 162

B&B **Romantikvilla**, Gabriele Hebentanz, Römerweg 6, 82346 Andechs (Ortsteil Erling), 081 52/37 22 66, EZ € 120 DZ ab € 180, der Preis enthält für Pilger auch ein Lunchpaket und Getränke für den nächsten Wandertag

Sankt Vitus (kath.)

In Erling folgen Sie zunächst der Andechser Straße und biegen dann am Gasthof Zur Post in die Starnberger Straße nach rechts. Dieser folgen Sie – auch wenn Sie im weiteren Verlauf Herrschinger Straße heißt. An der Bushaltestelle Erlinger Höhe biegen Sie nach links ab ❶ und wandern ein kurzes Stück entlang der Ortsverbindungsstraße. Sobald Sie linker Hand einen Wanderparkplatz erreichen, verlassen Sie die Straße und gehen über den Parkplatz geradeaus in den Wald. Nun bleiben Sie auf dem Weg geradeaus, der Sie auf einem

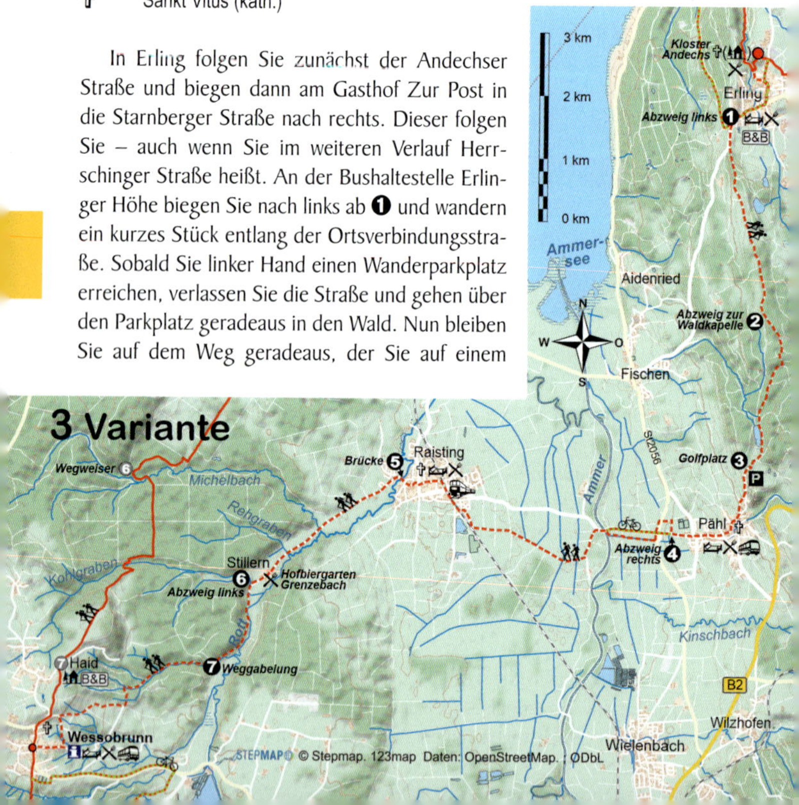

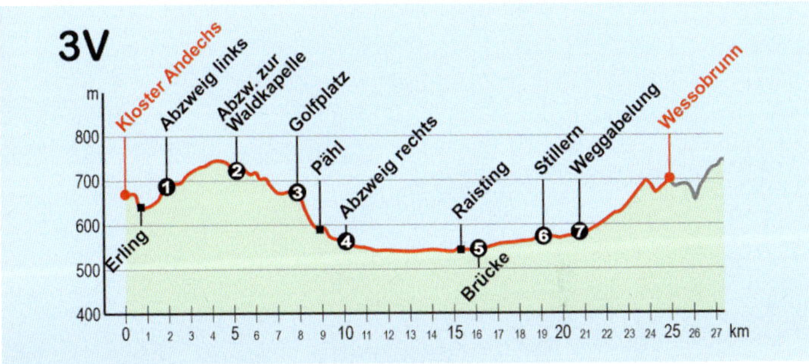

Höhenrücken mit schönem Blick auf den Ammersee weiterführt. Nach gut 4 km können Sie an einer Wegkreuzung ❷ einen Abstecher nach rechts machen und finden hier im Wald die Hartkapelle, die zum Gedenken eines ermordeten Pähler Pfarrers im Jahr 1663 im Wald errichtet wurde. Nach dem Abstecher folgen Sie dem Hauptweg – vom dem Sie zur Kapelle abgebogen sind – weiter geradeaus. Nach gut 7,5 km passieren Sie den Golfplatz Pähl. Vor dem Parkplatz des Golfplatzes ❸ führt die Straße Am Gasteig nach rechts bergab in den Ort **Pähl**.

Pähl

✕ **Gasthof Neue Post**, Ammerseestraße 46, 82396 Pähl, ☏ 088 08/278, Restaurant: Mo, Do-Sa 11:00-14:30 und 17:00-22:00, So 11:00-22:00, Di 11:00-14:30, Mi Ruhetag

♦ **Gasthof Alte Post zu Pähl,** Ammerseestraße 3, 82396 Pähl, ☏ 088 08/924 61 61, ab 11:00, Mi, Do Ruhetag

♦ **Restaurant Pfaffenwinkel am Hochschloß**, Am Hochschloß, 82396 Pähl, ☏ 088 08/924 79 24, März-Dezember täglich ab 10:00, direkt am Golfplatz noch kurz vor Pähl

✝ Sankt Laurentius (kath.)

In Pähl gehen Sie auf der Straße Am Gasteig geradeaus. An der Kirchstraße, auf die Sie am Ende des „Gasteigs" stoßen, gehen Sie rechts (hier finden Sie eine Muschel als Wegweiser). Weiter geht es an der Kirche vorbei hinab.

An der Ammerseestraße biegen Sie rechts ab und bleiben bis zur Metzgerei auf der Straße. Dort überqueren Sie die Straße und folgen der Raistinger Straße geradeaus. Kurz vor dem Ortsausgangsschild biegen Sie rechts ❹ auf den Radweg

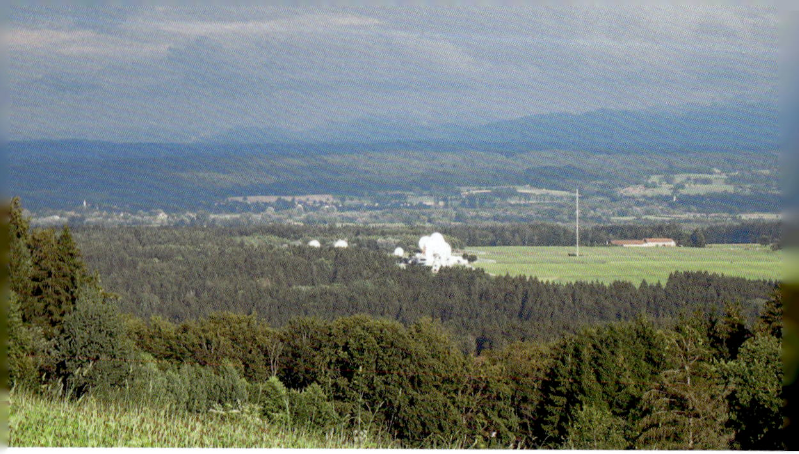

Blick auf die Weltraumabhöranlage in Raisting

nach Raisting ab. Folgen Sie dem Radweg weiter nach links unter der Schnellstraße hindurch und biegen dann nach der Unterführung nach links ab. Bleiben Sie noch kurz auf dem Weg parallel zur Straße, bis nach einer kleinen Brücke nach rechts ein Feldweg abzweigt. Dem folgen Sie bis zur Grundgut-Sammelstelle. Dort folgen Sie dem Sträßchen kurz nach rechts über den Bach und dann nehmen Sie den Trampelpfad geradeaus, der Sie zur Ammer führt. Entlang der Schnellstraße überqueren Sie die Ammer. An der Bushaltestelle, die Sie nach der Brücke erreichen, biegen Sie nach links in das Sträßchen Oberer Ammerhof. Bleiben Sie auf dem Sträßchen und folgen dem Radweg Richtung Raisting.

Nach ca. 2 km treffen Sie auf die Bahnlinie, dort biegen Sie nach rechts ab. Über eine Brücke überqueren Sie die Bahngleise und biegen gleich darauf erneut rechts nach **Raisting** ab (lassen Sie sich nicht verwirren, wenn Sie den Ort Raisting auch gleich wieder verlassen und am Ortsausgangsschild vorbeiwandern, Sie sind immer noch richtig), der eigentlich Ortskern folgt ein paar Meter weiter.

Raisting

Gasthof zur Post, Floßmannstraße 9, 82399 Raisting, ☏ 088 07/922 40, info@post-raisting.de, www.post-raisting.de, EZ ab € 87, DZ ab € 124, Restaurant: Mi, Do ab 17:00, Fr-So ab 10:00, Mo, Di Ruhetag (ausgenommen Feiertage)

♦ **Gasthof Drexl**, Pähler Straße 17, 82399 Raisting, ☏ 088 07/79 19, drexl-raisting@t-online.de, www.gasthofdrexl.de, EZ ab € 70, DZ ab € 55 p. P., Mo Ruhetag

Unser Dorfladen, Floßmannstraße 1, 82399 Raisting, Mo-Sa 7:00-12:30, Do und Fr 15:00-18:00, direkt am Jakobsweg

Verbindung nach Weilheim und Geltendorf und von dort nach München oder von Weilheim aus nach Hohenpeißenberg

⌘ Führungen durch die **Erdfunkanlage** sind eigentlich nur für Gruppen möglich, Vereinbarung unter erdfunkstelle-radom.de. Allerdings ist es möglich, sich einer Gruppe anzuschließen, nachfragen lohnt sich: ☏ 08 807/94 69 26, Fuehrung@Erdfunkstelle-Radom.de.

✝ Pfarrkirche Sankt Remigius (kath.)

Südlich des Ortes stehen auf einem großen Areal die Antennen der Erdfunkstelle Raisting. Hier wird weltweite Kommunikation über Satelliten betrieben. Die Antennen haben Spiegeldurchmesser von 7 bis zu riesigen 32 m. Derzeit sind 6 Großantennen in Betrieb. Die Anlage wurde 1963 von der damaligen Bundespost gegründet und ist eine der ältesten Erdfunkanlagen der Welt.

Bleiben Sie in Raisting auf dem Weg neben der Bahnlinie, am Bahnhof vorbei, bis Sie links in den Kirchenweg abbiegen können. Gegenüber der Kirche folgen Sie der Floßmannstraße, die Sie wieder aus Raisting hinausbringt. Über eine kleine Brücke ❺ überqueren Sie das Bächlein Rott und folgen dem schmalen Sträßlein geradeaus nach **Stillern**.

Stillern

Hofbiergarten Stillern, Stillern 1, 82399 Raisting, ☏ 088 07/675, Do 17:00-23:00, Fr 15:00-22:00, Sa und So ab 11:00, www.hofbiergarten-stillern.de

Wandern Sie am Hofbiergarten vorbei und folgen dem Sträßchen leicht nach links ❻ (hier weist Ihnen auch wieder die Muschel den richtigen Weg). Sie wandern durch einen stillen Wald ohne große Abwechslung, bis Sie eine Weggabelung mit mehreren Schildern erreichen ❼. Wenn Sie in Haid übernachten möchten, nehmen Sie hier den Weg geradeaus, nach Wessobrunn folgen Sie dem Wegweiser nach links.

Richtung Wessobrunn folgen Sie dem Weg, bis Sie aus dem Wald hinaustreten. Hier finden Sie drei Wege. Nehmen Sie den rechten Weg leicht bergauf, er führt Sie zu den Außenmauern des Klosters Wessobrunn. Wenn Sie die Mauern erreicht haben, biegen Sie nach links Richtung Tassilolinde ab (🚲 müssen hier auf der asphaltierten Straße bleiben). Folgen Sie nach der Linde dem schmalen Treppchen hinunter zu einem Bach und anschließend dem steilen Pfad wieder hinauf. Dann haben Sie Wessobrunn erreicht. Zum Ortskern folgen Sie der Straße nach rechts.

☺ Infos zu Unterkünften in Haid und Wessobrunn ☞ Etappe 4, S. 85.

4. Etappe: Von Schondorf nach Wessobrunn

➲ 25,7 km, ⌛ 6 Std. 40 Min., ↑ 362 m, ↓ 185 m, ⇧ 533-737 m

0,0 km	⇧ 538 m	Schondorf
3,5 km	⇧ 536 m	Utting
5,3 km	⇧ 559 m	Holzhausen
8,2 km	⇧ 534 m	Riederau
12,3 km	⇧ 533 m	Dießen
24,7 km	⇧ 721 m	Haid **B&B**
25,7 km	⇧ 701 m	Wessobrunn ⌘

Diese Etappe führt zunächst immer eben am Ammersee entlang. Sobald Sie in Dießen den Dampfersteg und den Ammersee erreicht haben, zieht sich der Weg durch die Gemeinde bergauf bis zum Marienmünster, das wunderschön über dem Ammersee thront. Nachdem Sie dem barocken Münster in Dießen einen Besuch abgestattet haben, geht es über Wiesen in den Wald bis zur Mechthildisquelle. Dies ist ein angenehmer und schattiger Ort, um eine kleine Pause einzulegen. Das Wasser aus der heiligen Quelle verspricht übrigens auch Heilung bei Augenleiden.

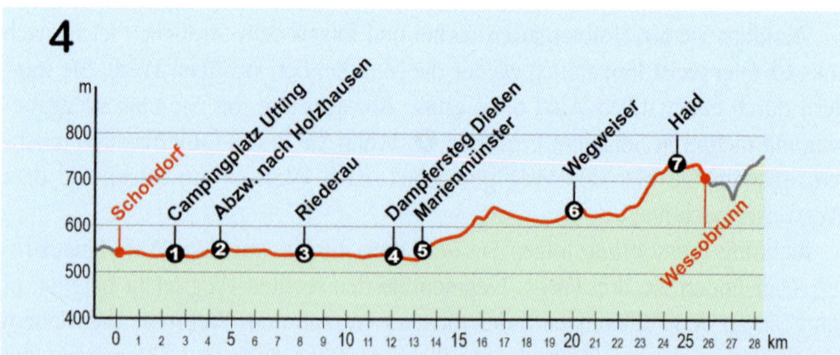

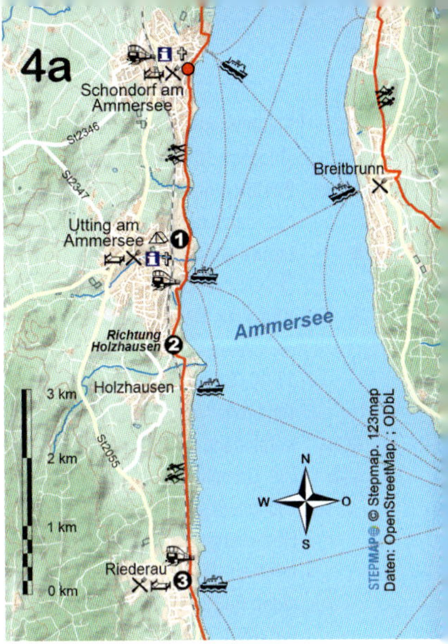

Anschließend wandern Sie durch die idyllische bayerische Voralpenlandschaft durch Wald und Wiesen, bis Sie schließlich Haid erreichen. Direkt vor dem Ortsschild biegen Sie dann ab und haben nach 1 km das romanische Wessobrunn mit seiner beeindruckenden Klosteranlage erreicht.

Unterhalb der Schondorfer Jakobus-Kapelle führt der Jakobsweg nun weiter an der Uferpromenade entlang. Bleiben Sie weiter auf der Seestraße. Zunächst biegt diese leicht nach links ab. Sobald die Seestraße aber nach rechts vom Ufer wegführt, bleiben Sie geradeaus auf dem Uferweg, der dann in ein Auenwäldchen mündet. Sie wandern für ca. 2 km durch den Wald, bis Sie den Wald am Labyrinth Ex Ornamentis (ein Mais- und Sonnenblumenlabyrinth, das jedes Jahr im Sommer wirklich immer wieder sehenswert ist) ereichen. Bleiben Sie auf dem Weg am See und wandern am Segelclubgelände und dem Campingplatz von Utting vorbei ❶. Beides gehört zum sogenannten Freizeitgelände Utting, den eigentlichen Ort erreichen Sie einige 100 Meter später.

Utting

Verkehrsamt Utting am Ammersee, Eduard-Thöny-Straße 1, 86919 Utting am Ammersee, ☏ 088 06/92 02-13, info@utting.de, www.utting.de, Mo-Fr 8:00-12:00, Di 14:00-16:00, Do 14:00-18:00, bei Bedarf am Nachmittag klingeln!

Hotel Wittelsbacher Hof, Bahnhofplatz 6, 86919 Utting, ☏ 088 06/920 40, www.hotel-wittelsbacher-hof.de, info@hotel-wittelsbacher-hof.de. Das Hotel eröffnet voraussichtlich am 1. Oktober 2024 unter neuer Leitung.

Campingplatz Utting, Im Freizeitgelände 5, 86919 Utting, ☏ 088 06/72 45, Übernachtung im Schlaffass inklusive Bettzeug für 2-4 Personen ab € 75,50,
von Ende März-Mitte Oktober, Reservierung über die Webseite
https://ammersee-campingplatz.com/de,
anfragen@campingplatz-ammersee.de

✕ **Fischmeisterei**, Im Freizeitgelände 10, 86919 Utting, ☏ 088 06/959 93 99, täglich 10:00-22:00 (direkt neben dem Campingplatz)

✕ **Pavillion am See**, Im Freizeitgelände 4, 86919 Utting, ☏ 088 06/74 61 (in der Nähe des Campingplatzes) info@pavillion-am-see.de, täglich

♦ **Lenas am See**, Seestraße 10, 86919 Utting am Ammersee (nähe Dampfersteg) Do-So 11:00-23:00, Mi 17:30-23:00, Mo und Di Ruhetag

♦ **Alte Villa**. Seestr. 32, 86919 Utting, ☏ 088 06/333 93 50, info@alte-villa-utting.de; alte-villa-utting.de Restaurant: Mo, Do und Fr ab 17:00, Sa ab 11:30 und So ab 10:00. Der angrenzende Traditionsbiergarten ist bei schönem Wetter Di-Sa ab 11:30 und am So ab 11:00 geöffnet.

Verbindung nach München und Dießen

Die Dampfer am Ammersee fahren traditionell ab Ostern bis Ende Oktober. Von Utting aus gibt es Verbindungen um 9:00, 11:00, 12:34, 14:45, 16:25 und 18:39 nach Herrsching. Von dort können Sie den Dampfer der nördlichen Rundfahrt nach Dießen nehmen. Da es auch eine direkte Zugverbindung nach Dießen gibt, ist diese auf jeden Fall schneller. Anfang April und im Oktober gibt es nur einen eingeschränkten Fahrplan. Infomieren Sie sich außerhalb der Hauptsaison besser im Internet oder telefonisch ☏ 081 43/940 21, einen aktuellen Fahrplan finden Sie unter www.seenschifffahrt.de/de/ammersee/fahrplan.

✝ Pfarrkirche Mariä Heimsuchung (kath.), Christuskirche (ev.)

Utting geht bereits auf die Kelten zurück. 1,5 km westlich des Dorfes fanden Archäologen eine spätkeltische Viereckschanze (noch heute heißt der Flurname: „In der Schanz") mit einem trapezförmigen Grundriss von 100 auf 150 m Seitenlänge und einer Toröffnung auf der Westseite. Mit dieser Ausdehnung übertrifft sie die Durchschnittsgröße solcher Anlagen in Bayern, die nach den Ausgrabungsergebnissen kultischen Zwecken gedient haben müssen. In Utting haben sich seit jeher gerne Künstler niedergelassen. Bert Brecht widmete seinem Haus in Utting gar ein Gedicht: „Sieben Wochen meines Lebens war ich reich!"

Am Freizeitgelände in Utting verläuft der Jakobsweg entlang der Seepromenade. Sie durchqueren den Traditionsbiergarten Alte Villa (☞ oben). Nach dem Biergartengelände stoßen Sie auf den Fahrradweg auf der Eduard-Thöny-Straße, dem Sie nach links weiter hinein nach Utting folgen.

Sobald der Weg in Utting wieder zurück Richtung Seeufer führt, müssen Sie mit dem Rad weiterhin auf der Eduard-Thöny-Straße bleiben. Der Jakobsweg trifft kurz nach dem Landschaftsschutzgebiet, das für Räder gesperrt ist, wieder mit dem Radweg zusammen.

Entlang des Sees erreichen Sie den Dampfersteg von Utting und kurz darauf, sobald der Weg nach rechts abbiegt, das Landschaftsschutzgebiet. Sobald der Weg wieder die Eduard-Thöny-Straße erreicht, biegen Sie nach links ab. Der Weg führt vorbei an mondänen Seevillen bis zu den Bahngleisen. Vor dem Bahnübergang bleiben Sie auf der Eduard-Thöny-Straße ❷, die nach links Richtung Künstlerhaus Gasteiger nach Holzhausen führt.

Holzhausen

Holzhausen war ab 1900 eine Künstlerkolonie, viele Münchner Maler verbrachten hier ihre Wochenenden und Ferien. Die Holzhauser Maler gehörten der „Scholle" an, einer Künstlervereinigung, die im Jahr 1899 in München gegründet worden war. Der Name „Scholle" stammt aus einem Vers des Autors Michael Georg Conrad: „Musst Deine eigene Scholle beackern, die siebengescheiten Nachbarn lass gackern."

Berühmte Maler, die regelmäßig nach Holzhausen kamen, waren Fritz und Erich Erler, Adolf Münzer, Walter Georgi und Reinhold Max Eichler. Am Seeufer befindet sich das Künstlerhaus Gasteiger, in dem Sophie und Mathias Gasteiger lebten und arbeiteten. In der Bauernstube der Künstlervilla wird heute gern geheiratet. An den Sonntagen von April bis Oktober ist im Gasteiger-Haus das kleine Museum mit wechselnden Ausstellungen geöffnet.

Sie wandern weiter entlang der Eduard-Thöny-Straße, die dann im weiteren Verlauf Seeholzstraße heißt, vorbei an der BVS Bildungseinrichtung. Anschließend geht es durch einen hübschen Laubwald, der Sie geradeaus nach Riederau ❸ führt.

Riederau

Christliches Gästezentrum Ammerseehäuser, Ringstraße 29/52, 86911 Dießen am Ammersee, ☏ 08 807/948 98-0, info@ammerseehaeuser.de, www.ammerseehaeuser.de, Anreise Mo-Sa 7:00-20:00 am So bis 15:00, EZ ab € 94,10, DZ ab € 114,10

Seehaus Riederau, Seeweg Süd 22, 86911 Dießen am Ammersee, ☏ 08 807/73 00, Mi-Fr 12:00-14:00 und 18:00-22:00, Sa,So 12:00-21:30, Mo, Di Ruhetag. Das Seehaus ist ein prämiertes Feinschmeckerlokal, das über die Ammerseeregion hinaus bekannt ist. Evtl. müssen Sie im Voraus einen Tisch reservieren.

Seepavillon Riederau, Seeweg-Süd 4, 86911 Dießen am Ammersee, 10:00-18:00, am Mittwoch bis 16:00 (witterungsbedingte Änderungen möglich)

Zugverbindung nach München über Utting und Geltendorf bzw. nach Dießen

Von Riederau bleiben Sie weiterhin auf der Straße nahe des Ammerseeufers und wandern weiter geradeaus auf dem Seeweg-Süd. Nach ca. 2,5 km erreichen Sie St. Alban mit seiner kleinen Wallfahrtskirche und dem Campingplatz.

Sankt Alban

Campingplatz St. Alban, Seeweg-Süd 85, 86911 Dießen am Ammersee, 088 07/73 05, ivan.pavic@t-online.de, www.camping-ammersee.de

Seerestaurant Sankt Alban, Seeweg-Süd 85, 86911 Dießen am Ammersee, 088 07/15 03, Di 17:30-22:00, Mi-So 12:00-15:00 und 17:30-22:00, Mo Ruhetag

Kloster St. Alban, St. Alban 3, 86911 Dießen am Ammersee

Pilgerstempel im Kloster

In Sankt Alban findet sich die gleichnamige Wallfahrtskirche. Vermutlich stand hier eine der ersten Kirchen am Ammersee und diente der Mission der Bajuwaren. Dass sie so dicht ans Wasser gebaut wurde, erklärt man sich heute so, dass die Missionare hier die Taufe im Ammersee durchgeführt haben. Neben dem Kirchlein befindet sich auch ein Benediktinerinnenkloster in dem kleinen Ort.

Der Seeweg endet am Kinderheim in Sankt Alban. Biegen Sie hier nach links ab Richtung Dießen. Sobald Sie das Seeufer erreicht haben, biegen Sie nach rechts ab und bleiben weiter auf dem Weg, bis Sie in Dießen den Dampfersteg ❹ erreichen.

Dießen

Tourist-Info Dießen, Bahnhofstraße 12, 86911 Dießen, 088 07/10 48 oder 92 84 58, hp-info@tourist-info-diessen.de, www.tourist-info-diessen.de, März, April und Oktober Mo-Sa 9:00-12:00, Mai bis September Mo-Fr 9:00-12:00 und 15:30-18:00, Sa 9:00-12:00

Hotel Goldammer, Bahnhofstraße 10, 86911 Dießen am Ammersee, 015 11/221 38 78, EZ ab € 99, DZ ab € 145

♦ **Gasthof Unterbräu**, Mühlstraße 36, 86911 Dießen, 088 07/84 37, info@unterbraeu-diessen.de, www.unterbraeu-diessen.de, EZ € 75-105, DZ € 140-165 (nur Barzahlung), Restaurant: täglich ab 11:30-20:30

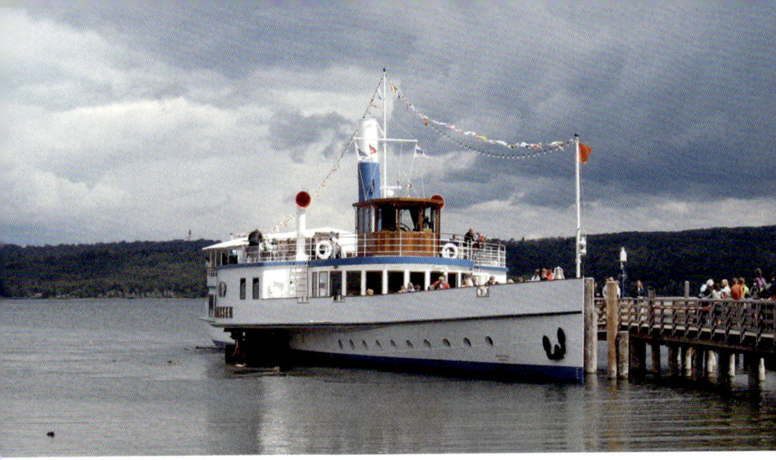

Dampfersteg in Dießen

- ♦ **Hotel Seefelder Hof,** Alexander-Koester-Weg 6, 86911 Dießen, ☏ 088 07/10 22, info@seefelder-hof.de, www.seefelder-hof.de, EZ ab € 118, DZ ab € 140, Restaurant: Di 12:00-14:00, Mo, Fr, Sa 18:00-21:00, So 12:00-14:00 und 18:00-21:00, Mi und Do Ruhetag
- **Hotel Maurerhansl**, Johannisstraße 7, 86911 Dießen, ☏ 088 07/92 29-0, info@maurerhansl.de, www.maurerhansl.de, 8 Themenzimmer, 4 Ferienwohnungen und eigenes Seegrundstück, Preis auf Anfrage
- ♦ **Hotel zum See garni**, Bahnhofstraße 20, 86911 Dießen, ☏ 088 07/929 70, rezeption@hotelzumsee.de, www.hotelzumsee.de, ab € 100. In der Hauptsaison häufig keine Vermietung für eine Nacht.
- ✕ **Michi²** boarisch guad, Michaela & Michael Risch, Mühlstraße 18, 86911 Dießen am Ammersee, ☏ 088 07/206 54 60, Mo 11:00-14:00, Mi-Fr und So 11:00-14:00 und 17:30-22:00, Sa 17:30-22:00, Di Ruhetag
- ♦ **essen's ART**, Mühlstraße 41, 86911 Dießen am Ammersee, ☏ 088 07/214 04 71, Mi-Fr 12:00-22:00, Sa, So 10:00-22:00, Mo/Di Ruhetag
- **Fischerei Gastl**, Fischerei 42, 86911 Dießen am Ammersee, Di-Fr 8:30-18:00 Sa bis 16:00, So/Mo Ruhetag
- stündliche Verbindungen in Richtung München und Raisting
- ✝ Marienmünster (kath.), Friedenskirche (ev.)

Dießen liegt in leichter Hanglage direkt am Ammersee. Zusammen mit den dazugehörenden Orten Riederau, Dettenhofen, Dettenschwang und Obermühlhausen ist Dießen mit knapp 10.000 Einwohnern die größte Gemeinde am

Westufer. Im Ortskern stehen viele prächtige alte Häuser mit gepflegten Vorgärten, welche früher teilweise von Künstlern wie Carl Orff (1895-1982) oder Carl Spitzweg (1808-1885) bewohnt wurden. Auch heute leben noch viele Kunsthandwerker in der Gemeinde. An Pfingsten findet hier alljährlich Deutschlands größter Töpfermarkt statt.

Doch die Geschichte Dießens beginnt schon früher: Die Alemannen und die Bajuwaren siedelten nach der Römerzeit im 9. Jh. um einen karolingischen Gutshof, der an der Stelle des späteren Augustiner-Chorherren-Stiftes stand. Der Gutshof befand sich in unmittelbarer Nähe des Tiefenbaches, den man „ze Diezen" nannte. Im 12. Jh. galten die Dießener Grafen als die mächtigsten in ganz Bayern. Nicht nur ihr Reichtum, sondern auch die Förderung eines Nonnenkonvents und der St. Georgener Mönche, die auf dem Gutshof Heimstatt fanden, war für das Grafengeschlecht bezeichnend. Sie übersiedelten später nach Andechs und überließen dem Kloster ihre Ländereien mit allen Rechten.

Unter Propst Herkulan Karg wurde das Kloster zu einem Zentrum der Wissenschaft und Künste ausgebaut. Nach der Säkularisierung kamen 1.284 Werke aus der Klosterbibliothek in die Bayerische Staatsbibliothek und weitere 350 Bücher in die Universitätsbibliothek München. Während der Zeit von Propst Kargs Klos-

Marienmünster Dießen

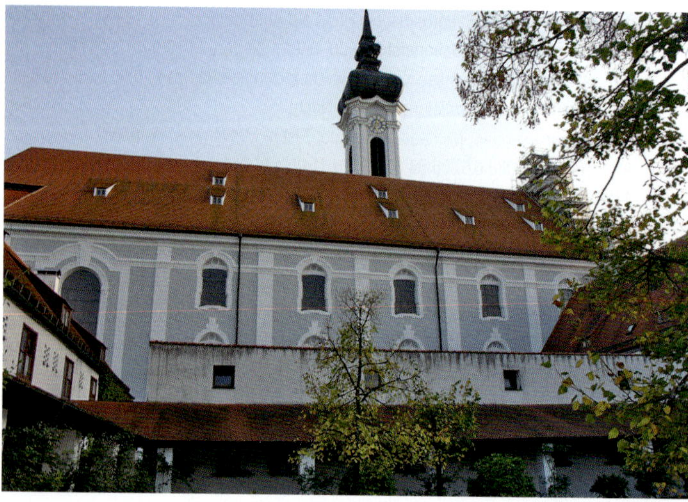

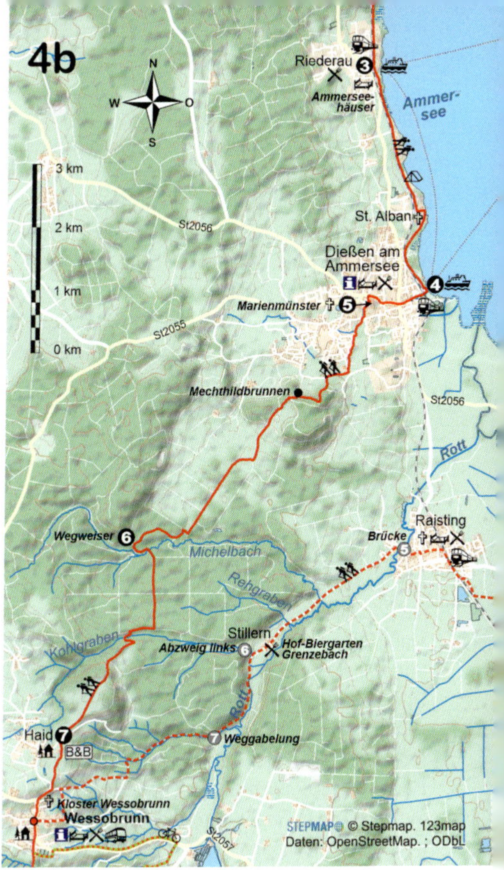

terführung wurde von 1732 bis 1739 das Marienmünster, eine der schönsten Barockkirchen Bayerns, durch Barockbaumeister Johann Michael Fischer erbaut.

Der eindrucksvolle Bau hat eine wundervoll festlich elegante Ausstattung, für die die bedeutendsten Künstler der Umgebung engagiert wurden. Der Hochaltar, der zu den größten Deutschlands zählt, wurde von Francois Cuvilliés (1695-1768) entworfen, die Deckengemälde stammen von Johann Georg Bergmüller. Der Stuck ist das Werk der Gebrüder Feichtmayr aus Wessobrunn, eine Kanzel stammt von Johann Baptist Straub. Sehenswert sind auch die Altargemälde der Italiener Tiepolo und Pittoni sowie eine Petrusstatue von Erasmus Grasser. In der rechten Kirchenhälfte finden Sie eine Statue des heiligen Jakobus, der an seiner Tasche die Muschel eines Santiagopilgers trägt.

☺ Im Marienmünster finden regelmäßig Konzerte und Orgelmatineen statt. Über das Programm informieren Sie sich im Vorfeld am besten über

💻 www.ammersee-region.de/diessen-muenster.html.

Dießen hat auch eine Ortsheilige: Mechthild (1125-1160) stammt aus dem Geschlecht der Andechser. Schon als kleines Mädchen wurde sie in das Frauenstift St. Stephan nach Dießen gebracht. Mit 14 Jahren wurde sie Chorfrau und mit

28 Jahren übernahm sie auf Anweisung von Papst Anastasius IV. das von der Auflösung betroffene Kloster Edelstetten bei Krummbach. Nachdem sie dort das geistige Leben wieder geordnet hatte, kehrte sie nach Dießen zurück und verstarb mit nur 35 Jahren am 31.5.1160 im Kloster. Ihre Gebeine sind noch heute in einer Seitenkapelle des Marienmünsters zu sehen. Hinter Dießen auf dem Weg nach Wessobrunn kommen Sie an einer kleinen Kapelle vorbei. Dort finden Sie auch den „Mechthildsbrunnen", dessen Wasser heilende Kräfte bei Augenleiden nachgesagt werden. Pilger können die heilige Mechthild um Schutz vor Unwettern bitten, denn sie gilt als die Schutzheilige vor Gewittern.

In Dießen verlassen Sie am Dampfersteg den Ammersee nach rechts und folgen der Muschelbeschilderung in den Ort. Sie überqueren die Hauptstraße. Hier fehlte die Muschelbeschilderung zum Zeitpunkt der Recherche, aber Sie können sich an dieser Stelle wie auch im weiteren Wegverlauf an der Beschilderung des König-Ludwig-Wegs (ein blaues K auf weißem Grund) orientieren, der bis kurz nach Steingaden denselben Verlauf nimmt wie der Münchner Jakobsweg. Folgen Sie der Herrenstraße hinauf. Nach dem Haus Nr. 28 biegen Sie nach links durch die Toreinfahrt des Taubenturms ab und erreichen das Marienmünster ❺. Am Marienmünster führt der Weg am großen Portal vorbei, leicht links an einer Buchenhecke entlang bis zu einem Bachsteg. Dem Fußweg folgen Sie bis zu einer Lindenallee, in die Sie nach rechts abbiegen.

An der Kapelle, die Sie am Ende der Allee erreichen, führt der Weg nach rechts und dann gleich wieder links über eine Wiese. Wenn Sie bei den nächsten Häuser angekommen sind, biegen Sie nach links und nach ca. 100 m, noch bevor Sie die nächste Straße erreichen, nach rechts ab. Folgen Sie diesem Weg, überqueren Sie eine Wiese und biegen Sie am Ende des Trampelpfades links in Richtung Waldlehrpfad ab. Entlang des Waldlehrpfades erreichen Sie den Mechthildbrunnen. Kurz nach dem Brunnen, nachdem der Waldweg Sie ein paar Stufen nach oben geführt hat, verlassen Sie den Waldlehrpfad und gehen weiter geradeaus, bis Sie die Burgkapelle erreichen. Hier biegen Sie nach links ab. Sie treten aus dem Wald heraus und folgen einem geteerten Sträßchen.

Der Weg verläuft ca. 3 km schnurgerade bis in den Wald. Im Wald folgen Sie dem Weg, der eine Linkskurve beschreibt und erreichen einen Wegweiser „Wessobrunn 8 km" ❻. Hier sollten Sie nicht dem Wegweiser folgen, sondern nach links abbiegen (wie Ihnen die Muschel den Weg weist). Dieser Weg ist deutlich kürzer.

Der Weg führt in einer lang gezogenen Kurve nach rechts bergab. Rechts am Baum findet sich die Markierung „Wessobrunn/König-Ludwig-Weg". Erneut geht es für 1 km geradeaus. An der nächsten Wegkreuzung folgen Sie dem Radweg nach rechts sanft bergauf in den Wald. Nach kurzer Zeit erreichen Sie schließlich den Wessobrunner Ortsteil **Haid ❼**.

Haid

Uschi's Herberge, Uschi Schneider, Haiderstraße 1a, 82405 Wessobrunn-Haid, ☏ 088 09/786, 01 60/667 17 54, schneider-wessobrunn@t-online.de, € 30 p. P., ebenfalls möglich ist auch die Übernachtung im Zelt im Garten oder in einem komplett ausgestatteten Bauwagen mit Strom gegen eine Spende

B&B **Demeter-Fjordpferdehof Steigenberger**, Haider Straße 3, 82405 Wessobrunn (Ortsteil Haid), ☏ 088 09/669, 01 62/915 74 49, fjordpferdehof-w.steigenberger@gmx.de, € 35 p. P., Frühstück mit regionalen Bioprodukten teils vom eigenen Hof

Direkt am Ortsschild von Haid gehen Sie geradeaus weiter und folgen der Schlossbergstraße, bis Sie schließlich die Klostermauer erreichen, der Sie nach rechts weiter bis in die Ortsmitte von **Wessobrunn** folgen.

Wessobrunn

Tourismusverband Pfaffenwinkel, Bauerngasse 5, 86956 Schongau, ☏ 088 61/211 31 98, info@pfaffen-winkel.de, www.pfaffen-winkel.de. Die Touristeninfo befindet sich in Schongau, nicht am Jakobsweg.

Walserherberge für Jakobspilger und Radwanderer, Johanna und Gerhard Thiel, Walserstraße 12, 82405 Wessobrunn, ☏ 088 09/422, 01 51/21 61 29 29, info@walserherberge.de, www.walserherberge.de, ab € 28 für Pilger und Radfahrer, Frühstück auf Anfrage, Kartenzahlung nicht möglich. Die Herberge verfügt über Einzel- und Zweibettzimmer und liegt nur ca. 200 m vom Jakobsweg entfernt (Hinweisschild in der Zimmermannstraße).

Gasthof Zur Post, Zöpfstraße 2, 82405 Wessobrunn, ☏ 088 09/208, kontakt@post-wessobrunn.de, www.post-wessobrunn.de, EZ € 48, DZ € 80, Mo, Di, Do ab17:00, Fr, Sa, So ab 10:30, Mi Ruhetag

Gasthof zum Löwen, Üblhörstraße 2, 82405 Wessobrunn, ☏ 088 09/352, EZ € 45; DZ € 80

⌘ **Kloster Wessobrunn**, Martina Gebhardt, Klosterhof 4, 82405 Wessobrunn, ☏ 088 09/92 11-0, info@klosterwessobrunn.de, www.klosterwessobrunn.de/uebernachtung. Zurzeit befindet sich das Kloster nach einem Eigentümerwechsel im Umbau (☞ Beschreibung zu Wessobrunn).

Führungen:

- ♦ durch den Prälatentrakt des Klosters (durch die Pfarrei): Dezember bis März Fr, Sa, So und Feiertage 15:00, April bis November Mittwoch bis Sonntag jeweils um 15:00, Mai bis Oktober an Sonn- und Feiertagen auch um 14:00. Am Karfreitag, an Allerheiligen und am Heiligen Abend finden keine Führungen statt. Treffpunkt am Pfarramt, Klosterhof 6, 82405 Wessobrunn, € 3
- ♦ Aufgrund der mehrjährigen, aufwendigen Renovierungsarbeiten werden derzeit (Stand Sommer 2024) keine Führungen durch den Fürstentrakt, den Benediktussaal, die Schwesternzellen mit Kapelle, das Apothekenmuseum und die Betriebsräume durch die Martina Gebhardt Naturkosmetik GmbH angeboten. Auch der Klosterladen ist derzeit geschlossen. Sobald wieder Führungen angeboten werden, informiert die Betreiberin des Klosters unter 💻 https://www.klosterwessobrunn.de/fuehrungen/.

✞ Pfarrkirche St. Johannes der Täufer (kath.)

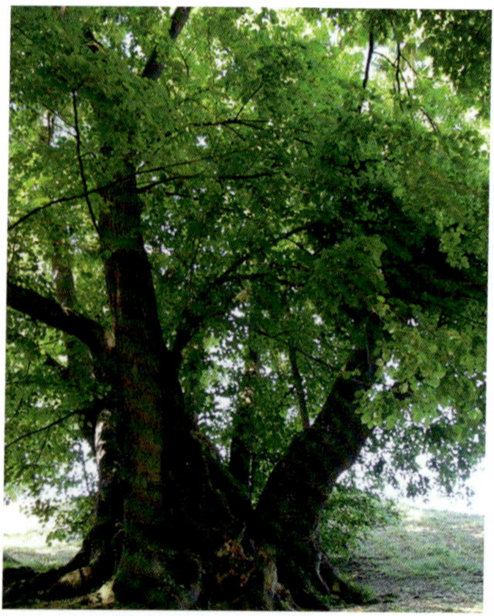

Tassilolinde in Wessobrunn

Vor den Klosteranlagen in Wessobrunn stoßen Sie an der Außenmauer auf die 1.000 Jahre alte Tassilolinde. Auf dem Baum, dessen Stamm heute einen Umfang von 13-14 m hat, beruht der Gründungsmythos des Klosters. Der Bayernherzog Tassilo III. soll sich einer Legende nach auf einem Jagdausflug anno 753 unter diesem Baum ausgeruht haben. Er träumte, da er nach der Jagd durstig war, von einem Engel, der an einer Quelle Wasser schöpfte. Als er aus dem kurzen Schlaf erwachte, hörte er Wasser rauschen und sein Jagdfreund Wezzo entdeckte in unmittelbarer Nähe eine Quelle. Aufgrund dieser Erscheinung im Traum nannte er den Ort Wezzofontanum und gründete dort das Kloster Wessobrunn.

Das Kloster ist eine benediktinische Gründung. 788 wurde Wessobrunn karolingisches Reichskloster und fiel um 900 dem Bistum Augsburg zu. Um 1220 brannten große Teile der Gebäude ab, anschließend wurde das Kloster allerdings im noch größeren Stil wieder aufgebaut. Im Jahr 1655 wurde die Kirche innen modernisiert. 1680 startete Abt Leonhard Weiß den Neubau der Klosteranlage, bei dem klostereigene Untertanen beschäftigt wurden. Zum Kloster gehörte selbst ein Theatersaal, dessen hölzerne Decke heute im Festsaal des Gasthofs Zur Post zu besichtigen ist. Weltberühmt sind wegen des prachtvollen Stucks von Johann Schmuzer (1642-1701) der Fürstentrakt des Klosters und das Treppenhaus. Insgesamt förderte das Kloster die schönen Künste, und so gingen im 17. und 18. Jh. bedeutende Stuckateure und Baumeister aus dem Klosterdorf hervor, die weit über Bayerns Grenzen hinaus als Baumeister und Kirchenausstatter engagiert wurden. Namentlich sind mehr als 600 Stuckateure aus dieser sogenannten Wessobrunner Schule bekannt. Die wichtigsten Vertreter waren die Gebrüder Johann Baptist und Dominikus Zimmermann (1680-1758 sowie 1685-1766) sowie die über mehrere Generationen tätigen Schmuzers und Feichtmayrs.

Das sogenannte „Wessobrunner Gebet“ gehört zu den frühesten poetischen Schriftstücken in althochdeutscher Sprache. Das Gebet wurde nach dem Kloster benannt, da es viele Jahre hier aufbewahrt worden war. Heute findet sich dieses wertvolle Schriftstück in der Handschriftensammlung der Bayerischen Staatsbibliothek in München.

Nach einer reichen, wechselvollen Vergangenheit wurde das Kloster 1803 im Zuge der Säkularisation aufgegeben. Ein Teil der Gebäude und die Klosterkirche wurden abgerissen. Einige Jahrzehnte lang befand sich der Rest der Klostergebäude in Privatbesitz. Ab 1913 lebte dann wieder eine Gemeinschaft von Missions-Benediktinerinnen an diesem landschaftlich reizvollen Ort. Das Kloster wurde allerdings im Dezember 2012 – 99 Jahre nach dem Einzug – aufgrund von Nachwuchsmangel aufgelöst, die verbliebenen Klosterschwestern zogen in das Mutterhaus des Ordens nach Tutzing.

2014 erwarb die Unternehmerin Martina Gebhardt die Klosteranlagen, um dort nach aufwendigen Renovierungsarbeiten Produktion und Vertrieb ihrer Firma Martina Gebhardt Naturkosmetik GmbH und ein Tagungshotel einzurichten. Der Klostergarten soll mit einem biologischen Heilpflanzenanbau wieder seine alte Bestimmung erhalten.

Die Schriftstellerin Luise Rinser verbrachte Teile ihrer Kindheit in Wessobrunn und ist dort begraben. Die Erzählung „Die gläsernen Ringe“ greift Kindheitserlebnisse in Wessobrunn auf.

Durch den Pfaffenwinkel

5. Etappe: Von Wessobrunn nach Hohenpeißenberg

➲ 14 km, ⌛ 5 Std. 15 Min., ↑ 734 m, ↓ 496 m, ⇧ 660-988 m

0,0 km	⇧ 701 m	Wessobrunn
3,9 km	⇧ 758 m	St. Leonhard im Forst
12,8 km	⇧ 988 m	Hoher Peißenberg
14,0 km	⇧ 770 m	Hohenpeißenberg B&B

Am Rande von Wessobrunn betreten Sie den Pfaffenwinkel – denn so wird die Region zwischen Lech und Ammer genannt. Den Namen erhielt dieser Landstrich wegen der zahlreichen Klöster und Wallfahrtskirchen, die hier zu finden sind, so z. B. die Wallfahrtskirche in der Wies und die Klosterkirchen in Ettal, Steingaden und Rottenbuch. In kaum einer anderen Region in Deutschland gibt es eine derartige Dichte an sehenswerten Kirchen und Klöstern. Die heutige Etappe fordert die Kondition: Der Jakobsweg führt hinter Wessobrunn zunächst steil bergab zum

Auf dem Weg zum Hohen Peißenberg

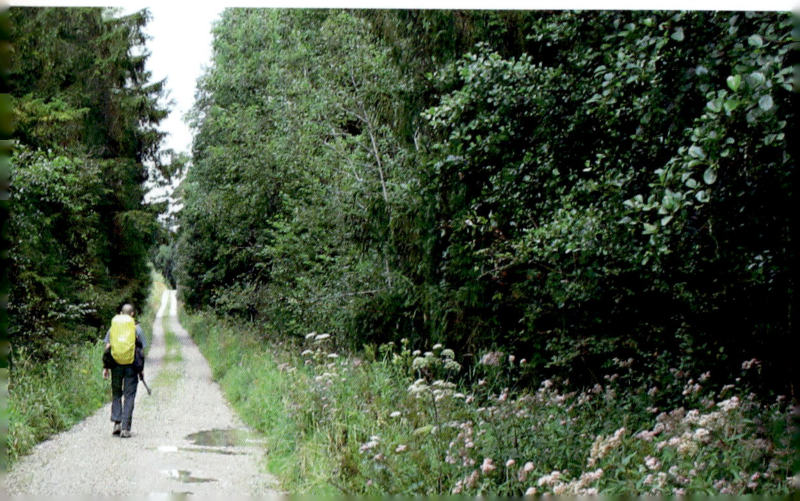

Schlittgraben und, sobald man das Bächlein erreicht hat, auch gleich wieder über Stufen hinauf, bis man einige kleinere Weiler passiert. Danach wandern Sie gemächlich hinab in das Dörfchen Sankt Leonhard im Forst mit seiner sehenswerten Kirche. Wenn Sie anschließend Linden mit seiner 1.000 Jahre alten Linde erreicht haben, geht es über Felder in den Wald. Hier zieht sich der Weg – teilweise mehrere Kilometer immer geradeaus durch den Forst. Schließlich erreichen Sie Hetten unterhalb des Hohen Peißenbergs. Der Kapellenweg führt steil hinauf auf den 988 m hohen Gipfel, von dem Sie unbedingt die fantastische Sicht auf die Alpen genießen sollten. Dann geht es auf der anderen Seite auch schon wieder steil bergab, bis Sie das heutige Tagesziel Hohenpeißenberg erreichen.

Entlang der Zöpfstraße und dann leicht rechts abbiegend entlang der Zimmermannstraße verlassen Sie Wessobrunn. Am Ende der Straße geht es geradeaus. An der nächsten Weggabelung sollten Sie dann zunächst dem Schild „König-Ludwig-Weg" folgen. Einige Meter weiter weist dann eine Muschel vom breiten Weg geradeaus auf einen schmalen Trampelpfad ❶ Richtung Schlittbach. (Am Waldrand weist eine Muschel auch nach links. Dieser Weg führt Richtung Paterzell/Eibenwald. Er ist ebenfalls sehr schön, bedeutet aber einen Umweg von ca. 2 km nach Hohenpeißenberg.)

🚲 Mit dem Rad müssen Sie an der Abzweigung ❶ der beschriebenen Alternative über Paterzell nach links folgen und über Paterzell und Eibenwald radeln. Die Strecke geradeaus über den Schlittbach ist dafür ungeeignet. In St. Leonhardt im Forst stoßen Sie dann wieder auf den Jakobsweg, dem Sie bis nach Hetten-Hohenpeißenberg folgen.

🛏✕ **Landgasthof Zum Eibenwald,** Peißenberger Str. 11, 82405 Wessobrunn,
☎ 088 09/920 40, ✉ info@landgasthof-eibenwald.de,
💻 www.landgasthof-eibenwald.de, EZ € 74, DZ € ab 63,
🚪 Di-So 11:30-23:00, Mo Ruhetag

Wenn Sie zu Fuß dem Weg Richtung Schlittbach geradeaus folgen, führt Sie ein Schotterweg steil bergab. Sie erreichen unten angekommen die Schlittbachbrücke (bei Nässe rutschig!) und wandern auf der anderen Seite wieder viele Stufen ziemlich steil hinauf und weiter zum Hof Pürschlehen. Am Ortsschild des Weilers Guggenberg bleiben Sie auf dem Sträßchen geradeaus und wandern bergab nach **St. Leonhard im Forst.**

Am Ortsschild von St. Leonhard folgen Sie der Straße ein kurzes Stück nach links (keine Muschel zum Zeitpunkt der Recherche) und an der nächsten T-Kreuzung ❷ nach rechts (hier stößt der Radweg wieder mit der Wanderroute zusammen). Bleiben Sie auf der Straße, die Sie vorbei an der Kirche St. Leonhard wieder aus dem Ort hinaus führt.

Sankt Leonhard im Forst

BANK ✞

✞ Sankt Leonhard, schöne Rokokokirche mit ausgezeichneten Fresken von Matthäus Günther (Leonhardslegende), während des Läutens: Fr 11:00, Sa 15:00, So 10:00

⊙ Pilgerstempel in der Kirche Sankt Leonhard

Die Bewohner des ehemaligen Klosterdorfs Forst wurden vermutlich schon Ende des 4. Jh. vom Bistum Staffelsee aus missioniert, gehörten also zu den ersten Christen in dieser Region. Nach der Gründung des Klosters Wessobrunn um das Jahr 753 war Forst bis zur Säkularisation vom Kloster abhängig.

Wann die erste Kirche Sankt Leonhard im Forst erbaut wurde, lässt sich nicht mehr feststellen. Der Wessobrunner Abt Leonhard I. Vettinger (reg. 1443-60) hat wohl eine Kirche zu Ehren seines Namenspatrons errichten lassen. Die heutige Kirche wurde in den Jahren 1726-1735 errichtet. Der Innenausbau dauerte allerdings viele Jahre länger.

Die Kirche im Forst ist ein wahres Schmuckstück. Hinter den einfachen Außenfassaden verbirgt sich eine ungeahnte Pracht. Doch wen wundert es: Die heute bestehende Kirche ist natürlich ein Werk der Wessobrunner Schule. Die Künstler – einige stammen auch aus Forst – konnten in „ihrer" Wallfahrtskirche ihr Können zur Schau stellen. Der Stuck stammt von Thassilo Zöpf, das Deckenfresko des heiligen Leonhards vom genialen Peißenberger Maler Matthäus Günther (1705-1788). Sein Meisterwerk auf dem Hohen Peißenberg werden Sie heute ebenfalls noch besuchen.

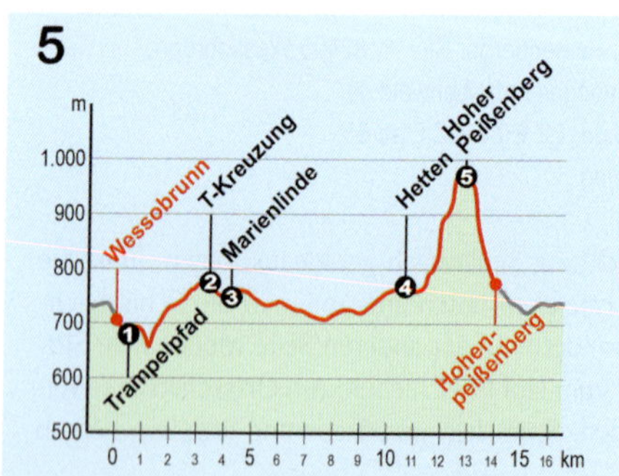

Folgen Sie der Straße durch Forst in einem Bogen nach rechts, bis Sie zur Marienlinde ❸ im Ortsteil Linden kommen, einem 1.000 Jahre alten

Naturdenkmal. An der Linde biegen Sie rechts in Richtung „Hof“ ab. Kurz hinter Hof, vor dem Weiler Holzlehen, biegen Sie nach rechts ab und folgen dann dem Weg fast 3 km nur geradeaus. Dann weisen Sie die Muschel und das Schild des König-Ludwig-Wegs nach links. Erneut geht es noch einmal nahezu 2,5 km geradeaus, bis Sie dann die Ortsverbindungsstraße erreichen. Hier biegen Sie nach rechts ab und folgen der Straße, bis Sie den ehemaligen Gasthof Hetten im Ortsteil Hetten-Hohenpeißenberg ❹ erreicht haben. Hier biegen Sie von der Straße scharf nach links ab und folgen wenige Meter später nach rechts dem gut beschilderten Kapellenweg steil bergauf bis zum 988 m hohen Hohen Peißenberg (bei schlechtem Wetter ist es auch zu Fuß ratsam, auf den Radweg auszuweichen).

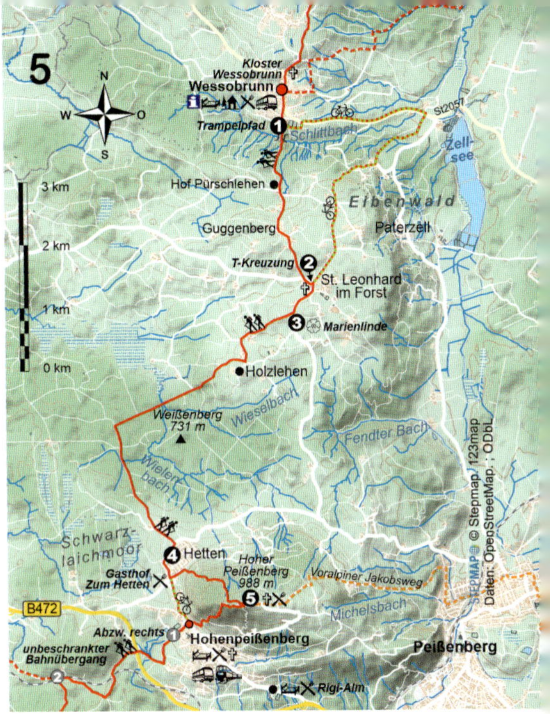

🚲 Der Kapellenweg eignet sich nicht fürs Rad. Um in den Ort Hohenpeißenberg zu gelangen, biegen Sie am Kapellenweg nach rechts in die Hettenstraße, die dann in die Hauptstraße mündet. An dieser entlang führt ein Radweg direkt in den Ort **Hohenpeißenberg**. Dieser Weg eignet sich bei schlechtem Wetter auch für Wanderer.

Hoher Peißenberg ✕ ✝

✕ **Terrassen-Café-Restaurant Bayerischer Rigi,** Matthäus-Günther-Platz 2, 82383 Hohenpeißenberg, ☎ 088 05/330, ✉ info@bayerischer-rigi.de, 🚪 Von April bis Oktober Di-Fr 9:00-19:30, Sa/So 9:00-20:00, Mo Ruhetag

✞ Wallfahrtskirche Mariä Himmelfahrt (kath.)

⊙ Den Pilgerstempel gibt es sowohl beim Terrassen-Café-Restaurant Bayerischer Rigi als auch neben der Kirche am Matthäus-Günther-Platz 6 im EG (man muss eventuell klingeln).

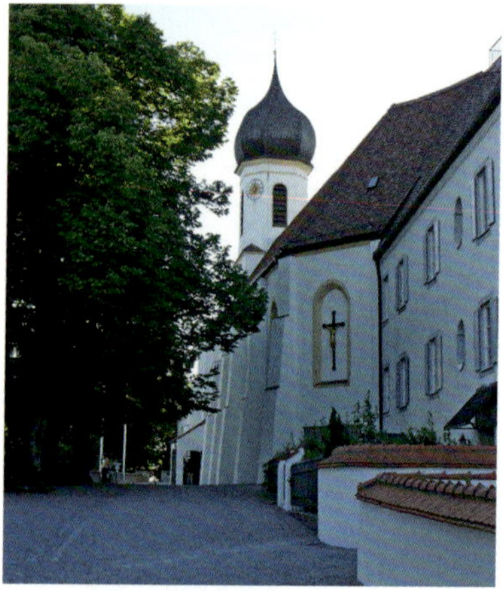

Wallfahrtskirche auf dem Hohen Peißenberg

Beim Namen „Hohenpeißenberg" muss der Wanderer zwischen dem Berg, dem Hohen Peißenberg, und der Ortschaft mit fast gleichem Namen am Fuß des Bergleins unterscheiden. Die 988 m hohe Erhebung wird in Anspielung auf den Schweizer Aussichtsberg Rigi auch „Bayerischer Rigi" genannt. Bewohnt wurde der Berg schon sehr früh, spätestens die Römer sollen den Hohen Peißenberg als Aussichtsberg genutzt haben.

Auf dem Hohen Peißenberg wurde im Jahr 1517 die Wallfahrtskirche Mariä Himmelfahrt errichtet. Die herzoglichen Pfleger aus Schongau stifteten für die Kapelle eine geschnitzte Muttergottesfigur aus ihrer Schlosskapelle. Diese Figur gewann schnell den Ruf eines Gnadenbildes und zog Wallfahrer aus dem Umland an. Im Jahr 1604 wurde die Seelsorge der Wallfahrer an die Mönche des Stifts Rottenbuch übertragen. Zu Beginn des 17. Jh. musste deswegen eine zweite Kirche (die Wallfahrtskirche) gebaut werden, was dem Ensemble auf dem Berg seine typische Silhouette verlieh: Vom Ort Hohenpeißenberg gesehen liegt die Kapelle links vom Kirchturm der Wallfahrtskirche, die Wallfahrtskirche selbst rechts.

Die 1619 geweihte Kirche war übrigens der erste Bau der Renaissance im Pfaffenwinkel. Die Wallfahrtskapelle und die Wallfahrtskirche Mariä Himmelfahrt wurden 1748 mit Rokokofresken von Matthäus Günther (1705-1788) ausgestattet. Der gebürtige Hohenpeißenberger gilt als einer der bedeutendsten Rokokomaler Deutschlands. Außer in der Kirche im Forst und auf dem Hohen Peißenberg findet man seine Fresken auch in der Stiftskirche in Rottenbuch und in der Kirche Sankt Georg in Dießen.

Außerdem befindet sich hier auf dem Hohen Peißenberg das älteste Bergobservatorium der Welt. Die Augustiner des nahe gelegenen Klosters Rottenbuch führten hier die ersten meteorologischen Forschungen durch. Seit 1781 bestehen praktisch ununterbrochene meteorologische Beobachtungsreihen – bis heute.

Der Blick vom Berggipfel ist grandios. Bei schönem Wetter sieht man elf Seen und die gesamte Alpenkette von Berchtesgaden bis zum Bodensee.

📖 Von links stößt hier der Voralpine Jakobsweg dazu, der hier am Hohen Peißenberg endet. Alle Infos dazu finden Sie in dem Wanderführer **Voralpiner Jakobsweg – von Salzburg zum Hohen Peißenberg** von Annika Wollweber, Conrad Stein Verlag, ISBN 978-3-86686-780-2.

Am Gipfel des Hohen Peißenbergs ❺ angekommen gehen Sie an der Wetterstation links vorbei zur Wallfahrtskirche Mariä Himmelfahrt. Hinter der Wallfahrtskirche geht der „Hanslweg" wieder hinunter zur Ortschaft Hohenpeißenberg. Am Waldende führt der Weg leicht schräg nach rechts über eine Weide und durch ein schmales Gatter auf die Straße. Wenn Sie in den Ort möchten, biegen Sie hier nach links ab. Der Jakobsweg führt weiter geradeaus.

Hohenpeißenberg

B&B BANK

Jakobspilgerhäusl bei Gertrudis, Anton-Pröbstl-Straße 20, 82383 Hohenpeißenberg, ☏ 088 05/15 61. In einem kleinen Gartenhäuschen können bis zu 2 Jakobspilger übernachten. Der Weg führt direkt am Haus vorbei, das durch eine Jakobsmuschel an der Hauswand zu erkennen ist. Nur für Pilger, Anmeldung erbeten

Gasthaus-Pension Rigi-Alm, Unterbau 72, 82383 Hohenpeißenberg, ☏ 08 805/92 16 71, EZ ab € 67, DZ ab € 79, Frühstück für € 8 auf Wunsch, Restaurant: Mo-Sa ab 16:30. So ab 11:00, Di und Mi Ruhetag

Gästehaus am Rathaus, Hauptstraße 55, 82383 Hohenpeißenberg, ☏ 088 05/95 45 49 oder 01 51/17 23 26 97, info@gaestehaus-am-rathaus.de, www.gaestehaus-am-rathaus.de, EZ ab € 67, DZ ab € 42 p. P., auf Anfrage auch für größere Gruppen geeignet, Mehrbettzimmer ab € 35, Frühstück auf Wunsch € 10

B&B **Ferienwohnung Alpenpanorama**, Familie Rössle, Alpenblickstraße 34, 82383 Hohenpeißenberg, ☏ 088 05/12 90, fam. roessle@t-online.de, www.ferienwohnung-alpenpanorama.de, € ab 50 p. P., für Pilger auch für eine Nacht

✕ **Osteria Italiana**, Hauptstraße 22, 82383 Hohenpeißenberg, ☏ 088 05/707 99 01
11:30-14:00 und 17:00-21:30, Mi nur 17:00-21:30, Di Ruhetag
Zugverbindung nach Weilheim und von dort nach München
✞ Pfarrkirche Auferstehung des Herrn (kath.), Gustav-Adolf-Kirche (ev.)

Hohenpeißenberg ist ein ehemaliger Bergbauort. Angeblich soll im Jahr 1580 der Bauersjunge Christoph Lenker Kohle entdeckt haben, als er beim Viehhüten ein Feuer entzündete. Seitdem hatte der Kohlebergbau mehr und mehr das Leben der Menschen am Hohen Peißenberg bestimmt. Am 8. Mai 1837 begann schließlich der systematische staatliche Abbau mit dem Anschlag des Hauptstollens im Ortsteil Brandach. Abgebaut wurde die sogenannte Pechkohle in Hohenpeißenberg bis ins Jahr 1970/71. Ende der 60er-Jahre schloss man erst das Bergwerk in Peiting, 1971 schließlich das in Hohenpeißenberg. Heute gibt es im Hauptstollen im benachbarten Peißenberg noch mehrmals im Jahr Führungen.

6. Etappe: Von Hohenpeißenberg nach Rottenbuch

12,7 km, 4 Std. 45 Min. ↑ 482 m, ↓ 434 m, ⇧ 639-774 m

0,0 km	⇧ 770 m	Hohenpeißenberg B&B ✕ BANK ✞
5,4 km	⇧ 642 m	Ammerschlucht (Schnalzhaus)
12,7 km	⇧ 763 m	Rottenbuch B&B ✕ BANK ✞

Heute erwartet Sie ein wahres Naturwunder, denn der Weg führt Sie durch die wildromantische Ammerschlucht. Auch wenn es zunächst wenig schweißtreibend über Wiesen und durch kleine Wäldchen geht, wird der Abstieg hinunter zur Ammer erst einmal steil. Sobald Sie die Ammer erreicht haben, geht es ein kurzes Stück gemächlich an dem reißenden Wildfluss entlang, bis Sie die Ammer am Kalkofensteg im wahrsten Sinne des Wortes links liegen lassen. In einem ständigen Auf und Ab geht es auf kleinen Pfaden und über Brückchen und Stege hoch über der Ammer weiter. Am Ende der Etappe zieht sich dann ein breiter Waldweg stetig bergauf bis in das Klosterdorf Rottenbuch. Wenn Sie in Rottenbuch übernachten, sollten Sie unbedingt die Öffnungszeiten der Gastronomie beachten. Dienstags ist es nur am Campingplatz möglich, abends noch einzukehren.

Zur Zeit der Recherche für diese Auflage im Frühjahr 2024 war der Wanderweg durch die Ammerschlucht wegen Umweltschäden gesperrt. Immer wieder kommt es an dieser landschaftlich sensiblen Stelle nach Starkregenereignissen zu Murenabgängen. Ich empfehle Ihnen, sich in Hohenpeißenberg vor Antritt des Weges zu erkundigen (aktuelle Informationen finden Sie hier: https://www.pfaffen-winkel.de/wandern).

Den Weg durch die Ammerschlucht sollten Sie auch nicht bei starkem Regen, Sturm oder nach schweren Regenfällen begehen. Die Holzstege entlang der Ammer werden leicht rutschig und da sie nicht immer durch Geländer gesichert sind, kann das gefährlich werden. Dasselbe gilt natürlich auch bei Eis und Schnee. Denken Sie daran, dass es in der schattigen Ammerschlucht auch noch nach der Schneeschmelze im Frühjahr eisig sein kann. Auch wenn Sie nicht ganz schwindelfrei sind, sollten Sie die Variante über Peiting wählen. Wohlgemerkt, die Ammerschlucht ist keine alpine Tour, doch ein Mindestmaß an Trittsicherheit sollte gewährleistet sein.

Außerdem gibt es auf diesem Teilstück keine Möglichkeit zum Einkehren. Nehmen Sie sich also eine Brotzeit und ausreichend zu trinken mit. Es gibt in der Ammerschlucht schöne Plätze für ein Picknick.

Steg in der Ammerschlucht

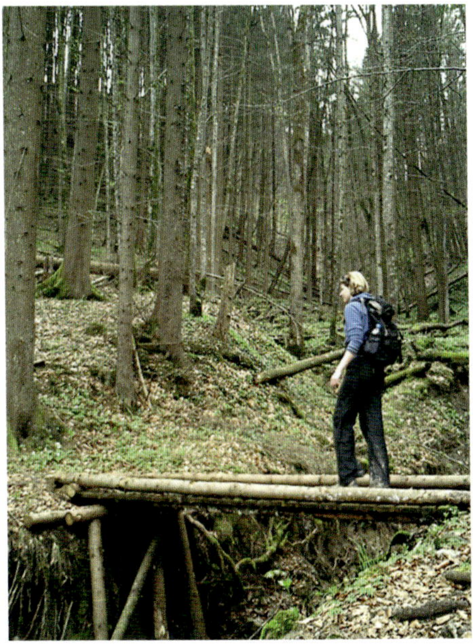

Die Ammerschlucht ist für Fahrräder gesperrt! Weichen Sie auf die Variante der 6. Etappe aus.

Um zur wildromantischen Ammerschlucht zu gelangen, überqueren Sie, sobald Sie den Hanslweg vom Hohen Peißenberg hinabgestiegen sind, die Hauptstraße und wandern direkt gegenüber weiter in die Anton-Pröbstl-Straße – auch hier weist das Schild „König-Ludwig-Weg" den Weg. Folgen Sie der Straße um eine Linkskurve und biegen Sie dann an einer Scheune rechts auf den Feldweg ab ❶. Auf diesem bleiben Sie, bis Sie ca. 600 m später eine schmale geteerte Fahrstraße erreichen. Hier biegen Sie an einem weiteren Holzstadel erneut nach rechts ab. Sie unterqueren die Schnellstraße und überqueren etwas später die Bahnstrecke nach Peißenberg. Wandern Sie weiter auf der Route, bis Sie erneut die Bahnlinie erreichen. Folgen Sie den Schienen bis zu einem unbeschrankten Bahnübergang ❷. (Hier trennt sich der Jakobsweg, der durch die Ammerschlucht führt, von der Alternativroute über Peiting, ☞ S. 101.)

Um weiter zur Ammerschlucht zu gelangen, biegen Sie an dieser Stelle nach links ab und durchqueren ein Waldstück, bis Sie schließlich den Einstieg zur Schlucht ❸ erreichen. Wandern Sie hier nach links steil den Hang hinunter. Nach gut 100 m bergab erreichen Sie am Schnalzhaus die Ammer. Dort wandern Sie nach rechts weiter der Ammer folgend, bis Sie nach ca. 15 Min. zum Kalkofensteg ❹ gelangen.

Ammerschlucht

Als im Tertiär vor rund 35 Millionen Jahren die Bildung der Alpen begann, bildete sich eine Senke vor ihnen. So wie die Alpen immer höher wurden, wurde diese Senke immer tiefer. Riesige Schuttmassen aus den Alpen wurden vom Wasser in diese Senke transportiert und füllten sie auf. Man spricht von einem Molassetrog, der an dieser Stelle mehr als 5.000 m tief ist.

Einen solch harten Molasseriegel musste die Ammer durchschneiden und so entstand das erstaunliche Naturbild: die Ammerschlucht. Nachdem die Ammer dieses Hindernis überwunden hatte, kam sie an den unüberwindlichen Peißenberg und musste nach Osten ausweichen. Die in der Schlucht vorhandenen Nagelfluhblöcke zeugen von der Quartärzeit (vor 2 Mio. Jahren). Der Nagelfluh entstand dadurch, dass Kalksteingeröll und Kalksande fest miteinander verkittet wurden.

Den Kalkofensteg lassen Sie allerdings links liegen und steigen den Hang in Kehren hinauf.

☺ Gleich nach dem Aufstieg nach dem Kalkofensteg findet sich hinter einer Kurve ein spektakulärer Picknickplatz: Tischchen und Bank auf einem Aussichtsbalkon rund 100 m über der reißenden Ammer!

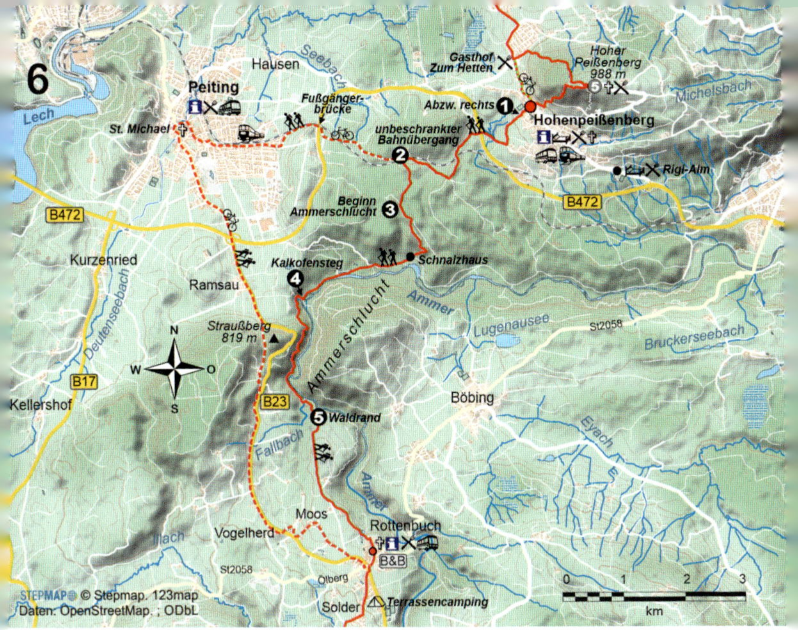

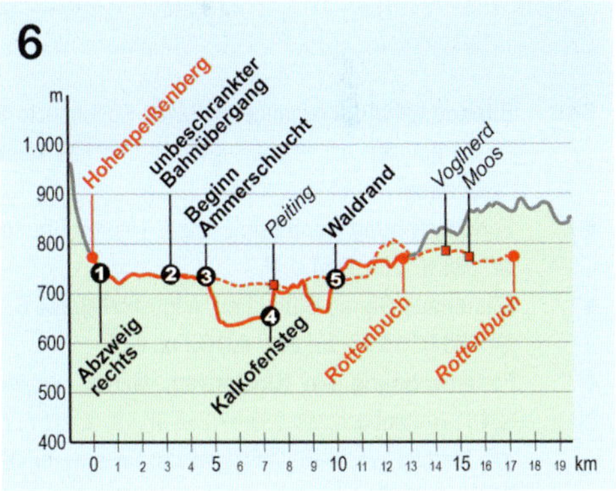

Nun beginnt das schönste Stück der heutigen Etappe: 460 Stufen, Stege und kleine Brücken führen entlang der Ammerschlucht durch einen herrlichen Buchenwald (das Kloster Rottenbuch hat daher vermutlich seinen Namen). Auf schmalen Stegen und Brückchen, auf luftigen Treppen und windigen Pfaden verläuft der Jakobsweg mal hoch oben am Steilufer, dann wieder direkt neben der wilden Ammer, die sich ihren Weg durch das Tal gebahnt hat. Verlaufen können Sie sich auf diesem Teil des Weges nicht mehr. Sie folgen einfach weiter der Ammer, bis ein letzter steiler Aufstieg Sie schließlich zum Waldrand ❺ bringt. Ein Feldweg führt Sie weiter geradeaus direkt in das Klosterdorf Rottenbuch.

Rottenbuch

B&B BANK

Tourist-Info Rottenbuch, Klosterhof 42, 82401 Rottenbuch, ☎ 088 67/91 10-18, tourist-info@rottenbuch.de, www.rottenbuch.de, Mo und Do 13:00-16:30, Di, Mi und Fr 9:00-12:30, weitere Pilgerzimmer unter https://www.rottenbuch.de/de/suchen-buchen.html#!m/1/search/list

Terrassencamping am Ritterbichl, Familie Echtler, Solder 1, 82401 Rottenbuch, ☎ 088 67/15 00, info@camping-rottenbuch.de, www.camping-rottenbuch.de, Übernachtung in Holzfässern, Preis auf Anfrage. Am Kiosk des Campingplatzes gibt es auch warmen und kalten Imbiss.

B&B **Elfriede Iglhaut**, Weihanger 8, 82401 Rottenbuch, ☎ 088 67/82 12, Zimmer für bis zu 2 Personen mit Kochgelegenheit und Frühstück, Preis auf Anfrage, direkt am Jakobsweg

♦ **Ferienwohnung Donderer,** Franz-v.-Heeren-Straße 1, 82401 Rottenbuch, ☎ 088 67/266, € 34 p. P.

♦ **Gästehaus Gänse-Blümchen**, Augustinerstraße 6, 82401 Rottenbuch, ☎ 088 67/15 70, EZ ab € 40, DZ ab € 65

♦ **Ferienwohnung am Klosterweg,** Martina Wolter-Ruttloff, Sommerkellerweg 6, 82401 Rottenbuch, ☎ 088 67/312 97 19, 01 62/245 97 18, Martina.Wolter-Ruttloff@gmx.de, www.ferienwohnung-rottenbuch.de DZ ab € 80, Grillmöglichkeit optional und nach Anmeldung

Nova Vita, Klosterhof 26, 82401 Rottenbuch, 11:30-14:00 und 17:30-22:00, Mo geschlossen

Kunstcafé am Tor, Lena Kaufmann, Klosterhof 1, 82401 Rottenbuch, ☎ 088 67/92 10 40, info@kunstcafe-rottenbuch.de, www.kunstcafe-rottenbuch.de, 9:30-18:00, Sa und So bis 20:00, Di Ruhetag

Nah&gut Lebensmittel, Klosterhof 3, 82401 Rottenbuch, Mo-Fr 7:30-18:00, Sa 7:15-12:30

♦ **Pollinger Eismanufaktur** Fohlenhof 5, 82401 Rottenbuch, hausgemachtes Eis mit Zutaten aus der Region. Das Eis wird rund um die Uhr an einem kleinen Automaten verkauft.

stündlich Busverbindungen vom Klosterhof zum Bahnhof Weilheim und von dort Bahnverbindung nach München, am Wochenende nur drei Busverbindungen am Tag (9:06, 13:34 und 17:06)

Stiftskirche Mariä Geburt (kath.)

⦿ Pilgerstempel in der Stiftskirche. Den Pilgerstempel finden Sie gleich hinter der Kirchentür rechts.

Die Wurzeln des Stifts Rottenbuch reichen zurück in das frühe 10. Jh. Eticho, ein Angehöriger der mächtigen Familie der Welfen, soll damals zur Rodung des Ammertals ein Kloster gegründet haben. Möglicherweise stand diese Zelle in Oberammergau, wo die erste Pfarrkirche der Region nachweisbar ist. Etichos Sohn Heinrich verlegte das Mönchskloster aufgrund der ungünstigen Lage und des Klimas nach Rottenbuch, eine mit Rotbuchen bewachsene Anhöhe über der Ammer.

Im Jahr 1073 gründeten Herzog Welf IV. von Bayern und seine Gemahlin Judith an dieser Stelle das Augustinerchorherrenstift. Die Anfangsjahre von Rottenbuch fielen in den Investiturstreit. Als welfische Gründung stand das Stift auf der Seite des Papsttums und bot um 1085 romtreuen Kanonikern aus Passau und St. Pölten Zuflucht. Auch die papstnahen Chorherren aus St. Florian und Göttweig flohen nach Rottenbuch, genauso wie die Bischöfe von Passau, Salzburg, Augsburg und Konstanz. Die Haltung Rottenbuchs belohnte Papst Urban II. im Jahr 1090 mit der „Libertas Romana" – dem päpstlichen Schutz.

Im 12. Jh. entwickelte sich das Chorherrenstift Rottenbuch zu einem Zentrum der kanonischen Reformbewegung. Maßgeblichen Anteil daran hatte Gerhoh von Reichersberg, der 1124 mit drei Mitbrüdern von Augsburg nach Rottenbuch übersiedelt war. Gerhoh forderte, dass die Bischöfe nach der Regel des heiligen Augustinus mit dem Klerus ihrer Domkirche in Gemeinschaft leben und auf irdischen Besitz verzichten sollten.

Sichtbar zeigte sich die geistlich-kulturelle Bedeutung Rottenbuchs in seiner um 1125 erbauten romanischen Stiftskirche mit einem frei stehenden Turm. Der Glanz des Barocks hielt in Rottenbuch erst verhältnismäßig spät Einzug, zumal das Stift im Spanischen Erbfolgekrieg 1704 durch ungarische Truppen geplündert

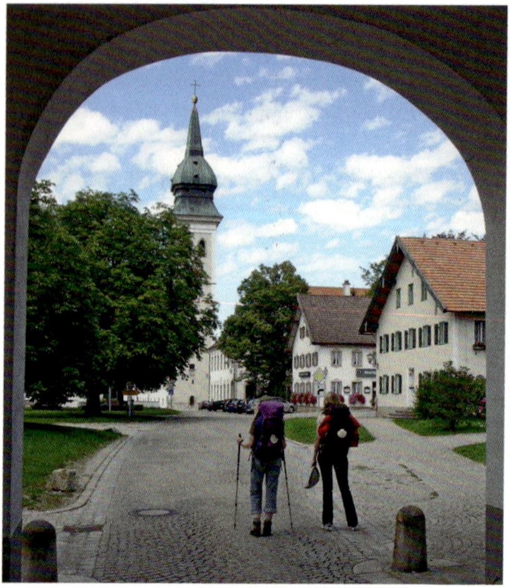

Durch das Stadttor von Rottenbuch mit Blick auf das Kloster

worden war. Unter Propst Patritius Oswald (reg. 1700-1740) wurden die dreischiffige, kreuzförmige Basilika mit Querschiff sowie der frei stehende Glockenturm im Stil des Barocks umgestaltet. Von 1737 bis 1750 entstanden die Stuckarbeiten der Wessobrunner Meister Joseph und Franz Xaver Schmuzer sowie die Fresken mit dem Augustinuszyklus von Matthäus Günther. Bis 1770 folgte die Errichtung eines weitläufigen Neubaus für den Konvent. Rottenbuch hatte sich zu einem wichtigen Sitz der Wissenschaften und der katholischen Aufklärung in Bayern mit bedeutenden Sammlungen entwickelt. Wie Sie ja bereits wissen, errichteten die Mönche auch auf dem benachbarten Hohen Peißenberg ein meteorologisches Observatorium.

Durch die Säkularisation haben Kloster und Ort stark gelitten. Angestellte und Handwerker verloren ihren Dienstherren, die medizinische Versorgung und die Bildung der Gemeinde, die in der Obhut der Chorherren gelegen hatten, kamen zum Erliegen. Fabrikanten erwarben große Teile der Anlage und rissen viele der Gebäude nieder. Nur mit Mühe konnten Stiftskirche und Glockenturm erhalten werden. Die meisten Bücher der Bibliothek kamen in die Papiermühle.

1963 übernahm eine Gemeinschaft von Don-Bosco-Schwestern einen Teil des ehemaligen Chorherrenstifts. Sie betrieben bis 2010 in Rottenbuch eine Fachakademie für Sozialpädagogik, eine Berufsfachschule für Kinderpflege und eine Schule für geistig behinderte Kinder. 2010 wurde dieser Komplex an die Regens-Wagner-Stiftung übergeben. Doch im sogenannten „Schloss", das renoviert und altersgerecht umgebaut wurde, leben noch viele Don-Bosco-Schwestern. Die meisten verbringen hier ihren Lebensabend.

Variante 6. Etappe: Von Hohenpeißenberg über Peiting nach Rottenbuch

17,3 km, 4 Std. 30 Min, ↑ 390 m, ↓ 392 m, ⇧ 674-808 m

0,0 km	⇧ 770 m	Hohenpeißenberg
7,7 km	⇧ 717 m	Peiting (Ortsmitte)
17,3 km	⇧ 763 m	Rottenbuch B&B

Diese Variante sollten Sie vor allem bei oder auch nach starkem Regen wählen, und wenn Sie sich bei schmalen Wegen nicht trittsicher fühlen. Ebenso müssen Radler auf diese Route ausweichen, da die Ammerschlucht für Räder gesperrt ist. Die Alternativroute führt auf derselben Strecke wie die Hauptroute hinaus aus Hohenpeißenberg. Kurz bevor es Richtung Ammerschlucht abgeht, bleiben Sie auf dem Weg entlang der Eisenbahnlinie nach Peiting. Sie durchwandern den hübschen Ort bis zur Kirche Sankt Michael. Entlang der Bundesstraße führt Sie der Weg fast eben bis kurz vor Rottenbuch und dann durch den Weiler Moos in das Klosterdorf.

Für diese Alternativroute folgen Sie zunächst der Beschreibung der 6. Etappe, bis Sie zu dem beschriebenen unbeschrankten Bahnübergang gelangen. (Im weiteren Verlauf ist diese Route nicht mit der Muschel gekennzeichnet! Folgen Sie der Beschilderung des Radwegs nach Peiting und dann nach Rottenbuch.) An dem Bahnübergang wandern Sie über die Bahngleise nach rechts und gehen parallel zur Bahnstrecke nach links weiter. Nach etwa 1 km überqueren Sie die Bahngleise erneut und wandern weiter geradeaus. An der T-Kreuzung, auf die Sie gelangen, biegen Sie nach rechts ab, überqueren die Schnellstraße an einer Fußgängerbrücke und folgen erneut den Bahngleisen. (Wenn Sie nicht nach Peiting wandern möchten, haben Sie nach der Überquerung der Schnellstraße die Möglichkeit, bereits hier dem Radweg nach links Richtung Rottenbuch zu folgen. Von hier aus sind es noch 9 km nach Rottenbuch.)

Um nach Peiting zu gelangen, folgen Sie dem Radweg nach rechts und erreichen das Ortsschild vom **Markt Peiting** (allerdings sind es bis zum Ortskern von hier aus noch weitere 2,5 km). An der Straße entlang der Bahnlinie wandern Sie weiter und passieren den Bahnhof Peiting-Ost. Auf der Bahnhofstraße bleiben Sie, vorbei an der Wallfahrtskirche Maria unter der Egg, bis Sie die Bachstraße erreichen. Nach links kommen Sie in die Ortsmitte mit der beeindruckenden (da ganz untypischen) Ortskirche St. Michael.

Peiting

Tourist-Information, Hauptplatz 4, 86971 Peiting, 088 61/599 61, www.peiting.de/tourismus, Juni bis September Mo-Fr 8:00-12:00, Mo, Di, Mi und Fr 14:00-16:00, Do 14:00-18:00, Oktober bis Mai Mo-Fr 8:00-12:00, Do 14:00-18:00

Zum Keppeler Hauptplatz 9, 86971 Peiting, Di und Mi sowie Sa und So 10:00-14:00 und ab 17:00 Fr ab 17:00. Mo Ruhetag

Peiting-Ost, stündlich nach Weilheim und von dort nach München Hbf.

St. Michael (kath.), Wallfahrtskirche Maria unter der Egg (kath.), Christuskirche (ev.)

Pilgerstempel: in den Pfarrkirchen und in der Wallfahrtskirche jeweils nach den Gottesdiensten sowie im katholischen Pfarramt (Pfarrweg 1, Mo, Di, Fr 8:30-12:00, Do 8:30-17:30)

Die Marktgemeinde Peiting gehört zu den ältesten Siedlungen im Pfaffenwinkel. Bereits 1055 wurde der Ort als neue Burg Peiting erwähnt. Von hier aus herrschten die Welfen über Bayern. 1155 besuchte gar Kaiser Friedrich Barbarossa die Burg. 1167 zog Welf VI. als einziger Nachkomme mit dem Kaiser in den Krieg und starb in Italien. Mit ihm erlosch das mächtige Geschlecht der Welfen.

Nach den Welfen waren die Hohenstaufer und später die Wittelsbacher Eigentümer der Peitinger Burg. 1248 zerstörte ein Erdbeben große Teile der Burg, die Reste wurden schließlich im Dreißigjährigen Krieg von den Schweden vernichtet.

Die Pfarrkirche St. Michael reicht in ihrem Ursprung auf die Anfangszeit der neuen Burg zurück. Vermutlich ließ Welf IV. im Zusammenhang mit dem Bau der Burg auch eine große, steinerne Kirche errichten. In der ersten Hälfte des 14. Jh. wurde diese offenbar gotisiert. Im Innenraum finden sich zwar auch Spuren des frühen Rokokos sowie drei Altäre von F. X. Schmädl, die im Zuge der Säkularisation vom aufgelösten Augustinerchorherrenstift Rottenbuch nach Peiting kamen, ansonsten ist Sankt Michael aber eher eine der „ärmeren" Kirchen im Pfaffenwinkel. Dennoch ist sie in ihrer Bauart für die Region wirklich einzigartig.

Die Geschichte der Wallfahrtskirche Maria unter der Egg reicht bis in die Mitte des 17. Jh. zurück. 1645 hatte der Schneider Lorenz Ette ein Marienbild im Peitinger Feld errichtet. Angeblich soll nach dem Errichten des Bildstockes ein starkes Herzleiden geheilt worden sein. Rasch kamen erste Wallfahrer, ab 1650 bemühte man sich schließlich um den Bau einer Kapelle um den Bildstock herum. Erst 1658 wurden die Bauarbeiten beendet. Aufgrund der zunehmenden Wallfahrt musste die Kirche um 1737 vergrößert werden.

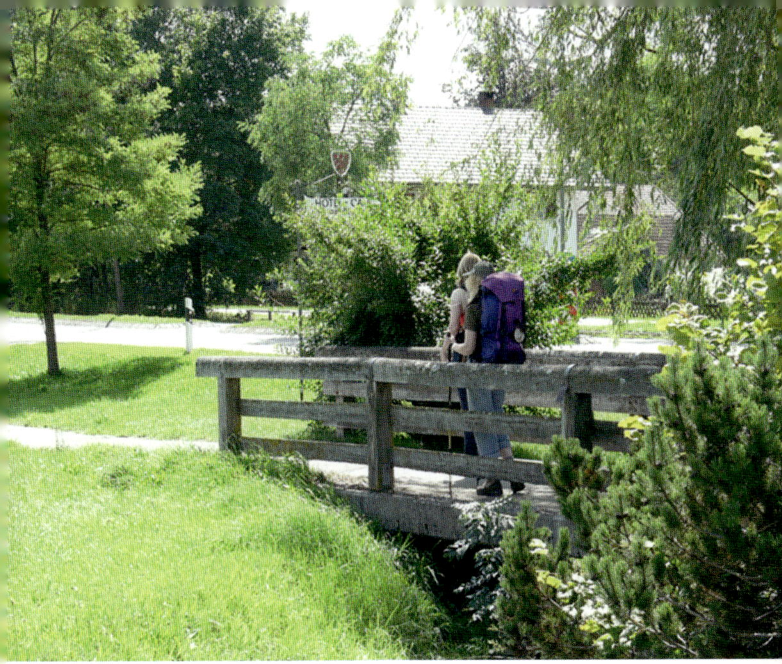

Auf dem Jakobsweg bei Rottenbuch

An der Pfarrkirche St. Michael gehen Sie auf der Ammergauerstraße vorbei und dann linker Hand in das schmale Sträßchen „Meierstraße" Dann am Ende der Meierstraße biegen Sie nach links auf den Radweg entlang der Füssener Straße. Nach dem Ortsausgangsschild wird diese dann schließlich zur Schnellstraße B23. Der Radweg führt mehr oder weniger parallel zu dieser Bundesstraße. Ca. 1,5 km nach der Ortsgrenze von Peiting verlässt der Radweg für ein kurzes Waldstück die Bundesstraße. Sie bleiben auf diesem Weg bis Sie am Wegweiser Moos von der Bundesstraße nach links abbiegen.

In **Moos** bleiben Sie auf der kleinen Straße, die Sie Richtung Rottenbuch bringt. Kurz vor dem Ort unterqueren Sie noch einmal die B23 und erreichen in Rottenbuch die Raiffeisenstraße. Um zum Kloster zu gelangen, biegen Sie nach links ab, queren erneut die B23 und kommen in den Klosterhof.

☺ Die Angaben zu Rottenbuch finden Sie bei ☞ Etappe 6, S. 97.

7. Etappe: Von Rottenbuch nach Steingaden

14,4 km, 4 Std. 15 Min., ↑ 282 m, ↓ 278 m, ⇧ 763-886 m

0,0 km	⇧ 763 m	Rottenbuch B&B
4,4 km	⇧ 850 m	Wildsteig
9,5 km	⇧ 871 m	Wieskirche
14,4 km	⇧ 763 m	Steingaden B&B

Nach der anstrengenden gestrigen Etappe durch die Ammerschlucht kommt heute eine wahre Genusstour durch das Voralpenland. Von Rottenbuch geht es leicht bergan bis in die Gemeinde Wildsteig mit der barocken Jakobskirche, die hoch oben über dem Ort thront. Nach dem Besuch des Kirchleins steigen Sie hinab und wandern gemütlich an der Dreifaltigkeitskapelle in Holz vorbei. Anschließend führt Sie der Weg romantisch durch das Moos und dann bergauf in den Wald. Für die Wieskirche, die Sie als Nächstes erreichen, sollten Sie sich etwas Zeit nehmen. Sie gilt als die schönste Kirche des bayerischen Barocks und ist ein wahres Meisterwerk. Hinter der „Wies" folgt dann eine der schönsten Strecken des Münchner Jakobswegs, der Brettersteg durch das Wiesfilz. Der Weg endet auf einem gemütlichen Waldweg, dem Sie über die Schlögelmühle nach Steingaden mit seinem mächtigen Welfenmünster folgen.

Rottenbuch verlassen Sie durch das Torgebäude des Klosterhofes und folgen der Muschel rechts Richtung Bundesstraße B23. Diese überqueren Sie und biegen schräg rechts in die Straße Weihanger ein. Hier ist der Fernwanderweg „Prälatenweg" in Richtung Schmauzenberg ausgeschildert, dem Sie an dieser Stelle folgen. Auf diesem Weg durchqueren Sie Solder und Kreitfilz ❶. Bei Bichl erreichen Sie die Schnellstraße St 2059, der Sie auf einem schmalen Trampelpfad nach rechts für ca. 250 m folgen. An der nächsten Kreuzung gehen Sie halb rechts die Stufen hinauf ❷. Etwas später führt der Weg durch eine

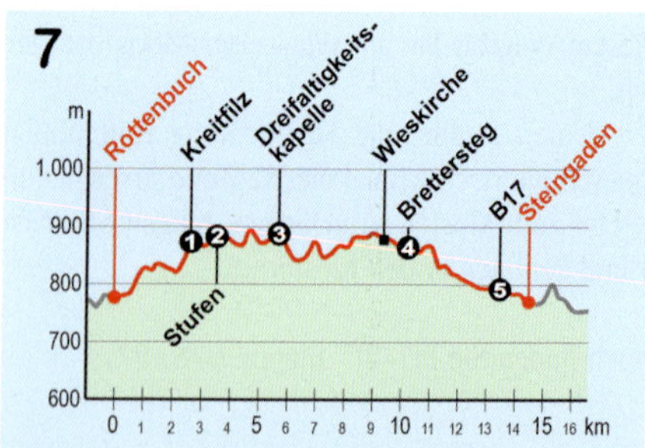

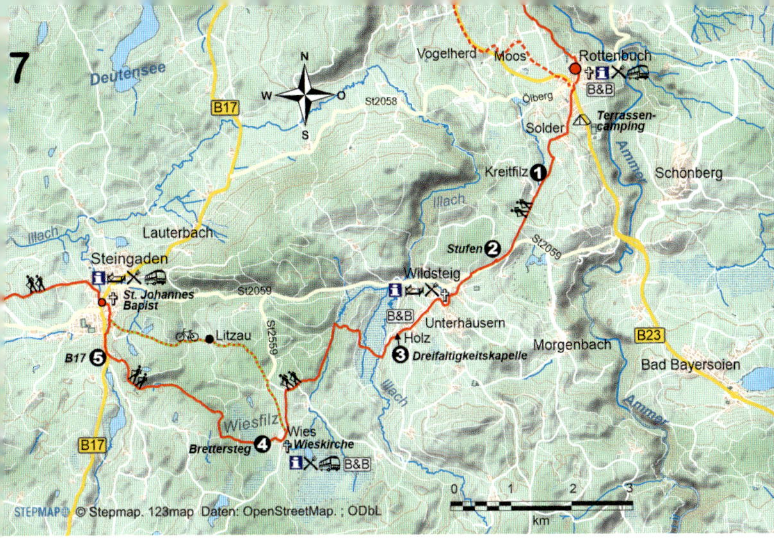

Unterführung unter der Schnellstraße hindurch. Sie kommen nun auf die Riedstraße, auf der Sie die Gemeinde Wildsteig erreichen.

Wildsteig

B&B BANK

Gemeinde Wildsteig, Kirchberg 20, 82409 Wildsteig, ☏ 088 67/293, info@wildsteig.de, www.wildsteig.de, Mo-Fr 7:30-12:00, Di 13:00-17:00, Do 13:00-18:30

Pilgerhaus Wildsteig, Kirchbergstr. 25, 82409 Wildsteig, 015 73/909 75 48, info@pilgerhaus-wildsteig.de, www.pilgerhaus-wildsteig.de, Preise auf Anfrage, Voranmeldung unbedingt erforderlich. Das Pilgerhaus hat zum 1. Mai 2024 in einem denkmalgeschützten Haus von 1908 seine Pforten eröffnet.

Landhotel & Gasthof Kirchberger, Kirchberg 43, 82409 Wildsteig, ☏ 088 67/221, https://landhotel-kirchberger.de/, EZ ab € 85, DZ ab € 130, Restaurant: Mi-So 17:00-20:00

♦ **Gasthof Zum Strauss**, Riedstraße 16, 82409 Wildsteig, ☏ 088 67/372, https://www.gasthof-zum-strauss.de/, EZ ab € 68, DZ ab € 58, Restaurant: Mo-Di und Fr-So 17.30-20.00, So zusätzlich 12.00-14.00, Mi/Do Ruhetag

B&B **Stoffelhof Klein**, Elisabeth Klein, Unterhäusern 1, 82409 Wildsteig, ☏ 088 67/557, stoffelhof@t-online.de. Auf dem Hof stehen 2 Zimmer für bis zu 5 Pers. zur Verfügung, € 35 p. P. Um telefonische Voranmeldung wird gebeten. Die Unterkunft liegt direkt am Jakobsweg, 500 m außerhalb vom Ortskern von Wildsteig Richtung Wieskirche.

✝ St. Jakob (kath.)

⊙ In der Kirche St. Jakob finden sich ein Pilgerstempel und ein Jakobsbuch, in das sich die Pilger eintragen können.

Die kleine Gemeinde Wildsteig war bis zur Säkularisation 1803 ein Teil des Klosters Rottenbuch. Die Pfarrkirche St. Jakob – hoch oben auf dem Kirchberg – beherrscht das Ortsbild. Über die Baugeschichte der heutigen Kirche, die in der zweiten Hälfte des 18. Jh. unter Propst Ambrosius Mößmer von Rottenbuch (1775-1789) ihre endgültige Gestalt erlangte, ist wenig bekannt. Die Bauakten sind der Säkularisation zum Opfer gefallen.

Der Innenraum der Kirche zeigt Merkmale des ausgehenden Rokokos, aber auch des aufkommenden Klassizismus. Er wird – wie sollte es in dieser Gegend auch anders sein – einem Wessobrunner Stuckateur zugeschrieben: Thassilo Zöpf (1723-1807).

Für Sie als Jakobspilger dürfte hier besonders interessant sein, dass die Wildsteiger Pfarrkirche dem heiligen Jakobus dem Älteren geweiht ist. Ihm ist das Chorfresko gewidmet. Es zeigt eine Szene aus seinem Martyrium unter Herodes Agrippa in der Osterzeit des Jahres 44. Der Legende nach soll der Apostel auf dem Weg zu seiner Hinrichtung einen Lahmen geheilt haben. Daraufhin habe sich der Schriftgelehrte Josias, der Jakobus den Richtern ausgeliefert hatte, vor ihm auf die Knie geworfen und um Vergebung und die Taufe gefleht. Beide starben dann gemeinsam den Martertod.

In Wildsteig wandern Sie zunächst bergauf zur Jakobskirche, die weithin sichtbar auf einer Anhöhe steht. Nach der Kirche folgen Sie der Straße mit dem Namen „Wiesweg" hinab, die an der Grundschule vorbei den Hügel hinunterführt. Am Ende der Straße biegen Sie nach links ab und folgen weiter der Muschelbeschilderung durch die Weiler Unterbauern, Unterhäusern und Holz.

In Holz kommen Sie an der kleinen Dreifaltigkeitskapelle ❸ vorbei, an der auf das Ziel aller Jakobspilger hingewiesen wird: „Santiago 2.577 km".

Nach Holz wandern Sie bergab und dann noch für ca. 200 m geradeaus. Anschließend führt die Muschelbeschilderung Sie nach rechts in einen Schotterweg, dann geradeaus über moorige Wiesen in den Wald. Dieser Weg stößt im Wald dann auf eine T-Kreuzung, an der Sie nach links abbiegen. Auf diesem Weg bleiben Sie für ca. 3 km und erreichen dann die Katholische Landvolkshochschule. Dort biegen Sie nach links in eine Allee, die Sie direkt zur berühmten Wallfahrtskirche „Zum Gegeißelten Heiland auf der Wies" führt, der sogenannten **Wieskirche**.

Wies

B&B

Pfarramt Wieskirche, Wies 12, 86989 Steingaden, ☏ 088 62/932 93-0, www.wieskirche.de, Bürozeiten der Wallfahrtskuratie: Mo-Fr 8:00-12:00 und 13:00-17:00

B&B **Scholderhof,** Wies 8, 86989 Steingaden, ☏ 088 62/468, scholderhof@t-online.de, www.scholderhof.de, DZ ab € 55 p. P.

Gasthof Moser, Wies 1, 86989 Steingaden, ☏ 088 62/503, 9:00-19:00, Mi Ruhetag

Gasthof Schweiger, Wies 9, 86989 Steingaden, ☏ 088 62/500, 9:00-19:00, Fr Ruhetag, eigene Konditorei

Busverbindung Richtung Steingaden und zum Bahnhof Füssen

Zum Gegeißelten Heiland auf der Wies (kath.), während der Sommerzeit 8:00-20:00, während der Winterzeit 8:00-17:00

⊙ Den Pilgerstempel finden Sie rechts hinter der Wieskirche in einem Edelstahlbriefkasten.

Die Wallfahrtskirche Zum Gegeißelten Heiland auf der Wies ist wohl die bekannteste Kirche Oberbayerns. Das Rokoko-Kleinod zieht alljährlich mehrere Tausend Touristen an. Ausgangspunkt der Wallfahrt war eine Skulptur des gegeißelten Heilands, die von Mönchen aus dem nahe gelegenen Kloster Steingaden angefertigt worden war. Das Gnadenbild wurde erstmals bei einer Karfreitagsprozession durch Steingaden mitgeführt. Doch es erregte das Mitgefühl der Gläubigen so stark, dass der Klerus entschied, es keinesfalls ein weiteres Mal der frommen Bevölkerung zu zeigen.

Das Bild wurde der Wiesbäuerin Maria Lory geschenkt. Bald darauf berichtete sie, dass sie beim Beten vor dem Bildnis Tränen auf dem Antlitz des Gegeißelten gesehen habe. Dieses Wunder war der unaufhaltsame Beginn der Wallfahrt zur Wies.

Der anfangs skeptische Klerus musste sich schließlich dem Wunderglauben im Volk beugen. Wegen des starken Ansturms der Pilger ließ der Abt von Steingaden eine kleine Kapelle für das Bild bauen. 1745 wurden die Wessobrunner Brüder Zimmermann mit dem Bau einer Kirche beauftragt. Für Dominikus Zimmermann, den inzwischen in die Jahre gekommenen berühmten Baumeister, sollte die Wies die Krönung seines Lebens werden. Ihm und seinem Bruder, dem Freskenmaler und Stuckateur Johann Baptist Zimmermann, verdankt die Nachwelt ein Bauwerk, das in seiner Synthese von Architektur, Skulptur, Freskenmalerei und Lichtführung von einmaliger Schönheit ist.

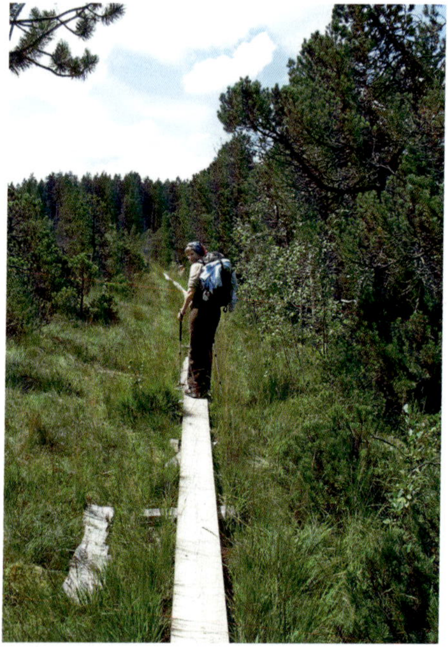

Brettersteg nach Steingaden

Der alternde Baumeister Dominikus Zimmermann konnte sich von seinem schönsten und reifsten Werk, von seiner „Wies", nicht mehr trennen. In dem von ihm erbauten Haus unterhalb der Kirche blieb er bis zu seinem Tod. Zum Dank für die glückliche Vollendung stiftete er ein von ihm selbst gemaltes Votivbild, das den frommen Meister vor dem gegeißelten Heiland kniend darstellt. Im Jahr 1983 wurde die Wieskirche von der UNESCO als Weltkulturerbe ausgewiesen.

🚲 Der Brettersteg hinter der Wies ist für Fahrräder gesperrt. Sie radeln von der Wieskirche aus in nördliche Richtung. An der nächsten Wegkreuzung biegen Sie nach links Richtung Litzau ab. Durch den Wald hindurch gelangen Sie nach Litzau, wo Sie der Graf-Dürkheim-Straße folgen. Diese bringt Sie nach Steingaden. Sobald Sie die Füssener Straße erreichen, folgen Sie dieser nach rechts und kommen zur Tourist-Information. Von dort aus können Sie wieder dem beschriebenen Jakobsweg folgen.

Von der Wieskirche geht es unter der Scheunenzufahrt zum Anwesen Wies 1 hindurch und dann nach rechts über die Wiese. Der Pfad führt Sie weiter ins Moor „Wiesfilz", das Sie über den „Brettersteg" ❹ in westlicher Richtung durchwandern. Am Ende des Bretterpfades biegen Sie rechts ab und laufen weiter auf dem Forstweg. Auf diesem bleiben Sie für ca. 2 km, bis Sie der Jakobsweg rechter Hand am Bach entlang zur Schlögelmühle führt. Steingaden erreichen Sie, wenn

Sie kurz hinter der Schlögelmühle rechts in die Füssener Straße (B17) einbiegen ❺. Folgen Sie bis zur „Schönegger Käse Alm" der Straße. Kurz nach dem Geschäft mit Café biegen Sie am Neuhausbach nach rechts ab, folgen dem Bachlauf und gehen dann weiter geradeaus zum Welfenkloster.

Steingaden

B&B

Tourist-Information, Krankenhausstraße 1, 86989 Steingaden, ☏ 088 62/200, verkehrsamt@steingaden.de, www.steingaden.de, Mo-Do 8:00-12:00 und 14:00-17:00, Fr 8:00-12:00, Juli und August zusätzlich Fr 15:00-17:00, Sa 10:00-12:00

Gasthof Graf, Schongauer Straße 15, 86989 Steingaden, ☏ 088 62/246, info@gasthof-graf.de, www.gasthof-graf.de, EZ ab € 70, DZ € ab 100, Zimmer für bis zu sechs Personen, Restaurant: Mi-So 11:30-20:00, Mo und Di Ruhetag

B&B **Karl-Eberth-Haus**, Graf-Dürkheim-Straße 8-10, 86989 Steingaden, ☏ 088 62/281, info@karl-eberth-haus.de www.karl-eberth-haus.de, EZ € 70, DZ € 58 p. P.

Zur Taverne, Welfenstraße 10, 86989 Steingaden, Mo 17:30-22:00, Mi-Sa 11:00-14:30 und 17:30-22:00, So 11:00-22:30, Di Ruhetag

Schönegger Käse Alm im Fischerhaus, Füssener Straße 27, 86989 Steingaden, 088 62/911 43 65, Mo-Sa 9:00-18:00, zusätzlich von Juni-Oktober So 14:00-18:00, Käse- und Fischspezialitäten sowie kleines Café

Bus 72 nach Lechbruck, Busverbindungen zum Bahnhof Füssen und Weilheim

St. Johannes Bapist (kath.), Friedenskirche (ev.)

Den Pilgerstempel erhalten Sie in der Bäckerei Moser neben dem Klosterladen.

Herzog Welf VI. in Steingaden

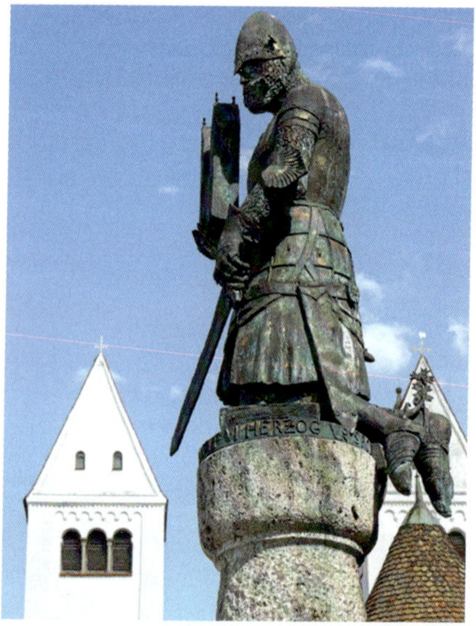

Der Enkel des Gründers von Rottenbuch, Herzog Welf VI., stiftete 1147, vor seinem Aufbruch zum Kreuzzeug nach Jerusalem, das Prämonstratenserkloster Steingaden und stattete es reich mit Gütern aus. Chorherren aus Rot an der Rot besiedelten es und machten das Welfenkloster zu einem Zentrum der Wissenschaft und Künste. Begabte junge Menschen wurden hier ausgebildet und gefördert, unter ihnen auch Johann Georg Lori aus Prem, der später die Bayerische Akademie der Wissenschaften in München gründete. Das Kloster legte in seiner Blütezeit eine große Kunstsammlung an, ließ naturwissenschaftliche Geräte bauen und besaß eine beachtliche Bibliothek. Sogar Theater wurde im Schutz des Klosters gespielt. Leider zeugen heute von der einstigen Macht des Klosters nur noch die Pfarrkirche St. Johannes Baptist, die zwar außen romanisch geprägt ist, deren Innenausstattung aber im reinsten Rokoko gehalten ist, sowie der Kreuzgang. Der Rest des Klosters wurde nach der Säkularisation abgerissen.

8. Etappe: Von Steingaden nach Bernbeuren

12,7 km, 4 Std. 45 Min., ↑ 274 m, ↓ 450 m, ⇧ 729-807 m

0,0 km	⇧ 763 m	Steingaden B&B BANK
6,1 km	⇧ 745 m	Lechbruck B&B BANK
8,8 km	⇧ 781 m	Echerschwang
12,7 km	⇧ 773 m	Bernbeuren B&B BANK

Diese Tagesetappe bringt Sie von Steingaden auf gut ausgebauten Wanderwegen durch das Premer Moor nach Lechbruck. Auf dem Weg durch die Lechgemeinde geht es dann an manchen Stellen recht steil bergauf, bis Sie die Jakobskapelle hoch über Lechbruck erreicht haben. Von hier haben Sie einen fantastischen Blick über Lechbruck und auf die gesamte Alpenkette. Über den Golfplatz Gsteig erreichen Sie Echerschwang. Kurz nachdem Sie aus dem Dorf wieder hinausgewandert sind, geht es noch einmal ordentlich bergauf, bis Sie die Auerberggemeinde Bernbeuren erreicht haben. Am Etappenziel kann man montags nicht einkehren.

In Steingaden wandern Sie vom Welfenkloster nach links durch den hübschen Ortskern wieder zurück zur Füssener Straße. Diese kreuzen Sie am Rathaus bzw. an der Touristen-Info, die sich im selben Gebäude befindet. Hier überqueren Sie weiter den Dorfbach und biegen dann nach links in die Krankenhausstraße. Dieser folgen Sie bergauf, bis an einer Wegverzweigung linker Hand die Straße Auf der Egg abzweigt. Sie folgen ihr aus dem Ort hinaus und gehen auf dem kleinen Asphaltsträßchen zunächst bergauf und an einem Feldkreuz dann bergab. So erreichen Sie **Urspring ❶**. Biegen Sie rechts in die Kirchenstraße und nach dem Gasthof Drei Mohren in die Keltenstraße. Über die Keltenstraße stoßen Sie zunächst auf die Ortsverbindungsstraße „Steingaden – Lechbruck", der Sie nach rechts knapp 100 m bis zur Abzweigung „Steingädele" folgen. An dieser Abzweigung wandern Sie in Richtung des kleinen Orts. In Steingädele biegen Sie zunächst rechts ab und folgen dem Straßenverlauf bis zur nächsten Linkskurve. Hier gehen Sie nach rechts und folgen dem Wirtschaftsweg. (Kurz nachdem Sie den Krummbach an einer Brücke überquert haben, haben Sie die Möglichkeit, nach links in das Premer Filz auf den Moorlehrpfad abzubiegen. Dieser führt über Prem nach Lechbruck. Allerdings ist diese Route ca. 2 km länger als die ursprüngliche Route.) Sie können an dieser Stelle aber auch leicht nach rechts weitergehen und dann mehr oder weniger immer geradeaus entlang des **Premer**

Filzes ❷ auf der Hauptroute weiterwandern. Über den Weiler Karlsebene gelangen Sie schließlich direkt auf die Premer Straße. (Hier können Sie rechts und gleich darauf wieder links abbiegen und wandern geradewegs über die Lechbrücke nach Lechbruck hinein.) Schöner ist es allerdings, wenn Sie die Straße überqueren und dann geradeaus durch die Wiese gehen. Kurz bevor Sie den Lech erreichen, biegt der Weg nach rechts ab und führt zur Lechbrücke, die Sie nach Lechbruck bringt.

Lechbruck

Tourist-Information Lechbruck am See, Flößerstraße 1, 86983 Lechbruck am See, ☏ 088 62/98 78 30, info@lechbruck.de, www.lechbruck.de, Mo-Fr 8:00-12:00 und 14:00-17:00, Juli/August zusätzlich bis 18:00 und Sa und So 10:00-12:00

Gasthof-Pension Hirsch, Brandach 20, 86983 Lechbruck am See, ☏ 08 862/911 84 06, info@hirsch-lechbruck.com, https://hirsch-lechbruck.com, EZ ab € 40, DZ ab € 69

B&B **Pension Elisa**, Am Bichl 12, 86982 Lechbruck am See, ☏ 088 62/85 28, ab € 50 p. P.

Gasthaus Holler, Bahnhofstraße 10, 86983 Lechbruck am See, ☏ 088 62/85 57, täglich 11:30-14:00, abends ab 17:00, Mi und Do Ruhetag

♦ **Pizzeria Flößerstube**, Flößerstraße 37, 86983 Lechbruck, ☏ 088 62/82 57, Do-So 17:30-22:00, So zusätzlich 11:30-14:00, Mo, Di und Mi Ruhetag

Café zur alten Schule, Schongauer Straße 1, 86983 Lechbruck am See, ☏ 088 62/932 40 20, 7:00-18:00, Di/Mi Ruhetag

DCC Campingpark, Via Claudia 6, 86983 Lechbruck, ☏ 088 62/84 26, info@camping-lechbruck.de, www.camping-lechbruck.de

Linie 59 nach Stötten am Auerberg und Marktoberdorf, Linie 53 nach Bernbeuren

⌘ **Flößermuseum**, Weidach 8, 86983 Lechbruck, April bis September Do 17:30-19:00 und So 16:00-18:00

✞ Mariä Heimsuchung (kath.), Himmelfahrtskirche (ev.)

⊙ Im Pfarramt Mariä Heimsuchung, Kirchweg 17, 86983 Lechbruck

Vermutlich entstand der Ort Lechbruck an einer Brücke, die die Römer auf der Via Claudia Augusta über den Lech gebaut hatten und die wohl an derselben Stelle stand wie die Brücke heute. Urkundlich erwähnt wurde die Gemeinde allerdings erst im Jahr 1398. Schon früh war Lechbruck ein bedeutender Verkehrsknotenpunkt, an dem sich wichtige Verkehrswege kreuzten: die alte Römerstraße nach Augsburg und die Wasserstraße auf dem Lech. Seit wann in Lechbruck Flö-

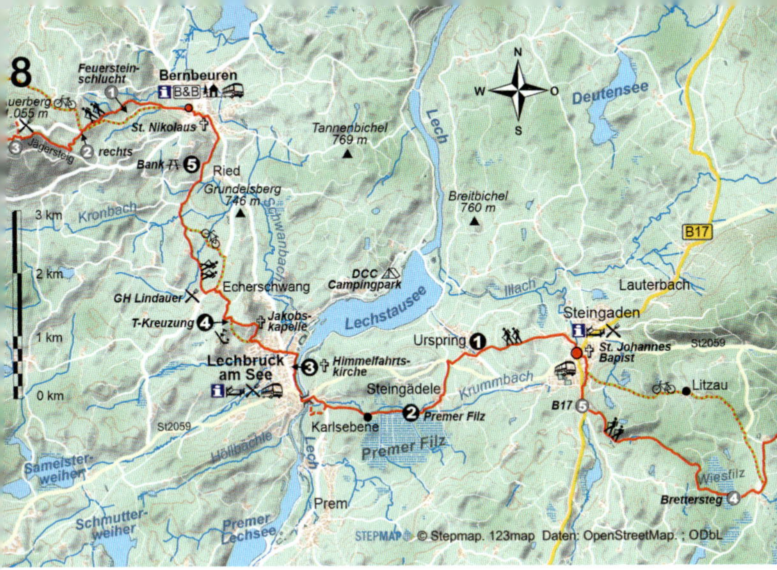

ßerei betrieben wurde, lässt sich nicht feststellen. Frühe archäologische Funde kann es nicht geben, da die Flöße am Zielort auseinandergenommen und verarbeitet wurden. Vor allem in der frühen Neuzeit dürfte es in den Städten zu einem erhöhten Holzbedarf gekommen sein. Eine

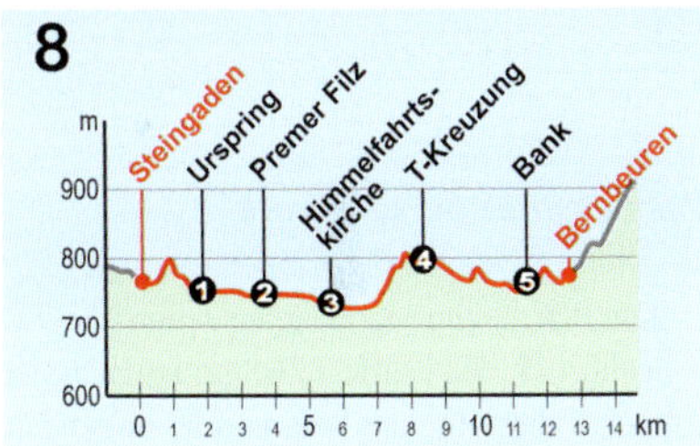

einzige Ziegelei in Augsburg verbrauchte beispielsweise im Jahr an die 1.000 Flöße. In Lechbruck entwickelte sich daher die Flößerei zur wichtigsten Einnahmequelle. Die Flößer lieferten zunächst im Auftrag der Augsburger Proviantherren Holz aus der Füssener Gegend und aus Tirol, später kamen auch Steinmetzmaterial aus den Lechbrucker Steinbrüchen, Kalk aus den örtlichen Kalköfen und Holzkohle hinzu.

Anfang des 19. Jh. ging der Holzhandel rapide zurück. Der österreichische Staatsbankrott von 1809 ruinierte schließlich die ehemals wohlhabenden Lechbrucker Flößer. Das endgültige Aus für die Flößerei kam mit dem Bau der Eisenbahn zu Beginn des 20. Jh. Das steinerne Flößerdenkmal auf der Lechbrücke erinnert noch heute an die einst fleißigen Flößer von Lechbruck.

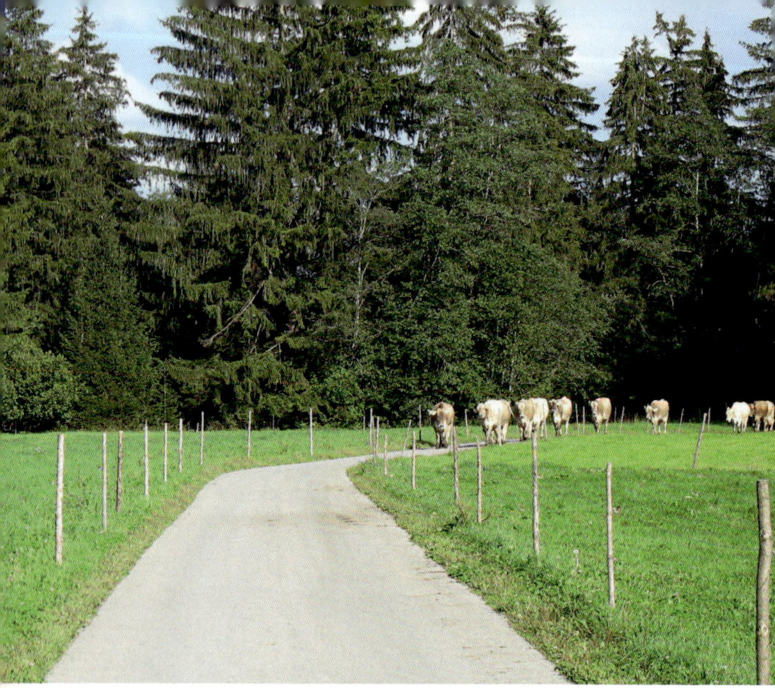

Viehheimtrieb bei Lechbruck

Die Pfarrkirche Mariä Heimsuchung liegt eindrucksvoll auf einem Hügel mitten in Lechbruck. Sie wurde 1768 im Frühklassizismus erbaut. Joseph Anton Geisenhof schuf diese für die Region sehr ungewöhnliche Saalkirche.

In Lechbruck orientieren Sie sich nach der Brücke am Ortseingang rechts und wandern auf dem Kiesweg entlang der Lechpromenade. Nach der evangelischen Himmelfahrtskirche ❸ verlassen Sie die Uferpromenade nach links. Vor dem Gelände der Firma Plansee führt ein schmaler Kiesweg nach links. Diesem folgen Sie, überqueren den Dorfbach und kurze Zeit später die Schongauer Straße. Gehen Sie weiter geradeaus auf der Unteren Dorfstraße bis zum Gasthof Hirsch.

🚲 Mit dem Rad folgen Sie der beschilderten Route des Jakobsweges bis nach Lechbruck, bis er nach dem Gasthof Hirsch scharf rechts auf den Panoramaweg führt. Hier biegen Sie **nicht** auf den Panoramaweg ab. Radeln Sie auf dem Radweg, dessen Beschilderung Richtung Bernbeuren weist, weiter geradeaus.

Am Gelände des Golfplatzes Gsteig stoßen Sie wieder auf den Jakobsweg und folgen ihm weiter bis Echerschwang. Von dort aus orientieren Sie sich weiter am gut beschilderten Radweg nach Bernbeuren, auf dem Sie dann die Auerberggemeinde erreichen.

Vor dem Gasthof biegt der Jakobsweg dann nach rechts. Folgen Sie dem asphaltierten Sträßchen steil bergauf. Nach etwa 150 m biegt scharf rechts ein Kiesweg ab. Er ist als Panoramaweg beschildert. Folgen Sie diesem Panoramaweg mit einer atemberaubenden Aussicht auf Lechbruck und die Ammergauer Alpen, bis Sie eine kleine Jakobskappelle erreichen. Hier haben Sie einen wunderbaren Ausblick auf den Ort. An der Jakobskapelle folgen Sie dem Weg nach links, dem Sie bis zum Golfplatz Gsteig folgen.

Am Clubgelände des Golfplatzes Gsteig gehen Sie geradeaus. Vor dem Parkplatz geht es nach links und gleich wieder rechts in einen Waldweg, dem Sie bis zu einer T-Kreuzung ❹ folgen. Hier biegen Sie zunächst rechts und dann nach ca. 75 m nach links in den Radweg Richtung Bernbeuren ab. Diesem Radweg folgen Sie bis nach **Echerschwang**.

Echerschwang ✗

✗ **Gasthof Lindauer**, Echerschwang 24, 86975 Bernbeuren, ☏ 088 60/592, Mi, Fr, Sa, So ab 11:30-14:00 und 17:00-20:30, Mo, Di, Do Ruhetag (außer an Feiertagen)

Am Wellness-Landhaus Echerschwang biegen Sie links in die Straße ein, verlassen diese aber bereits am Haus Nr. 22a wieder nach rechts in einen Feldweg. Dieser führt durch ein kleines Waldstück und kurze Zeit später steil bergauf zu einem einzelnen Bauernhof. Nach dem Bauernhof führt ein Asphaltsträßlein bergab immer geradeaus zum Ortsteil Ried. Kurz vor Ried weist die Muschel nach links auf einen teilweise schlecht erkennbaren Wiesenpfad bergauf in Richtung einer frei stehenden Bank ❺. Nach der Bank biegen Sie rechts ab und erreichen Bernbeuren. Auf der Straße Am Prälatenweg erreichen Sie dann die Füssener Straße, der Sie nach links in den Ort folgen.

Bernbeuren ✗ B&B BANK ✝

Gemeindeverwaltung Bernbeuren, Marktplatz 4, 86975 Bernbeuren, ☏ 088 60/91 01-0, gemeinde@bernbeuren.de, www.bernbeuren.de, Mo-Fr 8:00-12:00, Do 15:00-18:00, Sa 9:00-12:00

Pilgerherberge Pfaffenwinkel, Ilse und Walter Kummer, Bayernstr. 4, 86975 Bernbeuren, ☏ 088 60/273 01 75 (mit Anrufbeantworter), 01 79/708 08 14, info@pilgerherberge-pfaffenwinkel.de, https://pilgerherberge-pfaffenwinkel.de. Die Pilgerherberge ist ab dem 19. August 2024 bis Jahresende geschlossen. Für 2025 werden Anfragen erst ca. 14 Tage vor dem Übernachtungstermin erbeten.

B&B **Privatzimmer Vogt,** Josefine Vogt, Oberlandweg 10, 86975 Bernbeuren, ☏ 088 60/16 37 oder 01 52/02 14 71 48, € 35 p. P. inkl. Frühstück, Abendessen auf Anfrage möglich

Auerberghalle, Am Sportplatz 16, 86975 Bernbeuren, Do-So 17:00-23:00, am Sonntag zusätzlich 10:00-14:00, Mo und Mi Ruhetag

♦ **Pizza am Marktplatz**, Marktpl. 3, 86975 Bernbeuren, pizzaammarktplatz.de, Di-Do 12:00-14:00 und 17:00-22:00, Fr 16:00-22:00, Sa und So 15:00-21:20, Mo Ruhetag

☹ Bitte beachten Sie, dass es zurzeit montags keine Einkehrmöglichkeiten direkt in Bernbeuren gibt. Der kleine Lebensmittelladen und die ortsansässige Metzgerei haben nur am Montagvormittag geöffnet.

s'Lädle, Marktplatz 12, 86975 Bernbeuren, Mo-Fr 6:45-12:30, Fr zusätzlich 14:30-18:00, Sa 6:45-11:00, So geschlossen

Linie 53 nach Marktoberdorf

✞ Pfarrkirche St. Nikolaus

⊙ Pilgerstempel: im blauen Kästchen mit gelber Muschel vor der Kirche

Die Gegend um den Auerberg war vermutlich schon vor etwa 6.000 Jahren von Menschen besiedelt. Allerdings ist die Ortschaft Bernbeuren selbst erst eine Gründung von alemannischen Siedlern.

Die dem Flößerpatron St. Nikolaus geweihte Pfarrkirche wurde nach 1723 von dem bedeutenden Barockmeister Johann Georg Fischer (1673-1747) erbaut. Von dem gebürtigen Marktoberdorfer und fürstlichen Hofbaumeister werden Sie in den nächsten Tagen noch einige Meisterwerke sehen. Die hervorragenden Holzplastiken am Hochaltar, an den Seitenaltären und an der Kanzel schuf der bekannte Barockbildhauer Anton Sturm (1673-1747) aus Füssen. Von ihm haben Sie bereits Gnadenstuhl und Kanzel im Kloster Steingaden gesehen.

Der prächtig gestaltete Hochaltar ist ein Werk des einheimischen Schreiners und Bildhauers Jörg Pfeiffer. Besonders sehenswert sind auch die beiden Deckenfresken des Altarraumes, die allerdings erst aus dem Jahr 1775 stammen und von Franz Xaver Bernhard aus Eggenthal (bei Kaufbeuren) aufgetragen wurden.

Durch das Ostallgäu

9. Etappe: Von Bernbeuren nach Marktoberdorf

19,6 km, 6 Std. 15 Min., ↑ 1.028 m, ↓ 1.026 m, ⇧ 719-1.055 m

0,0 km	⇧ 773 m	Bernbeuren
3,8 km	⇧ 1.055 m	Auerberg
8,0 km	⇧ 735 m	Stötten B&B BANK
15,1 km	⇧ 720 m	Bertoldshofen
19,6 km	⇧ 727 m	Marktoberdorf BANK

Heute geht es gleich zu Beginn des Wandertages von Bernbeuren ca. 300 Höhenmeter hinauf auf den Auerberg. Der anstrengende Aufstieg wird aber dadurch entlohnt, dass Sie durch die wildromantische Feuerschlucht aufsteigen – auch ein Highlight auf dem bayerischen Jakobsweg. Oben angekommen, kurz vor dem Gipfel, treffen Sie dann auf römische Wallanlagen. Der eigentliche Gipfel des Auerberges liegt zwar nicht auf dem Jakobsweg, aber den kurzen Anstieg sollten Sie sich gönnen, um das Kirchlein Sankt Georg zu besuchen. An klaren Tagen können

Durch die Feuerschlucht

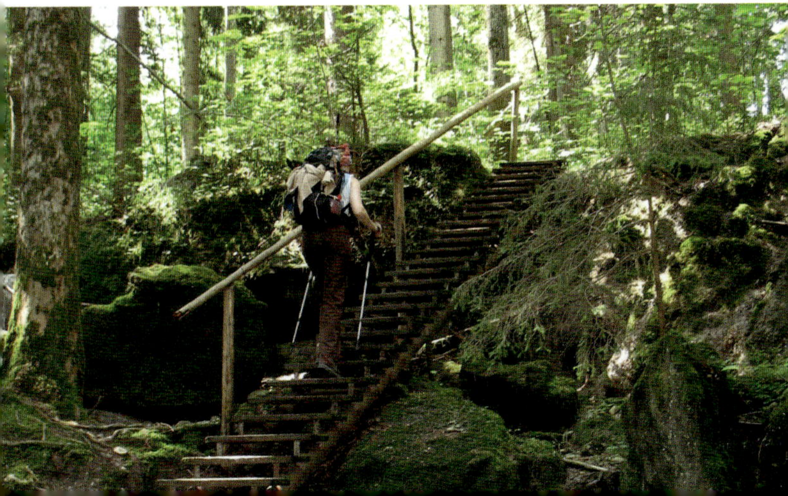

Sie von dort bis zum Märchenschloss Neuschwanstein sehen und haben natürlich erneut einen tollen Blick auf die Alpenkette. Durch den Wald geht es dann wieder bergab bis nach Stötten. Damit haben Sie den anstrengendsten Teil der Tagesetappe hinter sich und können nun gemütlich bis nach Marktoberdorf wandern.

Der beschriebene Wanderweg auf den Auerberg eignet sich keinesfalls fürs Fahrrad. Sowohl der Weg durch die Feuersteinschlucht auf den Auerberg als auch der Römerweg nach Stötten sind für Räder gesperrt. Als Radalternative empfiehlt es sich, in Bernbeuren dem Radweg Richtung Stötten zu folgen. Auf dieser Route umrunden Sie den Auerberg und können sich dann in Stötten wieder an der Wegbeschreibung Richtung Bertoldshofen und Marktoberdorf orientieren.

Durchqueren Sie Bernbeuren zunächst auf der Füssener Straße und biegen Sie dann nach links in die Lange Gasse ab. Unterhalb der Kirche geht es rechts die Stufen nach oben. Überqueren Sie den Marktplatz, vorbei am Rathaus, immer geradeaus. Am Gasthof Doldewirt gehen Sie weiter geradeaus und stoßen auf die Auerbergstraße, auf der Sie Bernbeuren verlassen. Etwa 300 m außerhalb des Ortes biegen Sie an der Beschilderung in Richtung der Feuersteinschlucht ❶ von der Schnellstraße nach rechts auf einen Wiesenweg ab. Über den anschließenden Feldweg, erreichen Sie am Waldrand den Weg durch die Feuersteinschlucht. Der Steig führt entlang des Baches durch den Wald über kleine Holzstege und Treppen zu einem kleinen Wasserfall.

Der hübsche Wanderweg mündet schließlich in die Fahrstraße zum Auerberg. Sie wandern etwa 50 m auf der Fahrstraße nach links, überqueren diese und folgen

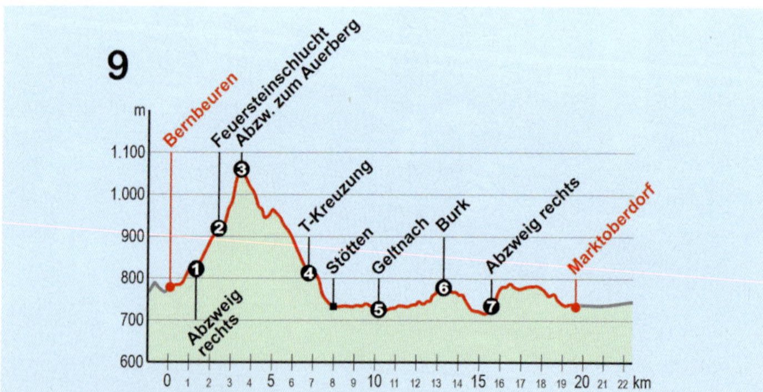

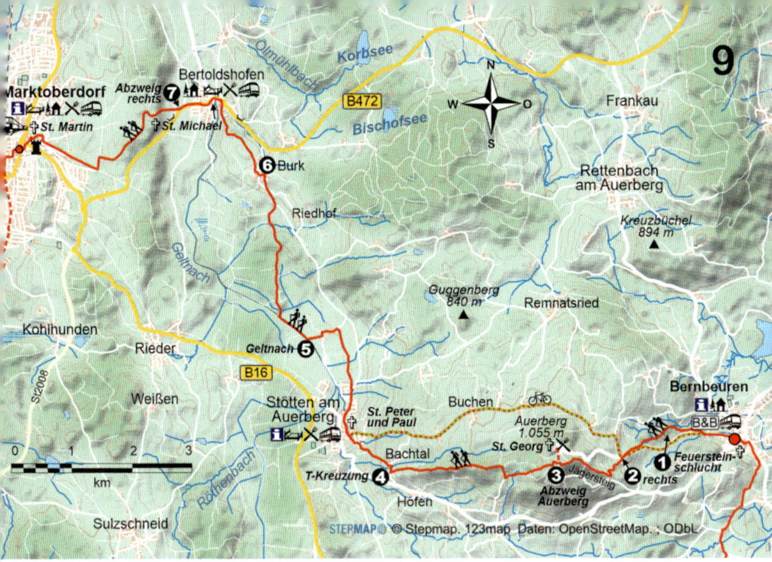

zunächst dem Jakobsweg nach rechts ❷. Der Weg führt auf einem Feldweg am Honeleshof vorbei. Nach dem Hof geht es dann weiter über einen Wiesenweg, der in einem Waldstück mündet. Hier biegt der Jägersteig rechts ab. Diesem folgen Sie und erreichen die Wallanlagen der ehemaligen Römersiedlung. Der Jakobsweg führt an den Wallanlagen vorbei gleich weiter nach Stötten. Zum Gipfel des Auerbergs in 1.055 m Höhe mit seiner Sankt-Georgs-Kapelle (und Gasthaus) folgen Sie der Straße ❸ noch ein Stück rechter Hand bergauf. Um dann weiter nach Stötten zu wandern, kehren Sie nach dem Gipfelanstieg an diese Stelle zurück.

Auerberg ✕

✕ **Panorama-Gasthof auf dem Auerberg**, Auerberg 2, 86975 Bernbeuren, ☏ 088 60/235, Mi-So 10:30-22:00, Mo und Di Ruhetag.

✞ Sankt Georg (kath.)

⊙ Den Pilgerstempel finden Sie in einem blauen Kästchen mit gelber Muschel vor der Kirche.

☺ Von dem Turm der Sankt-Georg-Kirche auf dem Auerberg hat man eine fantastische Rundumsicht. Sie finden den Zugang auf der linken Seite im Chor. Bei schönem Wetter können Sie von dort oben sogar das Königsschloss Neuschwanstein erkennen. Der Aufstieg ist frei, Sie können eine Spende hinterlegen.

Die Region um den Auerberg hat eine bewegte Geschichte. Schon für die Jungsteinzeit, also ca. 2500 v. Chr, werden Siedlungen am Auerberg vermutet. Ab dem 8. Jh. v. Chr. wanderten die Kelten aus dem Osten in den Voralpenraum, brachten den Salzbergbau sowie die Eisenverhüttung und -verarbeitung in die Region und legten die Grundlage für eine intensivere bäuerliche Wirtschaftskultur. Auf dem Auerberg wird eine Keltenfestung der Likatier vermutet.

Der griechische Historiker Strabon (etwa 63 v. Chr.-23 n. Chr.) berichtete von einer Festung Damasia und einer keltisch-römischen Entscheidungsschlacht in der Nähe des Auerberges, bei der sich die Römer ihre Vorherrschaft auf Jahrhunderte hinaus sicherten. Archäologische Belege aus jener Zeit, besonders von den Keltenwällen am Auerberg, gibt es bisher allerdings keine. Tatsache ist, dass mit den Eroberungen von Drusus und Tiberius ab 15 v. Chr. die geschichtlich fassbare Zeit im Auerberger Land begann.

Mit den geordneten politischen und wirtschaftlichen Verhältnissen in der Römerzeit wurden auch die ersten Straßen gebaut, die Handelsgüter nach Bayern brachten. So führten sicher geeignete Wege auf den Auerberg, wo in der ersten Hälfte des 1. Jh. ein militärischer Stützpunkt samt Zivilsiedlung stand. Außerdem

Blick auf Stötten

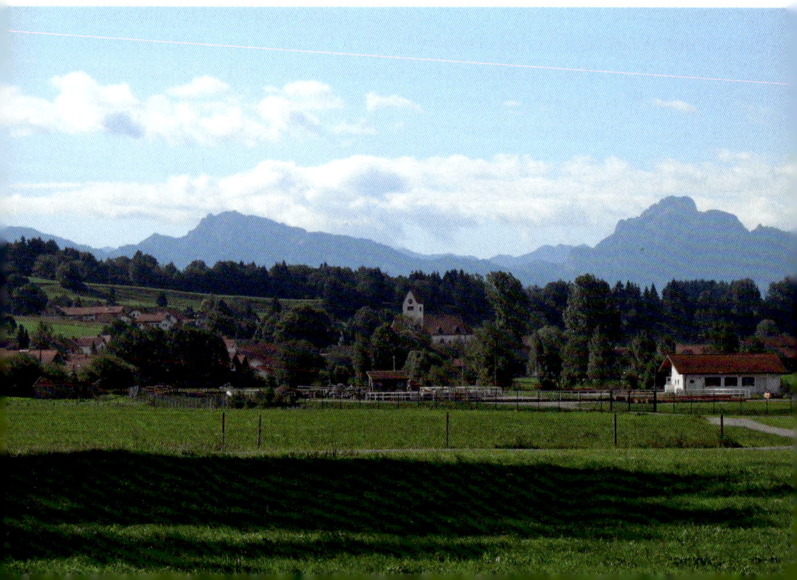

verlief eine Abzweigung der Via Claudia aus der Roßhauptener Gegend an Stötten vorbei in Richtung Norden in den Kaufbeurer Raum, wo sie auf die Straße Campodunum/Kempten – Abodiacom/Epfach stieß.

Auf dem Gipfel des Auerberges – der auch die Grenze zwischen den bayerischen Regierungsbezirken Schwaben und Oberbayern markiert – liegt malerisch die Kirche Sankt Georg. Aus romanischer Zeit stammt der mächtige Sattelturm. Im Jahr 1497 wurde der gotische Altarraum vollendet. Sehenswert sind die fast lebensgroße frühbarocke Holzplastik des heiligen Georgs im Kampf mit dem Drachen und eine Madonna auf dem Rosenkranz, die aus der Weilheimer Bildhauerschule stammt. Sankt Georg auf dem Auerberg war lange Zeit eine beliebte Wallfahrtskirche, zu der Pilger bis aus Tirol kamen. Zeugnis davon geben die wenigen noch erhaltenen Votivbilder an der Emporenbrüstung.

Entlang der Wallanlagen (also etwas unterhalb des Gipfels) führt der sogenannte Römerweg nun in westlicher Richtung vom Auerberg hinunter. Sobald Sie einen Teerweg erreichen, gehen Sie weiter bergab! An der nächsten Weggabelung führt der Jakobsweg zunächst nach rechts und dann nach ca. 100 m links in den Wald. Bleiben Sie hier am Waldrand. (Eine Weide verläuft linker Hand. Hier verläuft man sich gern!) Ein neonroter Pfeil auf einem Baum weist den Weg dann nach rechts Richtung Stötten. Sobald Sie die ersten Häuser erreichen, biegen Sie an der nächsten T-Kreuzung nach rechts Richtung Bachtal ab ❹. Sie erreichen die Straße mit dem Namen Römerweg, der Sie dann bis zur Dorfstraße folgen.

Stötten

i · Bett · B&B · Restaurant · Café · Laden · BANK · Kirche · Bus

i **Gemeinde Stötten am Auerberg**, Füssener Straße 11, 87675 Stötten am Auerberg, ☏ 083 49/92 04-0, ✉ info@stoetten.de, 💻 www.stoetten.de, Öffnungszeiten: Mo-Do 8:00-12:00 und Do zusätzlich 14:00-18:00, Fr geschlossen

Bett / Restaurant **Landgasthof Sonne**, Dorfstraße 7, 87675 Stötten am Auerberg, ☏ 083 49/211, ✉ info@landgasthofsonne.de, 💻 www.landgasthofsonne.de, Preis auf Anfrage, Öffnungszeiten: Restaurant: 10:30-22:00, Mo und Di Ruhetag (Anreise fürs Hotel nach Absprache möglich)

B&B **Gaudenzia Angerer**, Ulrichsring 11, 87675 Stötten am Auerberg, ☏ 083 49/12 79, 📱 01 75/984 36 58, ✉ angerer_enzi@web.de, € 30 p. P., 1-10 Betten

Café **Susi's Brotzeitladen**, Füssener Str. 21, 87675 Stötten am Auerberg, Öffnungszeiten: 6:30-12:30 und 15:00-18:00, Mi und Sa nachmittags geschlossen, So Ruhetag

Laden **Spar Mark Höfler**, Dorfstraße 17, 87675 Stötten am Auerberg, Öffnungszeiten: 6:45-12:00 und 15:00-18:00, Mi und Sa nachmittags geschlossen

Linie 59 nach Lechbruck bzw. Marktoberdorf

Pfarrkirche St. Peter und Paul

Pilgerstempel: in der Kirche St. Peter und Paul und am Jakobskreuz (ca. 500 m außerhalb des Ortes in Richtung Burk/Bertholdshofen)

Die Pfarrkirche St. Peter und Paul in Stötten wurde vermutlich vom Kloster Ottobeuren gegen Ende des 12. Jh. gegründet. Im 17. Jh. wurde die Kirche vom Wessobrunner Johann Schmuzer mit einer Stuckdecke im Chor ausgestattet.

Als die Kirche 1780 vergrößert wurde, engagierten die Stöttener Joseph Keller aus Pfronten für ein beeindruckendes Deckenfresko.

Den Altar ziert eine Kreuzigungsgruppe aus dem Jahr 1525, am rechten Seitenaltar ist eine spätgotische Anna selbdritt zu bewundern. Ein seltenes Schmuckstück ist auch die große Weltkugeluhr im Apsisbogen, die von den Kirchenpatronen St. Peter und Paul gehalten wird.

Den Ort Stötten verlassen Sie in nördlicher Richtung auf der Burker Straße, vorbei an der Pfarrkirche St. Peter und Paul. Sie biegen nach links ab und wandern geradeaus auf einem Feldweg weiter. (Wenn Sie an dieser Stelle weitere 500 m geradeaus gehen, erreichen Sie das Jakobskreuz Stötten. Hier finden Sie auch einen Pilgerstempel. Sie können auch dem Weg weiter geradeaus folgen und stoßen in Burk wieder auf die hier beschriebene Route.) Dieser Weg endet an der Geltnach ❺, einem kleinen Bach, dem Sie nach der Brücke nach rechts folgen. An der nächsten Gabelung biegen Sie nach rechts ab und verlassen den Bachlauf wieder. Ca. 2 km nachdem Sie nach rechts abgebogen sind, erreichen Sie eine geteerte Fahrstraße, der Sie in die kleine Ortschaft **Burk** ❻ folgen.

Kurz nach dem Ortsschild biegen Sie nach rechts auf eine Allee ab, die Sie bergauf zur Kirche St. Sebastian führt. Nach der Kirche geht es nach links durch einen Hof. Dort stoßen Sie wieder auf die Durchgangsstraße, der Sie kurz nach rechts folgen, um dann wieder links abzubiegen. Gleich darauf führt der Weg nach rechts unter der Scheunenzufahrt von Hof Erhard (1665) hindurch auf einen Feldweg nach Bertoldshofen.

Bertoldshofen

Familie Lehmann, Schlossbergstraße 9, 87616 Bertoldshofen, ☏ 083 42/401 88, 01 52/28 39 00 70, kjl3@gmx.de, Übernachtung auf Spendenbasis. Familie Lehmann bietet privat Unterkünfte für Pilger an. Es werden keine langfristigen Buchungen im Voraus angenommen, eine telefonische Anmeldung einen Tag vorher ist ratsam. Die Unterkunft liegt direkt am Jakobsweg.

☹ Bitte beachten Sie, dass es am Montag und Dienstag keine Möglichkeit gibt, in Bertholdshofen einzukehren. Es gibt die Möglichkeit, sich in der ortsansässigen Bäckerei eine Brotzeit zu kaufen (außer montags), allerdings schließt diese an Werktagen um 17 Uhr, samstags um 12 Uhr.

Königswirt, Schongauerstraße 13, 87616 Bertoldshofen, ☏ 083 42/705 11 02, www.koenigswirt.de, Preis auf Anfrage, Mi-So17:30-23:00, Sa und So auch 11:30-13:30, Mo und Di Ruhetag

Bäckerei-Café M. Heiland, Schongauer Straße 7, 87616 Bertoldshofen, Di-Fr 6:00-17:00, Sa 6:00-12:00, Mo Ruhetag

Linie 53 nach Marktoberdorf

St. Michael (kath.)

Pilgerstempel: in der Pfarrkirche St. Michael

Die Pfarrkirche St. Michael wurde (wie die Pfarrkirche von Bernbeuren) vom Marktoberdorfer Baumeister Johann Georg Fischer (1673-1747) erbaut, von dem Sie auf der heutigen Etappe in Marktoberdorf noch einige Bauwerke bewundern können. Die Kirche, die der Basilika in Padua nacheifert, entstand in den Jahren 1723 bis 1733. Die farbenfrohe Innenausstattung sollten Sie sich nicht entgehen lassen.

In Bertoldshofen folgen Sie der Straße vorbei an der Pfarrkirche St. Michael und dann weiter auf dem Weg parallel zur Bundesstraße. Ca. 20 m nach dem Ortsausgang biegt der Jakobsweg gemeinsam mit dem Prälatenweg rechts von der Straße auf die Felder ab ❼ (Achtung: nicht kurz vorher auf den Radweg Marktoberdorf Nord abbiegen). Auf diesem Weg bleiben Sie, bis er schließlich in die Kurfürstenallee mündet, der Sie nach rechts folgen und die am Marktoberdorfer Schloss endet. Vor dem Schloss orientieren Sie sich nach rechts in Richtung der Kirche Sankt Martin und wandern hier über den Friedhof, an

Kurfürstenallee

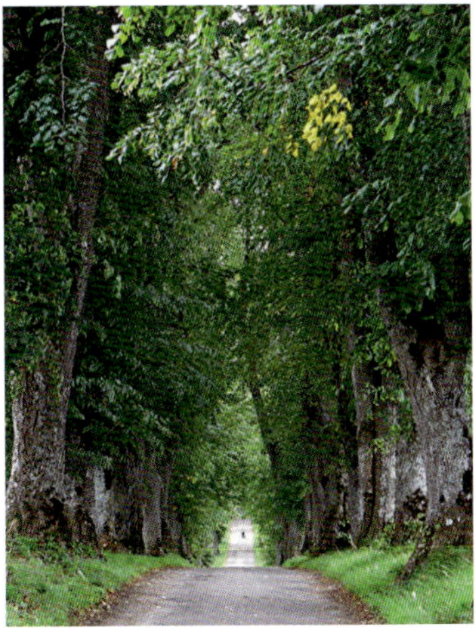

der Kirchenpforte vorbei. Dann folgen Sie den Stufen hinunter (wer hier zur Pilgerunterkunft möchte, kann sich an den Stufen nach rechts orientieren – eine Muschel weist auch den Weg zum Quartier). Folgen Sie anschließend dem Weg rechter Hand und halten Sie sich an der Straße links bergab. Sie überqueren die Hauptstraße und erreichen schließlich die Fußgängerzone von **Marktoberdorf**.

Marktoberdorf

Stadt Marktoberdorf – Touristikbüro, Richard-Wengenmeier-Platz 1, 87616 Marktoberdorf, ☏ 083 42/40 08-45, touristik@marktoberdorf.de, www.marktoberdorf.de, Mo-Fr 8:00-12:30, zusätzlich Mo 14:00-16:00 und Do 14:00-18:00

Pilgerquartier Marktoberdorf, Fam. Weiß, Reichshofstraße 4, 87616 Marktoberdorf (ca. 300 m von St. Martin entfernt), ☏ 083 42/701 97 18, info@pq-mod.de, www.pq-mod.de, zwei Zimmer mit insgesamt fünf Betten, Selbstversorgerküche, Balkon und überdachte Terrasse. Von April bis Mitte Oktober ab 16:00 geöffnet; vorherige Anfrage per Telefon oder E-Mail ist erwünscht. Reservierung frühestens einen Monat im Voraus, € 28 p. P. inkl. Bettzeug und Handtuch, Pilgerausweis erforderlich

Gasthaus Hotel zum Hirsch, Georg-Fischer-Straße 1, 87616 Marktoberdorf, ☏ 083 42/23 42, info@blochum-marktoberdorf.de, https://www.blochum-marktoberdorf.de/, Preise für Pilger auf Anfrage. In dem Haus wurde 1673 der fürstbischöfliche Baumeister Johann Georg Fischer geboren.

Café Greinwald, Georg-Fischer-Straße 22, 87616 Marktoberdorf, ☏ 083 42/42 04 60, cafe-greinwald@web.de, www.cafe-greinwald.de, EZ ab € 92, DZ ab € 129, Café: Di-Sa 9:00-18:00

Arthotel ANA Panorama, Bahnhofstraße 13, 87616 Marktoberdorf, ☏ 083 42/70 90, info@hotelsepp.com, ana-hotels.com/panorama-marktoberdorf/, Preise auf Anfrage, Reservierung online auf der Webseite

Zug nach München und Kempten

✝ Sankt Martin (kath.), Johanneskirche (ev.)

⊙ Den Pilgerstempel erhalten Sie im Pilgerquartier Marktoberdorf und in der Kirche Sankt Martin.

Marktoberdorf war ursprünglich eine alemannische Siedlung und hieß in fränkischer Zeit „Oberes Dorf“, in Abgrenzung zum nahen Altdorf. 1453 erhielt der Ort die Marktrechte und von 1898 bis zur Stadterhebung 1953 lautete die amtliche Bezeichnung Markt Oberdorf.

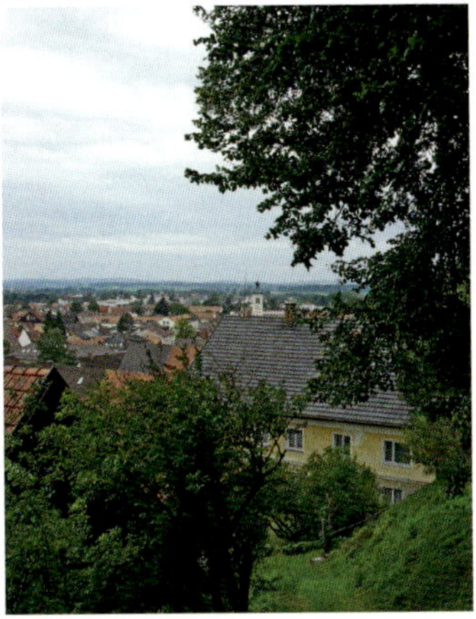

Stadtansicht Marktoberdorf

Das Marktoberdorfer Schloss wurde erstmalig 1424 erwähnt, zuerst war es Amtssitz der Vögte und bischöflichen Pröpste, später diente es den Augsburger Fürstbischöfen als Jagdschloss und Sommerresidenz. Die noch heute bestehende dreigeschossige Vierflügelanlage wurde 1723-1729 und 1761 durch den gebürtigen Marktoberdorfer und fürstbischöflichen Baumeister Johann Georg Fischer erbaut. Besonders beeindruckend ist die 2 km lange Lindenallee mit zum Teil gut 200 Jahre alten Bäumen, die hinter dem Schlossgebäude anfängt. Sie wurde zwischen 1774 und 1780 auf Initiative von Kurfürst Clemens Wenzeslaus angelegt.

Sehenswert sind auch die beiden Kirchen von Marktoberdorf. An der Stelle der heutigen Stadtpfarrkirche stand um 750 eine Reichshofkirche. Bei Grabungsarbeiten wurden 1978 im Chor von Sankt Martin die Überreste vier verschiedener Apsiden entdeckt, die auf frühere Bauten zurückgehen. Der älteste dieser Reste kann als Teil einer frühmittelalterlichen Königshofkirche gelten, diese Datierung ist jedoch nicht archäologisch gesichert. Als Reichshofkirche war St. Martin Fiskalkirche und stand daher nur den Königsverwaltern des fränkischen Reichshofs zur Verfügung. Dieser wurde etwa in der Mitte des 8. Jh. gegründet. Um 1200 trat an die Stelle des ältesten Kirchenbaues eine neue Kirche im romanischen Stil. Um 1430 erfolgte ein Umbau im gotischen Stil und 1730 entschieden sich die Kurfürsten für einen Neubau im voll erblühten schwäbischen Rokoko, den ebenfalls Johann Georg Fischer leitete. Vor dem Chor der Kirche findet sich die Grabkapelle des Kurfürsten Clemens Wenzeslaus von Sachsen. Er war der letzte Fürstbischof von Augsburg und verstarb 1812 auf seiner Sommerresidenz in Marktoberdorf.

Die Frauenkapelle am Marktplatz wurde um 1475 von der Bürgerschaft von Oberdorf aus den Mitteln der Kirchenstiftung und mit Spenden frommer Bürger zu Ehren der seligsten Jungfrau erbaut. Die Kapelle mitten im Dorf sollte alten und kranken Bürgern den Kirchenbesuch erleichtern. Die Frauenkapelle bildet zusammen mit dem nebenstehenden alten barocken Rathaus ein reizvolles Ensemble auf dem renovierten Stadtplatz.

Hinweis zur 10. Etappe

Für die Strecke von Marktoberdorf nach Kempten gibt es zwei unterschiedliche Routen, allerdings sind beide relativ lang. Kürzer ist die Route über Geisenried und Oberthingau (Etappe 10). Mit 31 km bis Kempten ist sie allerdings nur für sportliche Pilgerinnen und Pilger an einem Tag zu bewältigen. Es gibt allerdings die Möglichkeit, die Route zu unterbrechen, entweder in Geisenried, Osterberg oder am Bachtelweiher.

Die längere, aber landschaftlich reizvollere Route (41 km) führt über die Gemeinde Wald und von dort durch das Naturschutzgebiet entlang der Wertach. In Kaltenbrunn überschreiten Sie die Wertach auf einer Hängebrücke. Dieser Weg sollte in Wald oder Görisried unterbrochen werden. Bei starkem Regen ist diese Route an der Wertach wegen Rutschgefahr nicht empfehlenswert.

Mit dem Rad sollten Sie auf jeden Fall die Route 10 durch den Kemptner Wald nehmen, da die Variante über Wald und Görisried entlang der Wertach für Fahrräder gesperrt ist!

Bitte beachten Sie bei den Entfernungsangaben der heutigen Etappen, dass es sich um die Angaben bis zum Residenzplatz in Kempten handelt. Bis zu den einzelnen Unterkünften können noch 4-6 km hinzukommen. Planen Sie das für die Tagesetappe mit ein.

10. Etappe: Von Marktoberdorf über Oberthingau nach Kempten

31,3 km, 8 Std. 10 Min., ↑ 711 m, ↓ 762 m, ⇧ 663-964 m

0,0 km	⇧ 727 m	Marktoberdorf
4,8 km	⇧ 745 m	Geisenried
8,7 km	⇧ 810 m	Osterberg **B&B**
9,9 km	⇧ 790 m	Oberthingau
28,1 km	⇧ 710 m	Bachtelweiher **B&B**
31,3 km	⇧ 665 m	Kempten (Residenzplatz)

Wenn Sie sich für die Route über Oberthingau nach Kempten entschieden haben, führt Sie erst einmal ein Radweg entlang der Straße bis nach Geisenried. Danach wird es deutlich ländlicher, denn nun verläuft der Jakobsweg recht einsam durch

Wiesen und am Waldrand über Osterberg bis nach Oberthingau. In einem der beiden Orte sollten Sie sich vielleicht noch einmal stärken, bevor Sie weiter in den Kemptner Wald wandern. Hier erwarten Sie lange Strecken immer geradeaus, die manchmal an den psychischen Kräften zehren, da man das Gefühl hat, kaum voranzukommen. Gleichzeitig kann es unter der Woche recht einsam sein, wenn man durch den Wald wandert, und eine Einkehr kommt erst wieder gegen Ende der Tour. Allerdings: Die Kemptner Waldkapelle verspricht eine erholsame Auszeit, bevor Sie sich dann weiter auf den Weg nach Kempten machen.

In Marktoberdorf sind beide Routen ausgeschildert. Folgen Sie, egal für welche Alternative Sie sich entscheiden, der Muschel durch die Fußgängerzone, vorbei am Alten Rathaus, und überqueren Sie die B472. Folgen Sie weiter der Georg-Fischer-Straße. Am Café Greinwald biegen Sie links in die Jahnstraße und dann ein Stück weiter rechts in die Kemptner Straße. Bei nächster Gelegenheit biegen Sie dann links in die Bahnhofstraße ein. Vor dem Schulzentrum direkt an der B472 teilt sich der Weg ❶ (ein Schild weist hier darauf hin). Um über Oberthingau nach Kempten zu wandern, biegen Sie hier an der B472 rechts ab. Für die ↬ Variante über Wald und Görisried gehen Sie am Schulzentrum weiter geradeaus vorbei am Hallenbad Richtung Ettwiesen.

Für die hier beschriebene Route 10 folgen Sie also der Muschel nach rechts und wandern ein kurzes Stück entlang der Schnellstraße, bis Sie den Tennisclub Marktoberdorf erreichen. Dort verlassen Sie die Straße nach links. Zwischen den Sportanlagen auf Höhe der Mittelschule biegen Sie auf einen kleinen Pfad nach rechts ab. Sie folgen den Bahngleisen nach links und überqueren sie am nächsten Bahnübergang. Hier wandern Sie weiter nach Thalhofen.

In Thalhofen biegen Sie an der Hauptstraße nach links ab und wandern entlang der Straße ortsauswärts. Kurz nach dem Ortsausgangsschild überqueren Sie die Wertach und gehen bis zu dem kleinen Eisenbahn-Museum rechter Hand. Der Weg gabelt sich und Sie folgen dem rechten Sträßchen, das Sie bergauf nach **Geisenried** bringt.

Geisenried

Gasthof Stocker, Geisenrieder Straße 14, 87616 Marktoberdorf-Geisenried, ☏ 083 42/22 46, gasthofstocker@gmx.de, www.gasthofstocker.de, EZ ab € 75, DZ ab € 80, Unterkunft auch in Dreibettzimmer möglich

Gemischwarenladen Otto Bayrhof, Geisenrieder Str. 7, 87616 Marktoberdorf-Geisenried, Mo-Fr 7:00-12:00 und 15:00-18:00, Sa 7:00-12:00

✝ Sankt Alban (kath.)

⊙ Den Pilgerstempel erhalten Sie in der Kirche Sankt Alban.

In Geisenried wandern Sie bis zur Pfarrkirche Sankt Alban. An der Kirche gehen Sie auf der Straße links vorbei (Richtung Maibaum) und biegen am Ende der Straße links in die Höhenstraße. Dieser folgen Sie und biegen an der Gabelung Richtung Feuerwehrhaus ab (Vorsicht, der weitere Straßenverlauf links heißt ebenfalls Höhenstraße). Bleiben Sie auf der Höhenstraße bis sich der Weg erneut gabelt. Hier nehmen Sie den Weg links und gehen nun auf dem Land- und Forstweg weiter, der Sie wieder aus der Ortschaft leitet. An der nächsten Gabelung ca. 0,5 km nach dem Ortsende bleiben Sie auf dem linken geteerten Weg, der Sie kurz später an einer Bank mit Wegkreuz ❷ vorbeiführt. Hier bleiben Sie auf dem Weg rechts. Leicht bergan wandern Sie weiter auf dem Weg, der sich durch die Wiesen schlängelt. Sie stoßen direkt auf eine T-Kreuzung und gehen hier nach rechts weiter. Folgen Sie dem Weg, der in einer langgezogenen Linkskurve weiter bis in den Wald führt. Nach kurzer Zeit passieren Sie einen Grabstein mit einem trauernden Engel. Auf dem Schotterweg erreichen Sie erneut eine T-Kreuzung mit einem Gedenkkreuz für Karl-Heinz Furch und biegen dann rechts ab. Folgen Sie dem Jakobsweg gleich bei der nächsten Abzweigung nach links. Immer dem Weg folgend, treffen Sie auf die ersten Gehöfte von **Osterberg** (ein Wegweiser nach links weist Sie zu der Übernachtung Ferienhaus Breckle s. u.) Wandern Sie weiter geradeaus Richtung der Schilder zum Café Höllbauer, das Sie nach der nächsten Abzweigung nach links erreichen.

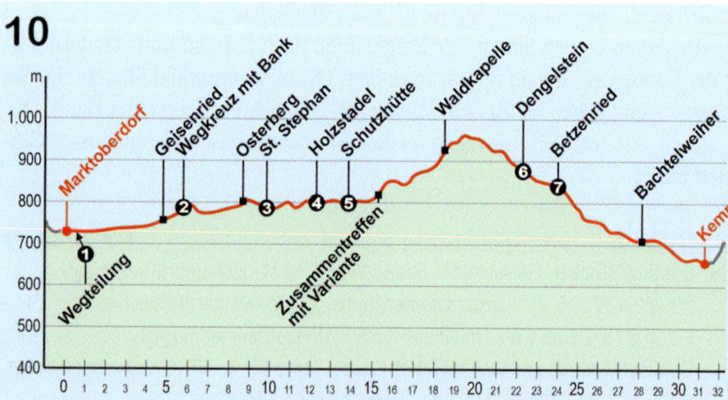

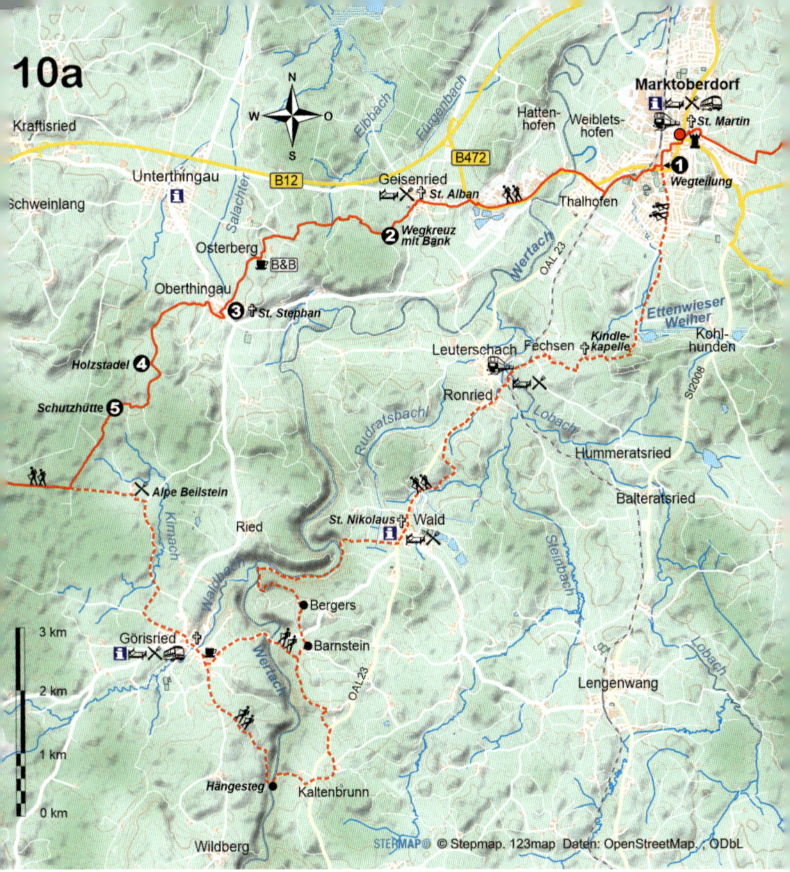

Osterberg

B&B ☕

B&B **Ferienhaus Breckle**, Osterberg 16, 87647 Oberthingau, ☎ 083 77/699, Übernachtung mit Frühstück auf Anfrage

☕ **Beim Höllbauer**, Osterberg 16, 87647 Oberthingau, ☎ 083 77/97 46 17, hoellbauer-osterberg@gmx.de, Mi-Fr, 13:30-23:00, Sa, So 11:00-23:00, Mo und Di Ruhetag

Sie gehen durch den Biergarten des Cafés Höllbauer hindurch und folgen dem kleinen Sträßchen an den Häusern vorbei und biegen dann bei nächster Gelegenheit nach rechts ab. Weiter führt Sie eine schmale Straße den Berg hinab. Am

Haus Nr. 8 mit den weinroten Fensterläden biegen Sie nach links Richtung Oberthingau ab (hier fehlte bei der Recherche die Muschelbeschilderung). **Oberthingau** erreichen Sie auf dem Sträßchen, das sich vor der Pfarrkirche Sankt Stephan ❸ gabelt. Folgen Sie der rechten Straße, bis Sie die Hauptstraße erreichen.

Oberthingau

i **Marktgemeinde Unterthingau**, Marktplatz 9, 87647 Unterthingau,
☏ 083 77/920 10, in Unterthingau, nicht direkt am Jakobsweg

✝ Sankt Stephan (kath.)

⊙ Den Pilgerstempel finde Sie in der Kirche St. Stephan (beim Seitenaltar).

Sobald Sie in Oberthingau an der Kirche Sankt Stephan die Hauptstraße erreicht haben, biegen Sie links ab. Gegenüber dem Kriegerdenkmal führt die Mopsgasse zwischen den Häusern 24 und 26 hindurch. Sie erreichen die Straße Langweid, in die Sie nach links abbiegen. Am Ende der Straße biegen Sie rechts auf den Fahrradweg ab. Der führt an einem Haus mit hübschem Kräutergarten vorbei in die Bergstraße. Sie erreichen den Wiesenweg, auf dem Sie nach rechts abbiegen und dann der Straße bergauf folgen. An der nächsten Möglichkeit biegen Sie nach links ab und erreichen erneut die Bergstraße, der Sie dann nach wenigen Metern nach links in Richtung „Alpe Beilstein" folgen. Am Ende der Straße nehmen Sie den Weg Richtung Haus Nr. 14 und biegen rechts ab (also nicht geradeaus Richtung Feldweg).

Weiter bergan führt Sie die Bergstraße nun aus Oberthingau hinaus. Vorbei an Kuhweiden und einer hübschen Picknickbank folgen Sie dem Weg bis Sie einen großen Holzstadel ❹ erreichen. 2 Meter nach dem Stadel gabelt sich der Weg und Sie biegen hier scharf nach links ab. Keine 100 m weiter erreichen Sie nochmal einen kleinen Holzschuppen. Biegen Sie hier nach rechts Richtung „Alpe Beilstein" ab. Nun wandern Sie weiter durch den Wald. Beim nächsten Abzweig findet sich etwas versteckt in den Bäumen der nächste Wegweiser, der Sie nach rechts leitet. Gleich darauf geht es scharf nach rechts über eine Brücke. Hier befindet sich keine Markierung, Sie erkennen die Stelle aber am Durchfahrt-Verboten-Schild an der Brücke. Biegen Sie nach der Brücke nach links und wandern Sie am Bach entlang weiter. Sie erreichen eine kleine Schutzhütte ❺ im Wald.

An einer Kreuzung teilt sich dann der Weg. Hier folgen Sie nicht mehr dem Schild „Alpe Beilstein" (20 Min), sondern gehen hier nach rechts weiter Richtung Notzenweiher. Hier stößt auch die Variante über Görisried wieder auf den Hauptweg. An der Stelle mit vielen Wegweisern und einer auffälligen Nr. 5 wandern Sie

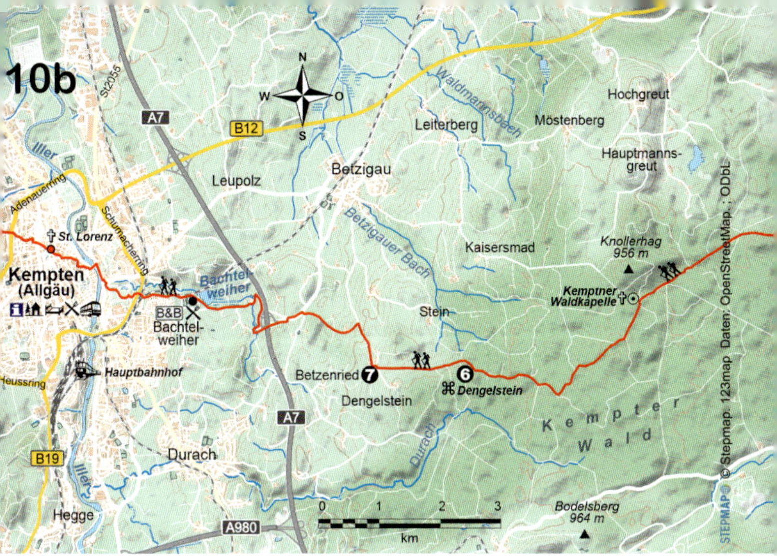

weiter geradeaus. Im Kemptner Wald müssen Sie lange Strecken immer nur geradeaus überwinden. Folgen Sie dem gut ausgeschilderten Wanderweg, bis Sie die Kemptner Waldkapelle (⦿ Pilgerstempel!) erreichen.

An der Wegkreuzung direkt an der Waldkapelle nehmen Sie an der Weggabelung den linken Weg Richtung Dengelstein. Wandern Sie immer geradeaus, bis Sie auf eine große Kreuzung treffen. Hier führt der Jakobsweg nach rechts. Sie kommen in das Naturwaldreservat Dürrer Bühle. Kurze Zeit später erreichen Sie das Naturdenkmal Dengelstein ❻, einen riesigen Findling aus der letzten Eiszeit, der sich links im Wald befindet. Sie bleiben allerdings auf dem Wanderweg, der am Dengelstein vorbeiführt. Nach einer langgestreckten Linkskurve treten Sie schließlich aus dem Kemptner Wald und stehen in einer hügeligen Wiesenlandschaft (die grünen Hügel gegenüber am Horizont werden am nächsten Tag Ihr Ziel sein!).

Nun führt der Weg geradeaus weiter bis nach Betzenried ❼. Hier folgen Sie dem Jakobsweg nach links und bleiben auf der Straße, die den Berg hinunterführt. Sobald Sie unten angekommen sind, biegen Sie nach rechts ab und bleiben auf der Straße, bis links ein Straßenschild Richtung Motzen zeigt. Sie biegen hier nach rechts ab und bleiben auf dieser Straße, bis Sie auf eine T-Kreuzung stoßen (Autobahnschild). Biegen Sie hier nach links ab und wandern ca. 250 Meter entlang der Schnellstraße und biegen bei nächster Gelegenheit wieder auf den Wanderweg Richtung Bachtelweiher.

Der Jakobsweg führt unter der Autobahn hindurch Richtung Rößlings und den **Bachtelweiher** weiter. Am Bachtelweiher wandern Sie auf dem Bachtelweiher-Rundweg nach links bis zum Restaurant Bachtelweiher Garten. Passieren Sie das Restaurant und den Parkplatz und gehen bis zur Straße.

Bachtelweiher

B&B

B&B **Familie Eberle**, Letten 1, 87437 Kempten, ☏ 08 31/656 48, € 30 p. P.

Bachtelweiher Garten, Am Bachtelweiher 8, 87437 Kempten, ☏ 08 31/93 06 11 80, Mi-Sa ab 11:00, So ab 10:00, Mo und Di Ruhetag (außer an Feiertagen)

Die Straße überqueren Sie und wandern weiter geradeaus. Sie überqueren die Bahnlinie, unterqueren die Schnellstraße und erreichen dann den Engelhaldepark, den Sie durchqueren. Sie wandern hinunter zur Iller. Hier folgen Sie der Füssener Straße nach rechts und überqueren nach links die Illerbrücke. Über die zweite Straße rechts, die Bäckerstraße, gelangen Sie zur St.-Mang-Kirche und von dort weiter zum Kemptener Rathaus. Nach dem Rathaus biegen Sie rechts in die Kronenstraße ab und danach links in die Gerberstraße, die Sie zum Residenzplatz hinaufführt (für die weitere Wegbeschreibung durch Kempten hindurch ☞ Etappe 11, S. 143).

Kempten

B&B BANK

Tourist-Information Kempten, Rathausplatz 24, 87435 Kempten, ☏ 08 31/252 52 37 und 194 33, touristinfo@kempten.de, www.kempten-tourismus.de, Mai bis Oktober Mo-Fr 9:00-17:00, Sa 10:00-13:00, November bis April Mo-Fr 9:00-17:00

JUFA Kempten, Jugend- & Familiengästehaus, Stadtbadstraße 5, 87439 Kempten, ☏ 08 31/52 38 40 80, kempten@jufa.eu, www.jufa.eu, Übernachtung gegen Vorlage eines Pilgerausweises ab € 88 (Eintritt ins Freizeitbad inklusive). Das JUFA liegt am Stadtrand in Richtung Mariaberg, auf dem Weg zur nächsten Etappe.

Hotel Bayerischer Hof, Füssener Straße 96, 87439 Kempten, ☏ 08 31/571 80, hotel@bayerischerhof-kempten.de, www.bayerischerhof-kempten.de, EZ ab € 80, DZ ab € 177

B&B **Elisabeth Brock**, Hoföschle 11, 87439 Kempten, ☏ 08 31/297 42, EZ € 28, DZ € 54, eb@uebersetzungen-brock.de, Frühstück ist im nahgelegenen Café möglich. Das Haus liegt ruhig und zentral in der Stiftsstadt, nah am Weiterweg nach Buchenberg.

Restaurant Schalander, Schwäbische Spezialitäten, Fischersteige 9, 87435 Kempten, Di-Sa 11:00-22:00, So, Mo und feiertags Ruhetag

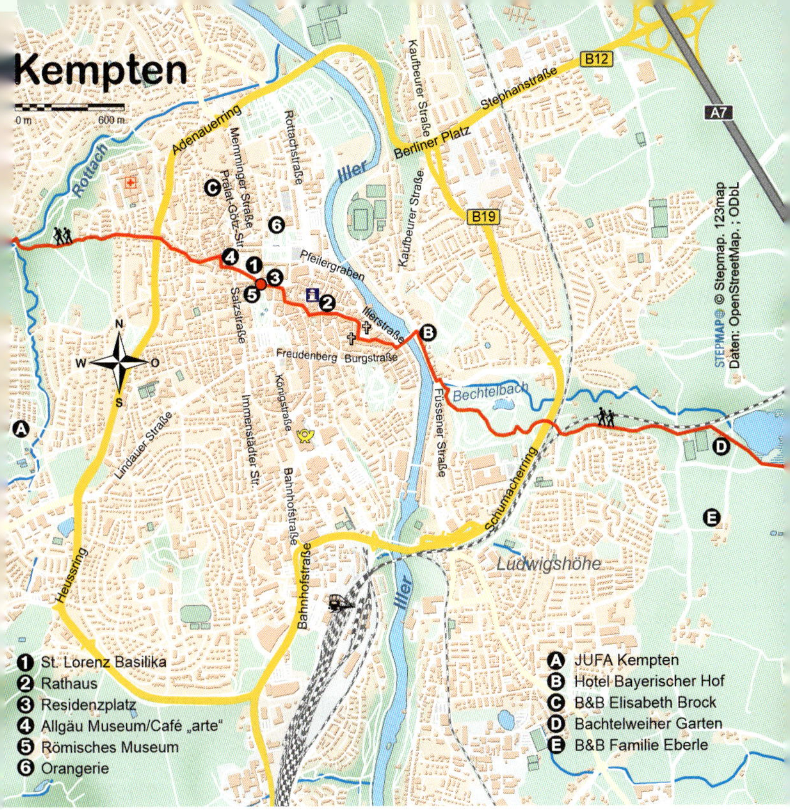

♦ **Zum Stift**, Stiftspl. 1, 87439 Kempten, ☎ 08 31/223 88, info@zum-stift.de, https://www.zum-stift.de/, täglich 10:00-23:00, bayerische Spezialitäten im Lokal hinter der neubarocken Fassade von 1888

Engelhalde Café, Lohmühltobel 1, 87437 Kempten, ☎ 08 31/70 49 90 30, Mo-Fr 12:00-18:00, Sa, So 11:00-18:00

SISSI Zuckerbäckerei, Rathauspl. 13, 87435 Kempten, ☎ 08 31/69 71 56 95, Mo, Di 12:00-19:00, Do 10:00-20:00, Fr 11:00-19:00, Sa, So 10:00-20:00

stündliche Verbindungen Richtung München und Lindau

⌘ **Kempten-Museum**, Residenzplatz 31, 87435 Kempten, 10:00-18:00, Mo geschlossen

✝ St. Mang (ev.), Mariä Himmelfahrt und St. Lorenz (kath.)

⦿ Pilgerstempel (bzw. Pilgeraufkleber): in der St.-Mang-Kirche (Südhalle)/Erasmuskapelle (St.-Mang-Platz), im Pfarramt/Dekanat, Mo-Fr 8:00-12:00 sowie Mo-Do 14:00-16:00, sowie in der Tourist-Information

Jedes Jahr findet Mitte August eine Woche lang die Allgäuer Festwoche in Kempten statt und zieht fast 200.000 Besucher und Einheimische an. Die größte Wirtschaftsmesse der Region ist zugleich das wichtigste gesellschaftliche Ereignis im Allgäu. Entsprechend schwierig kann es in dieser Zeit sein, eine Unterkunft in Kempten und Umgebung zu finden.

Die genauen Termine finden Sie unter www.festwoche.com.

Kempten ist eine der ältesten Städte Deutschlands. Die Stadtgeschichte reicht bis weit in die Zeit vor der römischen Eroberung des Alpenvorlandes um 15 v. Chr zurück. Allerdings fehlen bislang sichere archäologische Zeugnisse über eine größere Siedlung in vorrömischer Zeit. Als gesichert gilt dagegen die Existenz der römischen Stadt Cambodunum seit der Eroberung des Umlandes durch die Truppen des Drusus und Tiberius. Aus der über einer Furt durch die unberechenbare Iller auf dem rechten Hochufer gelegenen keltischen Polis

Residenz in Kempten mit St. Lorenz im Hintergrund

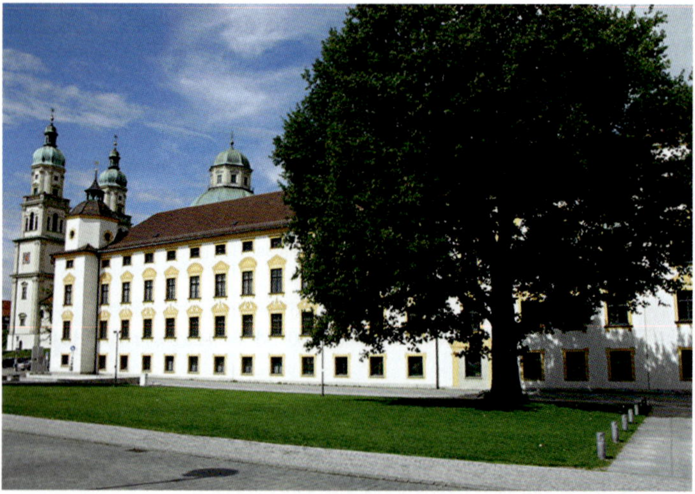

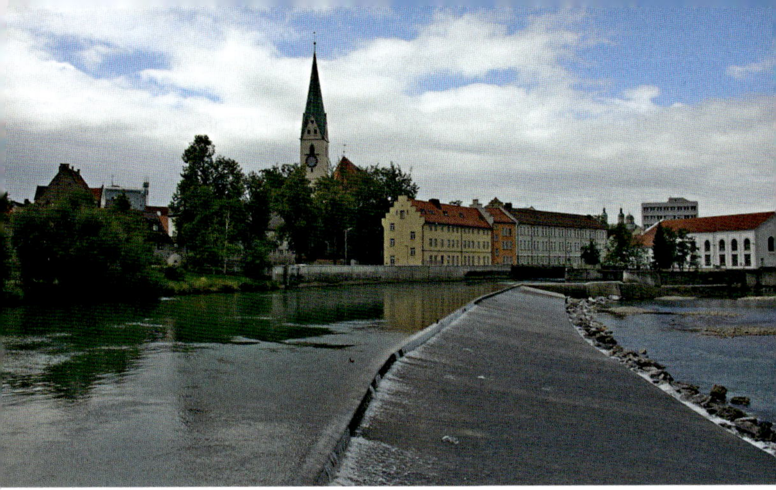

Die Iller in Kempten mit St. Mang im Hintergrund

Kambodounon entwickelt sich die römische Stadt Cambodunum. Möglicherweise fungierte sie im 1. Jh. auch als Hauptstadt der Provinz Rätien, bevor das neu gegründete Augsburg diese Funktion übernahm. Nach der Blütezeit im 2. Jh. allerdings stagnierte die Stadtentwicklung.

Die Missionszelle in Kempten, die um das Jahr 740 gegründet worden war, wurde ab 752 ständig von St. Gallener Mönchen bewohnt. Karl der Große bestätigte sie 774 als eigenständige Abtei. Im Laufe der Jahrhunderte erhielt die Abtei die Herrschaft über beträchtliche Teile des Umlandes und wurde Kern eines sich zu einer eigenen Siedlung entwickelnden Wirtschaftswesens.

Die wirtschaftliche Grundlage Kemptens war im Mittelalter vor allem der Fernhandel mit Salz und der Handel mit lokal gefertigten Leinenstoffen und Schmiedeerzeugnissen. Das angrenzende Allgäu war außerdem für die Weber des Mittelalters der Hauptlieferant von Flachs für die Leinenweberei.

Im Jahr 1289 wurde die Altstadt Kemptens durch ein Privileg von König Rudolf von Habsburg aus dem Hoheitsbereich des Klosters gelöst und als Freie Reichsstadt dem König unmittelbar unterstellt. Damit wurden dem Stift Übergriffe auf Eigentum und Rechtsstand der Reichsstadt und ihrer Einwohner verboten. Sicher waren die zusätzlichen Einnahmen aus den Steuern und die Truppenkontingente der Kemptener gute Gründe für diesen Schritt. Die vollständige Unabhängigkeit vom katholischen Kloster erwarb die Reichsstadt erst 1525 mit dem „großen Kauf". Im Bauernkrieg hatten stiftskemptische Bauern das Kloster geplündert. Daraufhin veräußerte der auf Bargeld angewiesene Abt gegen

32.000 Gulden alle verbliebenen herrschaftlichen Rechte an der Stadt an die Bürger. Damit war zugleich der Weg frei für den Wechsel der Kemptner zur Reformation, während die mittlerweile stark angewachsene Stiftssiedlung naturgemäß katholisch blieb. Die Stadt gehörte 1529 zu den Vertretern der protestantischen Minderheit am Reichstag zu Speyer.

Der wirtschaftliche Aufschwung und die Urbanisierung durch die industrielle Revolution wurden in Kempten durch den Niedergang der ansässigen Leinenmanufakturwirtschaft gebremst. Da um Kempten herum hauptsächlich Flachs angebaut wurde und dieses Material auf dem Markt nicht mehr gefragt war, verarmten die Stadt und vor allem die angrenzenden Ortschaften im Allgäu. Erst langsam veränderte sich die Weberei unter der Nutzung des vorhandenen Know-hows und der Wasserkraft der Iller vom Verlags- und Manufakturwesen hin zur industriellen Baumwollverarbeitung.

Sehenswürdigkeiten hat die attraktive Stadt eine Menge zu bieten. Bei Ihrem Spaziergang durch Kempten sollten Sie sich die ehemalige Benediktinerklosterkirche St. Lorenz, ebenfalls ein Werk Wessobrunner Stuckateure, ansehen. Auch die ehemalige Residenz mit den fürstbischöflichen Prunkräumen im Stil des Rokokos ist einen Besuch wert.

Unter dem St.-Mang-Platz sind seit 2010 die Überreste der ehemaligen Erasmuskapelle aus dem 13./14. Jh. zu besichtigen. Eine beeindruckende Multimediapräsentation bringt die alten Mauern zum Sprechen.

Variante 10. Etappe: Von Marktoberdorf über Görisried nach Kempten

41,6 km, 11 Std. 30 Min., ↑ 1.142 m, ↓ 1.207 m, ⇧ 663-949 m

0,0 km	⇧ 727 m	Marktoberdorf
2,9 km	⇧ 770 m	Ettwieser Weiher
5,6 km	⇧ 745 m	Leuterschach
9,3 km	⇧ 824 m	Wald B&B
21,4 km	⇧ 803 m	Görisried B&B
24,5 km	⇧ 812 m	Alpe Beilstein
38,2 km	⇧ 710 m	Bachtelweiher B&B
41,6 km	⇧ 665 m	Kempten (Residenzplatz)

Die Etappe von Marktoberdorf über Wald nach Görisried ist meine persönliche Lieblingsetappe. Ich empfehle in Wald zu übernachten, damit Sie dann am nächsten Tag neue Energie für die Strecke über die Hängebrücke nach Görisried haben. Aber von Anfang an: Zunächst führt Sie der Jakobsweg wieder hinaus aus Marktoberdorf bis zum Ettwieser Weiher. Kurz hinter dem Weiher sollten Sie unbedingt der Kindle-Kapelle einen Besuch abstatten. Weiter geht es bis nach Wald. Hinter der Gemeinde steigen Sie dann steil bergab zur Wertach und wandern hier direkt am Fluss entlang. Nach diesem Genuss führt Sie der Weg allerdings recht schweißtreibend bergauf nach Bergers. Kurz nach Bergers gibt es zwar eine Abkürzung nach Görisried, doch empfehlenswert ist auf jeden Fall, die Etappe noch über Kaltenbrunn fortzusetzen und die Wertach am Hängesteg zu überqueren. Dabei sind neben dem schaukelnden Steg vor allem die Kaskaden entlang des Wertachhochufers wirklich sehenswert. Nach der Gemeinde Görisried erreichen Sie den Kemptner Wald, in dem Sie auf langen, geraden Pfaden bis in die Stadt Kempten wandern.

Für diese Alternative brauchen Sie zwei Tage. Sie sollten in Wald oder in Görisried übernachten. Bei starkem Regen oder wenn im Frühjahr noch Schnee liegen sollte, ist dieser Weg ungeeignet.

Diese Etappe ist für Fahrräder ab der Wertachaue gesperrt! Mit dem Rad empfiehlt sich die Etappe 10.

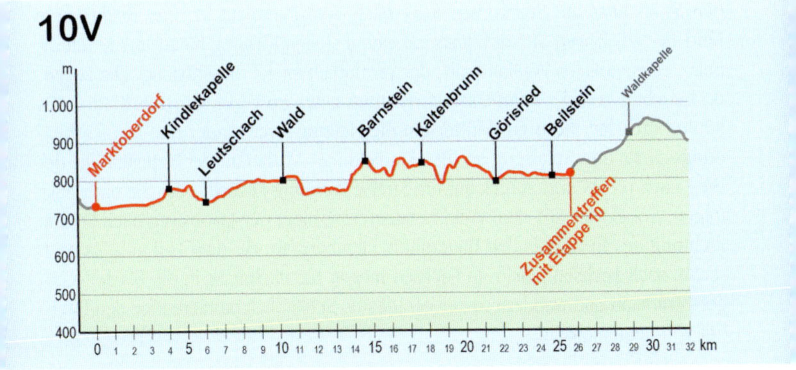

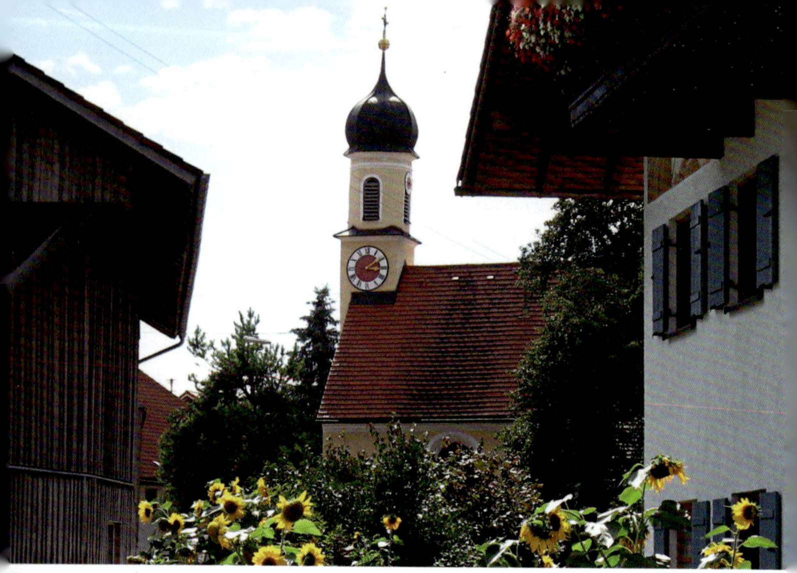

Kapelle in Fechsen

Wie bei ☞ Etappe 10 beschrieben verlassen Sie Marktoberdorf. Für die hier beschriebene Variante über Wald und Görisried gehen Sie am Schulzentrum weiter geradeaus vorbei am Hallenbad Richtung Ettwiesen. Circa 10 m nach dem Ortsschild biegen Sie nach rechts auf einen Wirtschaftsweg ab. Eine schmale Fahrstraße bringt Sie zum Ettwieser Weiher, einem beliebten Badesee (mit kleinem Kiosk, der in der Badesaison geöffnet hat). Weiter geht es entlang des kleinen Sträßchens am See vorbei. Kurz nach dem Parkplatz in einer Rechtskurve führt der Jakobsweg Sie nach links auf einem steilen Kiesweg hinauf zur Kindlekapelle, einem lokalen Wallfahrtsort, der vermutlich im 17. Jh. entstand. Die Legende berichtet von der wundersamen Rettung eines im Wald verirrten Kindes. Bis heute bitten hier besorgte Mütter um die Heilung ihrer Kinder und hängen Kleidungsstücke und Spielzeug an die „Kindletanne".Vorbei an der Kapelle führt der Weg nach rechts und zurück auf die Straße Richtung Fechsen, der Sie nach links folgen. Sobald Sie aus dem Wald heraustreten, biegt der Jakobsweg nach links in Richtung des frei stehenden Bauernhofs Ellenberg ab. An dem Hof geht es nach rechts nach **Fechsen** hinein. In Fechsen biegen Sie nach links in die Bischof-Geiger-Straße ab und wandern weiter geradeaus. Schließlich passieren Sie den Bahnhof von Leuterschach.

Leuterschach

Landgasthof Voglerwirt, Mühlbichl 24, 87616 Marktoberdorf-Leuterschach (gegenüber Bahnhof Leuterschach), 083 42/25 07, info@voglerwirt.de, www.voglerwirt.de, EZ ab € 50, DZ ab € 45, Restaurant: 11:30-14:00 und 17:00-22:00, Mo und Fr Ruhetag

Verbindung nach München und Füssen

In Leuterschach folgen Sie dem Jakobsweg entlang der Straße und gelangen bei Ronried auf die Staatsstraße 2007, der Sie nach links folgen. Nach etwa 1 km biegen Sie nach links ab und folgen dem Weg durch die Wiesen, bevor Sie erneut die Staatsstraße erreichen. Auf dieser gelangen Sie entlang eines Radweges nach Wald.

Wald

B&B BANK

Gemeindeverwaltung Wald, Nesselwanger Straße 4, 87616 Wald, 083 02/473, info@wald-allgaeu.de, www.wald-allgaeu.de, Mo, Di und Fr 9:00-12:00, Do 14:00-19:00, Mi geschlossen

Berghof, Familie Babel, Nesselwanger Str. 44, 87616 Wald, 08 302/200, info@berghof-babel.de, EZ ab € 73, DZ ab € 77, Halbpension möglich. Restaurant: Mo-So 17:00-23:00, So zusätzlich 11:30-14:00

Walder Käskuche, Bräustüberl, Schaukäserei und Hofladen im Berghof, Nesselwanger Str. 44, 87616 Wald, Mi-Fr 11:30-18:00, Sa 9:30-18:00 (Bräustüberl ab 11:30), So und feiertags 10:00-12:00 (nur Hofladen) und 14:00-18:00 (Bräustüberl und Hofladen), Mo und Di Ruhetag

B&B **Haus Anni**, Anni Happ, Osteranger 15, 87616 Wald, 083 02/333, manfred.happ@freenet.de, Preis auf Anfrage.

Bäckerei Kraus, Nesselwanger Straße 6, 87616 Wald, Mi-Sa 6:00-12:00, So-Di Ruhetag.

Sankt Nikolaus (kath.)

Wald wurde vermutlich erst relativ spät besiedelt. Wohl noch im 13. Jh. war hier dichtes Waldgebiet. Als sich aber mehr und mehr Neuansiedlungen ausbreiteten, stellte sich Wald schnell als Zentrum heraus. Um einen Pfarrer für die Gemeinde zu bekommen, musste von den Bürgern zunächst eine Kirche gebaut werden. Die heutige Pfarrkirche zum hl. Nikolaus wurde 1397 erstmals urkundlich erwähnt. Allerdings dauerte es wohl noch 30 Jahre, bis sich ein Pfarrer in der Gemeinde ansiedelte, denn erst 1426 wurde Sankt Nikolaus zur Pfarrkirche geweiht. Der Innenraum wurde um 1670 im barocken Stil ausgestattet, wovon noch heute die Altäre Zeugnis ablegen. Aus dem Jahr 1782 stammen die großartigen Deckengemälde des berühmten Kirchenmalers Joseph Keller aus Pfronten. Das Deckenbild im Langhaus zeigt den Schutzpatron von Kirche und Dorf, den „Heiligen Nikolaus in der Gloriole".

In Wald folgen Sie der Hauptstraße durch den Ort, vorbei an der Kirche bis zur Straße Wertachweg, die nach rechts abzweigt. Von hier aus ist auch der Wertach-Wanderweg bzw. der Ostallgäuer Wanderweg ausgeschildert, der Sie in die Wertachaue bringt. Sie folgen diesem Feldweg, bis Sie den Wald erreichen. Hier biegen Sie nach rechts und wenige Meter später wieder nach links ab. Hier führen Stufen steil nach unten an die Wertach. Entlang der Wertach wandern Sie flussaufwärts. Hier finden Sie auch einen netten Picknickplatz, der extra für die Jakobspilger eingerichtet wurde. Ein Schild weist darauf hin, dass es noch 2.450 km bis Santiago de Compostela sind. Weiter wandern Sie an der Wertach entlang, bis der Weg nach links wieder steil hinauf zum Ort Bergers führt.

Brücke über die Wertach bei Kaltenbrunn

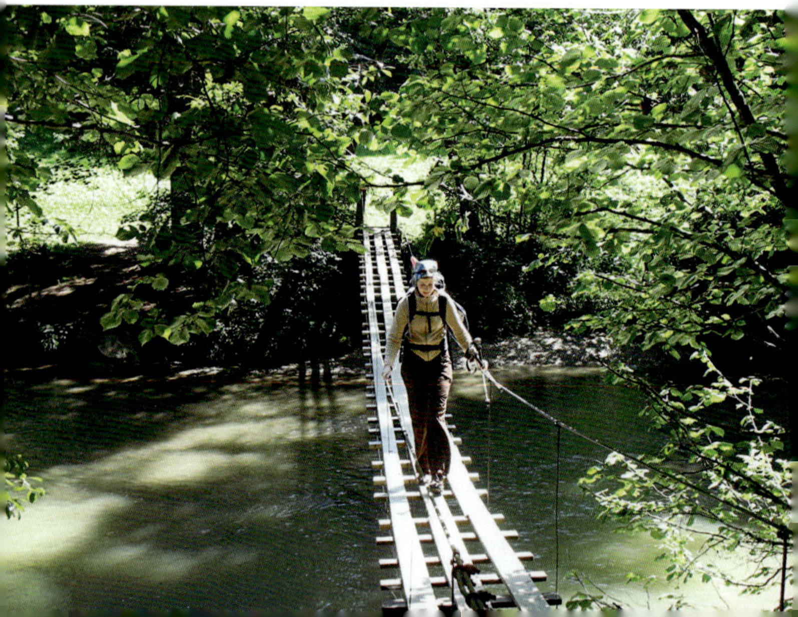

In Bergers müssen Sie in einer Linkskurve nach rechts auf einen Feldweg abbiegen. Die Abzweigung ist leicht zu übersehen, da der Wegweiser entgegen der Laufrichtung montiert ist. Folgen Sie dem Feldweg bis zur Straßenkreuzung nach Barnstein.

Wenn Sie eine Abkürzung nehmen möchten, haben Sie kurz hinter dem Weiler Barnstein die Möglichkeit, nach rechts in den Wald abzubiegen (hier weist Sie ein Wegweiser nach Görisried) und in 35 Min. nach Görisried zu gelangen. Der ausgeschilderte Jakobsweg über die Hängebrücke ist ca. 7 km länger, bietet dafür aber eine grandiose Bergsicht, die abenteuerliche Brücke und die wunderbaren Kaskaden der Wertach, die sich nach dem Hängesteg am Hang hinaufziehen.

Um dem Jakobsweg zum Hängesteg zu folgen, wandern Sie auf dem beschilderten Jakobsweg von Barnstein weiter geradeaus quer über eine Kuhweide und dann weiter geradeaus am Wald und an einer Weide entlang, bis Sie ein geteertes Sträßchen erreichen. Diesem folgen Sie nach links und dann gleich wieder nach rechts. Sobald Sie die Schnellstraße erreicht haben, folgen Sie dieser nach rechts. Sie erreichen Klosterhof und biegen nach links in das Dorf ab. An der Kapelle führt der Weg weiter nach rechts. Hinter Klosterhof überqueren Sie die Straße und folgen geradeaus der Beschilderung nach Kaltenbrunn. Vor der Ortschaft biegen Sie rechts ab und folgen an der nächsten Weggabelung dem linken Weg, der Sie zur Hängebrücke führt. Sobald Sie auf dieser die Wertach überquert haben, geht es steil bergauf, an über hundert Kaskaden (ein wunderbares Naturschauspiel) vorbei. Oben angekommen trennen sich der Ostallgäuer Wanderweg und der Jakobsweg. Sie biegen, nachdem Sie die Straße erreicht haben, rechts ab und wandern weiter auf der Straße nach Görisried.

Görisried

B&B BANK

Gemeinde Görisried, Kirchplatz 8, 87657 Görisried, 083 02/97 23, info@goerisried.de, www.goerisried.de

Gasthof Zum Hirsch, Kirchplatz 6, 87657 Görisried, 083 02/249, info@hirsch-goerisried.de, www.hirsch-goerisried.de, EZ ab € 80, DZ ab € 115, täglich 7:00-21:00, warme Küche 11:30-14:00 und 17:30-21:00, Brotzeit und Kuchen ganztägig

B&B **Rosenhof**, Karin und Alf Heil, Staig 4, 87657 Görisried, 083 02/745 90 43, rosenhof-heil@web.de, www.rosenhof-allgaeu.de, Ferienwohnung für 2-3 Personen, Preis auf Anfrage

B&B **Stefan und Christine Schorer**, Wildberger Straße 6a, 87657 Görisried, ☏ 083 02/15 50, € 25 pro Person, Frühstück € 5. Die Unterkunft befindet sich direkt nach der Hängebrücke kurz vor Göriesried.

🚌 Linie 51 nach Marktoberdorf, keine Busverbindung nach Kempten

✝ Sankt Oswald (kath.)

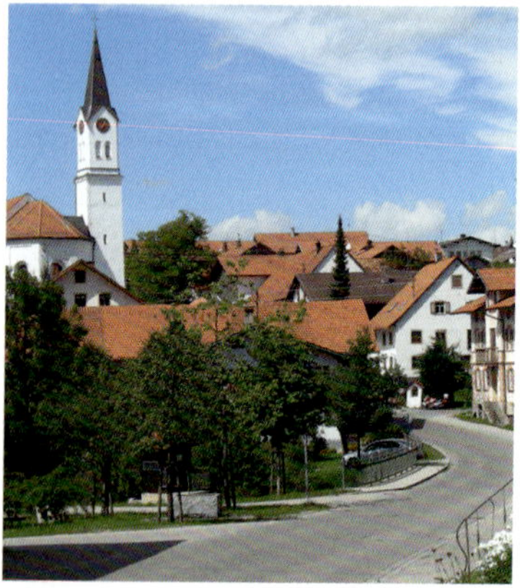

Görisried

Görisried wurde 1375 urkundlich im Klosterstift Kempten erstmals als eine Filiale der Pfarrei Oberthingau erwähnt. 1497 wurde der Sprengel Görisried mit Stadels und Wildberg von der Pfarrei Oberthingau getrennt und war bis zur Säkularisation des Fürststiftes Kempten und Hochstiftes Augsburg verwaltungsmäßig in drei Hauptmannschaften aufgeteilt. 21 Familien gehörten dem Hochstift Augsburg mit Pflegamt in Nesselwang an, 29 Familien dem Hochstift Augsburg mit Pflegamt in Oberdorf und 36 Familien dem Fürststift Kempten mit Pflegamt in Thingau. 1808 schlossen sich 36 von 86 Familien der Vereinödung an, einer frühen Form der Flurbereinigung. Lagen die Felder eines Bauern weit außerhalb des Dorfes, wurde der Hof aus dem Ort heraus in die Nähe der Äcker verlegt und die Felder und Äcker um den Hof herum gekoppelt. Nach dem großen Brand am 6.9.1823, bei dem 36 Häuser und die Kirche zerstört wurden, bauten 10 weitere Familien ihre Höfe in die Einöde. Seit 1818 bildet das Dorf mit den Weilern Stadels und Wildberg eine selbstständige Gemeinde.

In Görisried wandern Sie an der Kirche Sankt Oswald vorbei und biegen dann nach rechts Richtung Rathaus ab. Der Straße Am Kirchplatz folgen Sie und wandern dann auf der Betzigauer Straße weiter. Kurz hinter den letzten Häusern von Görisried biegt der Jakobsweg von der Betzigauer Straße Richtung Alpe Beilstein nach rechts ab und führt nach einigen Hütten nach links weiter (Wegweiser ist an dieser Stelle nicht ganz eindeutig). Sie wandern auf diesem Weg weiter, bis er dann auf ein Sträßchen nach links nach **Beilstein** abbiegt.

Beilstein

Alpe Beilstein, Beilstein 1, 87647 Unterthingau, ☏ 083 02/221, Öffnungszeiten gibt es nicht, bei Sonnenschein ist die Gaststube jedoch sehr wahrscheinlich geöffnet. Aber auch wenn die Sonne sich mal nicht zeigt, kann es sein, dass die Familie Schöllhorn da ist und sie mit erfrischenden Getränken, Brotzeiten, Kaffee und Kuchen oder Eis verwöhnt.

Der Weg führt vorbei an der Alpe Beilstein und weiter in Richtung Waldkapelle immer geradeaus. Nun befinden Sie sich auf der zuvor beschriebenen Hauptroute nach Kempten (☞ Etappe 10, S. 130).

☺ Übernachtungsmöglichkeiten in Kempten: ☞ Etappe 10, S. 132-133.

11. Etappe: Von Kempten nach Buchenberg

13,7 km, 4 Std. 15 Min., ↑ 553 m, ↓ 372 m, ⇧ 665-900 m

0,0 km	⇧ 665 m	Kempten (Residenzplatz)
4,1 km	⇧ 844 m	Mariaberg
8,7 km	⇧ 830 m	Ermengerst
13,7 km	⇧ 895 m	Buchenberg

Wieder einmal müssen Sie zwischen zwei Varianten entscheiden, die sich aber erst kurz nach Mariaberg trennen. Zunächst gilt es die 300 Höhenmeter nach Mariaberg mit seiner schönen Kapelle zu bezwingen. Oben angekommen sollten Sie sich eine Pause gönnen und den Blick über Kempten und bis zur Zugspitze schweifen lassen. Anschließend geht es auf einem Schotterweg wieder steil bergab zum Herrenwieser Weiher. Hier trennt sich der Weg. Rechts um den Weiher geht es relativ ebenerdig nach Ermengerst und von dort entlang der Bahntrasse bis nach Buchenberg. Links um den Weiher wandern Sie durch das beschauliche Dörfchen Ahegg und dann über eine Weide hinauf bis nach Buchenberg (☞ Variante S. 148).

Mit dem Rad folgen Sie am besten der Mariaberger Straße von Kempten aus nach Mariaberg. Diese setzt aber einiges an Kondition voraus. Oder Sie folgen der unten stehenden Beschreibung bis an die Rottach und bleiben von hier aus auf dem beschilderten Radweg nach Weitnau.

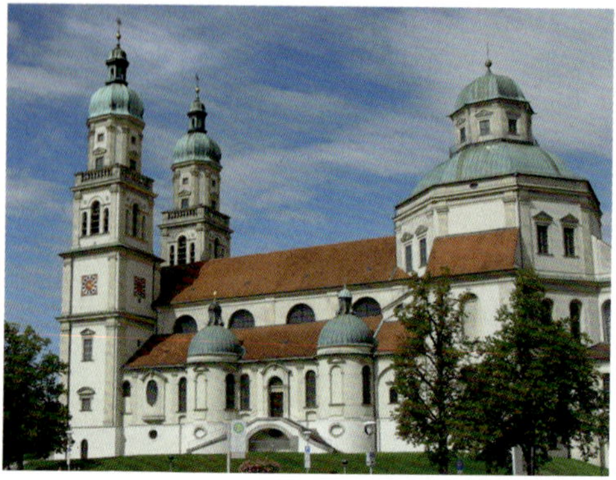

St. Lorenz im Kempten

Vorbei an der langen Seitenfassade der Residenz und der anschließenden St.-Lorenz-Kirche kommen Sie zur Salzstraße, die Sie überqueren. Links vorbei am Allgäu-Museum im Kornhaus gelangen Sie in die Wartenseestraße, die in die Herbststraße übergeht. Von hier aus zweigt links der Reiserweg ab, der zum Adenauerring hinaufführt, den Sie überqueren. Dann folgen Sie geradeaus der Robert-Weixler-Straße. Diese verlassen Sie in der nächsten Kurve und nehmen den schmalen Reichelsbergweg geradeaus, der Sie steil bergauf aus der Stadt hinausführt. Nach der Fußgängerbrücke über die Rottach ❶ orientieren Sie sich nach links und folgen dann der Beschilderung nach rechts auf einen schmalen Trampelpfad, der Sie immer rechts vom Flüsschen bergaufführt. Der Weg entlang des Bachs endet an der Mariaberger Straße, der Sie links bergauf auf den Mariaberg folgen.

☺ Sie können sich mit dem Bus Nr. 9 vom Bahnhof bis zum Haubensteig bringen lassen, um sich so eine knappe Stunde Fußmarsch quer durch Kempten zu sparen, vor allem, wenn Sie heute über Buchenberg hinaus bis nach Weitnau wandern möchten.

Vom Mariaberg können Sie zunächst die Aussicht auf Kempten und bei schönem Wetter weiter bis zur Zugspitze genießen.

Mariaberg

✕ **Landgasthof Mariaberg**, Mariaberger Straße 218, 87439 Kempten,
☏ 08 31/68 75 27 44, ✉ info@landgasthof-mariaberg.de,
11:00-21:00, Mi Ruhetag

⊙ Pilgerstempel und ein Pilgerbuch in der Kapelle Mariä Heimsuchung

Mit dem Fahrrad sollten Sie noch vor dem Landgasthof Mariaberg rechts in die Ermengerster Straße nach Ermengerst abbiegen. Von dort aus folgen Sie dem unten beschriebenen Weg über die Bahntrasse nach Buchenberg.

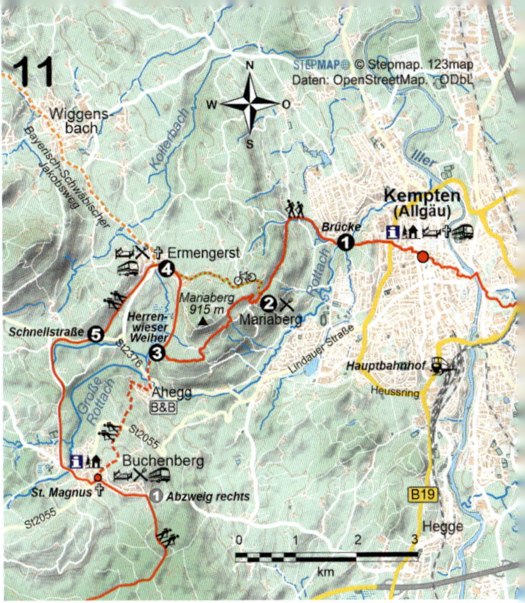

Hinter dem Landgasthof Mariaberg ❷ geht es nach rechts von der Straße ab und dann geradeaus steil hinauf auf den Wiesengrat, auf dem Sie dann nach links entlangwandern. Von dort oben haben Sie eine reizvolle Aussicht. (Sie können aber auch direkt am Gasthof links gehen, die beiden Wege führen am Ende des Wiesengrates wieder zusammen.)

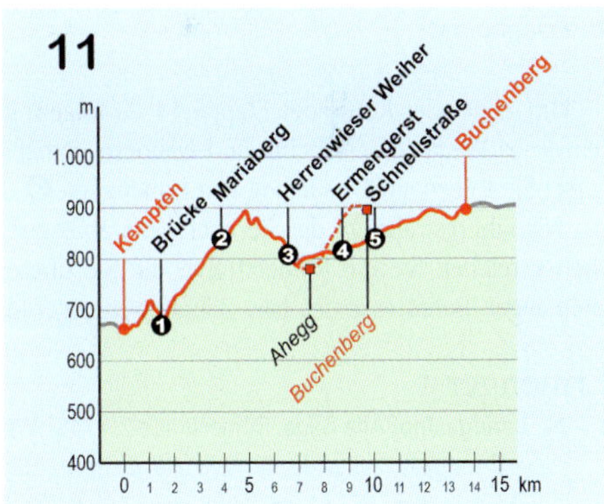

Am Ende des Feldwegs über den Wiesengrat führt der Jakobsweg wieder hinab. Sie folgen dem kleinen Sträßchen vorbei an dem Weiler Hinteregg. Danach biegt der Weg links ab und führt steil hinab zum Herrenwieser Weiher. Dem Weg folgen Sie bis zur Weggabelung mit Bank. Hier halten Sie sich rechts und folgen dem Kiesweg bergab. Sobald Sie den Herrenwieser Weiher ❸ erreichen, haben Sie die Auswahl zwischen zwei Varianten (☞ Alternativroute S. 148).

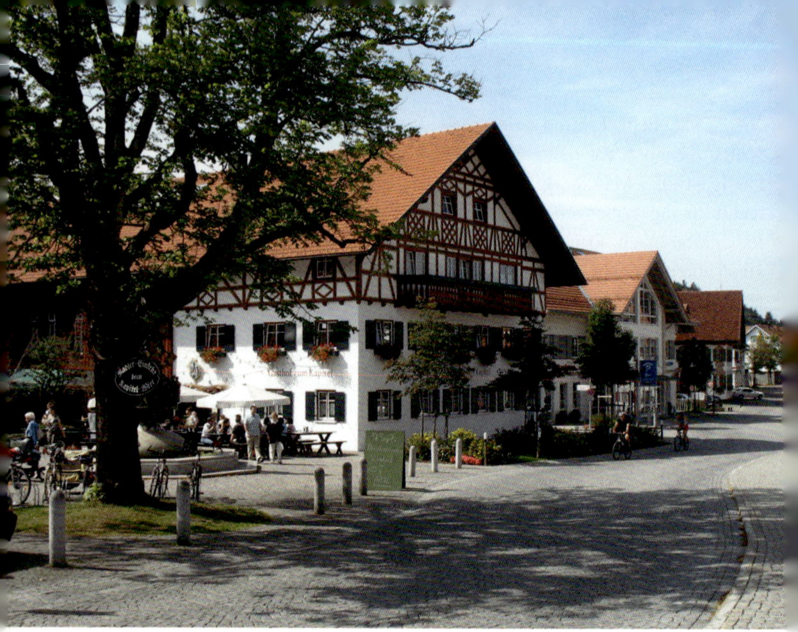

In Ermengerst

Um weiter der Route der Etappe 11 zu folgen, gehen Sie am Schild am Herrenwieser Weiher nach rechts und wandern immer geradeaus Richtung Ermengerst. Sie folgen am Ortsanfang von Ermengerst ❹ dem mittleren Weg weiter bis zur Mariabergstraße, in die Sie nach links abbiegen. Am ehemaligen Bahnhäuschen erreichen Sie die Römerstraße, die Sie überqueren. Dann folgen Sie der ehemaligen Bahntrasse des Isny-Bähnle weiter geradeaus.

Ermengerst

Landgasthof Alte Säge, Römerstraße 2, 87487 Wiggensbach, ☏ 083 70/92 99 90, ms@alte-saege.de, www.alte-saege.de, ÜF ab € 52 p. P., Restaurant: Mi-Fr 10:30-14:00 und 17:00-00:00, Sa 17:00-00:00, So 10:30-22:00, Mo und Di Ruhetag, keine Kartenzahlung möglich

Dorflädle Jost, An d. Halde 2, 87487 Wiggensbach, ☏ 083 70/363, Mo-Fr 6:30-18:00, Sa 6:30-12:30, So 7:30-10:30

♦ **Metzgerei Karl Schuster**, Mariabergstraße 5, 87487 Wiggensbach, Mo-Fr 7:30-13:30 und 14:00-18:00, Sa 7:00-12:00, Mi nachmittags geschlossen

Linie 40 nach Kempten und ab dort Zugverbindung nach München

✞ St. Johannes der Täufer (kath.)
⊙ Pilgerstempel: in der Kirche St. Johannes der Täufer

Ermengerst ist heute ein Ortsteil von Wiggensbach, doch in Ermengerst ist man stolz darauf, dass schon vor Wiggensbach im Jahr 1037 die „Ermengerster Burg" erwähnt wurde. Der Kirchenpatron von Ermengerst ist der heilige Johannes der Täufer. Daher wird vermutet, dass Ermengerst als früher Taufkirchort sogar schon vor der Jahrtausendwende bestand.

In der Gemeinde Ermengerst trifft der Jakobsweg aus München mit dem Bayerischen-Schwäbischen Jakobsweg, der von Augsburg zum Bodensee führt, zusammen. Eine Jakobsinformationstafel unterhalb der Kirche weist darauf hin.

📖 Christiane Haupt, Markus Meier und Janina Rauscher: **Bayerisch-Schwäbischer Jakobsweg von Oettingen zum Bodensee**, Conrad Stein Verlag, Band 188, ISBN 978-3-86686-813-7

Auf der ehemaligen Bahntrasse des Isny-Bähnles folgen Sie dem Jakobsweg auch wieder hinaus aus Ermengerst. Nach ca. 2 km entlang der Bahntrasse überqueren Sie die Schnellstraße ❺ und folgen dem Radweg nach rechts. Sie durchqueren den Ortsteil Hölzers und erreichen schließlich Buchenberg.

Buchenberg

Tourist-Info Buchenberg, Rathaussteige 2, 87474 Buchenberg, ☏ 083 78/92 02-22, ✉ tourismus@buchenberg.de, 💻 www.buchenberg.de, Mo-Fr 8:00-12:00, zusätzlich Mo 13:00-17:30, Do 13:00-16:30

Landgasthof-Hotel Sommerau, Eschacher Straße 35, 87474 Buchenberg, ☏ 083 78/94 09 30, 💻 www.landhaus-sommerau.de, ÜF ab € 49 (im nichtrenovierten Teil des Hotels), sonst ab € 58, Restaurant: Mi 18:00-20:30, Do-So 12:00-14:00 und 18:00-20:30, Mo und Di Ruhetag

Familie Maidel, Eschach 113, 87474 Buchenberg, ☏ 083 78/276, € 30 inkl. Frühstück, Kochgelegenheit für Pilger, etwas außerhalb von Buchenberg

Ristorante Pizzeria Terazza 2, Lindauer Str. 26, 87474 Buchenberg, ☏ 083 78/932 44 88, Mi-Mo 11:30-22:00, Di Ruhetag

Linie 50 nach Kempten, von dort regelmäßige Verbindung nach München Hbf.

⌘ **Wasserschmeckerweg**: Wünschelrutengeher, im Allgäu „Wasserschmecker" genannt, üben eine große Faszination auf Laien aus. Sie gehen mit der Wünschelrute, ihrer Antenne, zum Beispiel auf die Suche nach Wasseradern, Verwerfungen oder

Gittersystemen in der Erdoberfläche. Auf dem Wasserschmeckerweg bei Buchenberg kann man selbst mal testen, ob man von diesen Energien etwas spürt. Wünschelrouten kann man in der Tourist-Info leihen. Termine für Führungen finden Sie unter 💻 https://www.buchenberg.de/tourismus-freizeit/sommer/wasserschmeckerweg-inkl.-termine.

✞ St. Magnus (kath.)

⊙ Pilgerstempel: in der Kirche St. Magnus

Buchenberg bezeichnet sich selbst auch als die Sonnenterrasse des Allgäus. Geschichtlich interessant ist die Schlacht am Buchenberg, die 1430 zwischen 334 Schweizer Söldnern und 1.300 Soldaten der Kemptener Fürsten entbrannte. Trotz der Unterzahl siegten die Schweizer. Die Georgskapelle, die ein Jahr später errichtet wurde, und das Wappen der Gemeinde – eine Axt und ein Schwert – erinnern heute noch an das blutige Geschehen.

Die Pfarrkirche St. Magnus wurde 1792 neu gebaut. Von der baufälligen früheren Kirche blieb nur der Turm bestehen. Der Rest der Kirche wurde im Louis-Seize-Stil (Frühklassizismus) erbaut. Neben der Eingangstür befindet sich eine Informationstafel zum Jakobsweg.

Variante 11. Etappe: Von Kempten über Ahegg nach Buchenberg

9,8 km, 3 Std. 45 Min., ↑ 458 m, ↓ 277 m, ⇧ 665-909 m

0,0 km	⇧ 665 m	Kempten
4,1 km	⇧ 844 m	Mariaberg
7,5 km	⇧ 908 m	Ahegg **B&B**
9,8 km	⇧ 895 m	Buchenberg

Bis zum Herrenwieser Weiher verläuft die Alternativroute auf derselben Strecke wie Etappe 11. Vom Weiher geht es durch das beschauliche Dörfchen Ahegg und dann hinauf nach Buchenberg.

Folgen Sie bis zum Herrenwieser Weiher der Beschreibung der ☞ Etappe 11. An dem Schild am Weiher biegen Sie nach links in Richtung Ahegg ab. Folgen Sie dem Weg ein kurzes Stück entlang des Weihers und bleiben Sie auf dem Waldweg weiter geradeaus. Über eine Brücke erreichen Sie den Ort Ahegg.

Ahegg B&B

B&B **Monika Mader,** Auf der Halde 175, 87474 Buchenberg-Ahegg, ☏ 083 78/75 32, info@ferienhof-mader.de, www.ferienhof-mader.de, Übernachtung im beheizbaren Gartenhäuschen mit Dusche und WC, Preis auf Anfrage. Der Bauernhof liegt direkt am Jakobsweg Richtung Buchenberg.

Sie laufen auf dem Kiesweg bis zur Schautafel zur Ortsgeschichte und biegen dann rechts in die Straße Am Burggraben und folgen dieser an der nächsten T-Kreuzung erneut nach rechts. Dann geht es immer weiter auf dem Weg bergauf aus dem Dorf hinaus. Etwa 100 m nach dem Ortsende biegt der Jakobsweg scharf nach links ab. Sie wandern entlang von Kuhweiden weiterhin bergauf, bis Sie eine Schnellstraße (Staatsstraße 2055) erreichen. Überqueren Sie die Straße und folgen Sie dem Weg weiter geradeaus, bis Sie dann den „Almweg“ und damit den Ortsanfang von **Buchenberg** erreichen.

Gehen Sie auf dem Almweg weiter. Sobald Sie die Römerstraße erreichen, folgen Sie dieser nach rechts bergab, vorbei am Kindergarten. An der Lindauer Straße folgen Sie dem Jakobsweg nach rechts in Richtung Ortsmitte und Kirche Sankt Magnus.

☺ Die Angaben zu Buchenberg finden Sie bei ☞ Etappe 11, S. 147.

12. Etappe: Von Buchenberg nach Weitnau

16 km, 5 Std. 40 Min., ↑ 471 m, ↓ 577 m, ⇧ 793-1.087 m

0,0 km	⇧ 895 m	Buchenberg i 🛏 ✕ ✉ BANK ✝ ⌘ 🚌
6,7 km	⇧ 970 m	Rechtis B&B ✝ 🚌
16,0 km	⇧ 800 m	Weitnau i 🏠 🛏 B&B ✕ ☕ ✉ BANK ✝ ⌘ 🚌

Ihre Beine werden es inzwischen wissen: Sie sind im Allgäu. An das ständige Auf und Ab müssen Sie sich von nun an gewöhnen. Von Buchenberg geht es zunächst recht gemächlich durch den Wirlinger Wald bis kurz vor Rechtis. Aber schon der Aufstieg nach Rechtis ist etwas kräftezehrend. Nach Rechtis kommt dann ein wunderschönes Wegstück, der Sonnengrat – mit einzigartigem Bergblick. Aber hier werden Ihre Kräfte durch ein ständiges Rauf und Runter auf die Probe gestellt. Erst kurz vor dem Etappenziel Weitnau geht es dann steil bergab in den hübschen Ort.

Es gibt keine Einkehr- bzw. Einkaufsmöglichkeiten direkt am Weg nach Weitnau. Nehmen Sie ausreichend Proviant und Getränke mit!

Sie pilgern in Richtung der Kirche Sankt Magnus und bleiben auf der Wirlinger Straße, die Sie wieder aus Buchenberg hinausführt. Kurz nach dem Ortsschild geht es nach rechts ❶ über einen Parkplatz auf den Waldpfad (Bodenlehrpfad), dem Sie weiter folgen. Der Weg durch den Wald ist gut beschildert. Sie bleiben für die nächsten ca. 5 km auf diesem Weg, bis Sie an einer großen Waldkreuzung ❷ den Radweg nach Weitnau erreichen.

Mit Rad sollten Sie hier nach links auf den besagten Radweg abbiegen. In Hellengerst passieren Sie die Wasserscheide Donau/Rhein. Schließlich unterqueren Sie die Schnellstraße und gelangen auf diesem relativ flachen Weg entlang des Allgäu-Radweges bis nach Weitnau.

Diese Route ist bei schlechtem Wetter oder bei Gewitterneigung (!) auch Fußpilgern zu empfehlen, und auch wenn Sie nach dem anstrengenden Auf und Ab der letzten Tage bereits müde Beine haben.

Um dem beschilderten Jakobsweg über den Sonneckgrat zu folgen, gehen Sie an dieser Kreuzung weiter geradeaus einen steilen Schotterweg hinauf, verlassen aber nach 500 m den Wanderweg, der zurück nach Buchenberg führt, nach links. Nach wenigen Metern überqueren Sie die Fahrstraße nach Osterhofen. Auf einem schmalen Pfad direkt gegenüber wandern Sie zum Bach hinunter, passieren ein Viehgatter und wandern weiter auf dem Pfad, der Sie steil hinauf bis nach **Rechtis** ❸ führt.

Rechtis

B&B ✞

B&B **Olga und Wilhelm Mauch**, Rechtis, Am Wassenmoos 4, 87480 Weitnau, ☏ 083 78/92 33 20, ein Zimmer auf Anfrage

Linie 50 nach Weitnau und Buchenberg und von dort weiter nach Kempten, in Kempten Zuganschluss nach München

✞ St. Ulrich (kath.)

⊙ Pilgerstempel: in der Kirche St. Ulrich

Rechtis ist ein Ortsteil von Weitnau, der etwas oberhalb des Tales liegt. Im Dorf befindet sich die katholische Kirche St. Ulrich. Sie wurde bereits im 15. Jh.

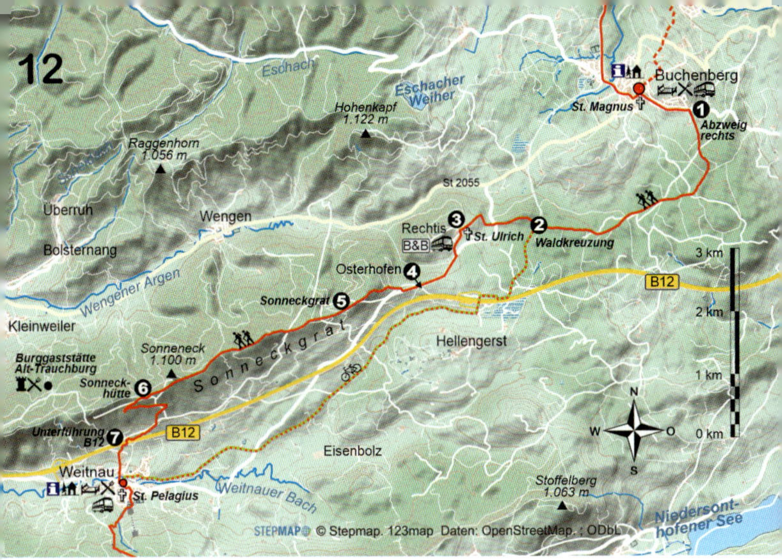

errichtet. Die Figur der heiligen Anna selbdritt im linken Seitenaltar stammt noch aus dieser Zeit, von 1460. Im 17. Jh. wurde die Kirche umfassend umgebaut. Die Deckengemälde im Langhaus sind ein Werk von Linus Seitz. Sie zeigen die Schlacht auf dem Lechfeld bei Augsburg, angeführt vom später heiliggesprochenen Bischof Ulrich. Direkt vor der Kirche befindet sich eine nette Rastmöglichkeit auf einer mit Muschel gekennzeichneten „Pilgerbank“.

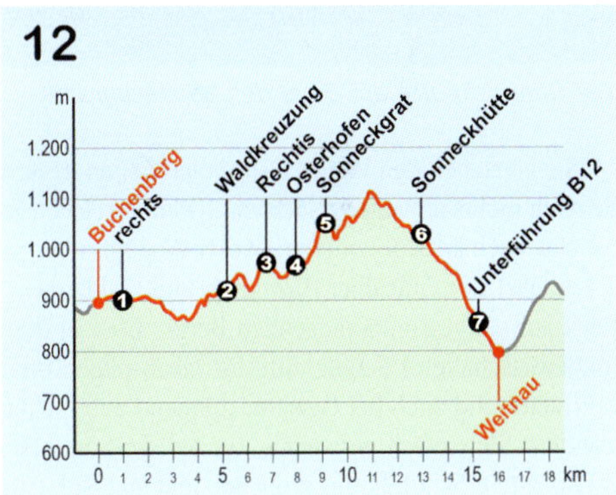

Gehen Sie in Rechtis an der Kirche vorbei (das Sträßchen heißt „Jakobsweg“). Kurz hinter der Kirche führt die Dorfstraße links bergab aus dem Ort hinaus. Am „Wasenmoos“ folgen Sie ein kurzes Stück der Ortsverbindungsstraße nach links.

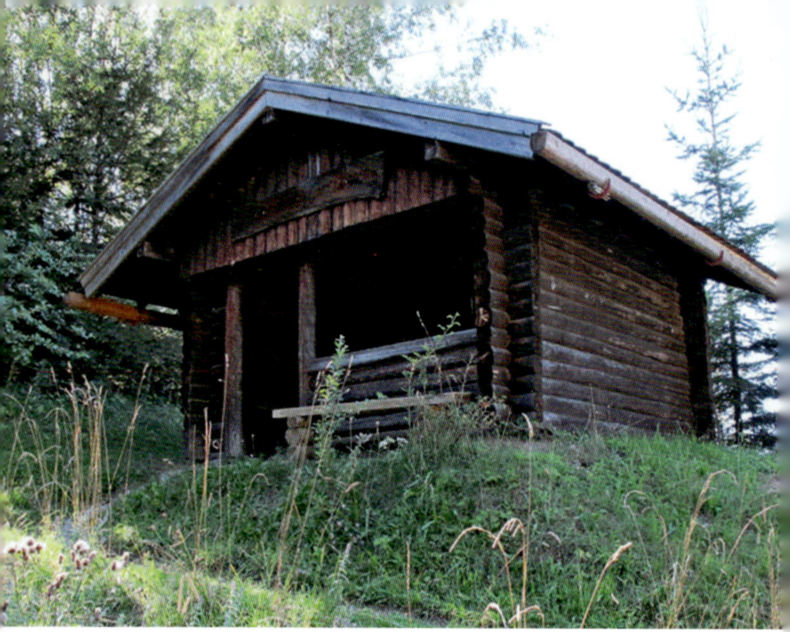

Die Sonneckhütte am Ende des Sonneckgrates

Sie erreichen den Weiler Osterhofen ❹, an dessen Ende Sie auf eine Teerstraße nach rechts abbiegen. Nach ca. 300 m erreichen Sie eine Weggabelung, an der Sie sich nach links orientieren. Dieser Weg führt bergauf zum Sonneckgrat ❺. Fast 5 km führt der Grat über Alpwiesen und Waldzonen, teilweise mit spektakulärem Blick auf die gegenüberliegenden Berge. Etwa in der Mitte des Weges steht eine (unbewirtschaftete) Schutzhütte für Jakobspilger, die eine nette Picknickmöglichkeit bietet und auch bei Gewitter dringend aufgesucht werden sollte. Von hier aus wandern Sie einfach geradeaus, bis Sie die Sonneckhütte ❻ (eine weitere unbewirtschaftete Schutzhütte) erreichen und eine Forststraße in Kehren nach Weitnau hinabführt. Sie erreichen die B12, die Sie durch eine Unterführung ❼ passieren, und biegen kurz nach der Unterführung nach rechts ab. Diesem Weg folgen Sie weiter über Wiesen in den Ort hinein.

Es gibt schon vor der Sonneckhütte Abzweigungen nach Weitnau. Diese sind allerdings allesamt Umwege. Bleiben Sie auf dem Gratweg, bis Sie die Sonneckhütte erreichen.

Weitnau

B&B

Tourismusbüro Weitnau, Hoheneggstraße 25, 87480 Weitnau, 083 75/92 02-41, tourismus@weitnau.de, www.weitnau.de, Mo-Fr 8:00-12:00, zusätzlich Mo und Do 14:00-17:00

Familie Weilbach, An der Stelze 2, 87480 Weitnau, 083 75/92 91 49, € 22 p. P, Waschmaschine und Trockner € 3

Gasthaus Krone, Kirchstraße 33, 87480 Weitnau, 083 75/209, info@krone-weitnau.de, www.krone-weitnau.de, mit Pilgerausweis EZ € 50, DZ € 40 p. P.

Gasthof Zum goldenen Adler, Hoheneggstraße 25, 87480 Weitnau, 083 75/92 13 60, info@adlerweitnau.de, https://www.adlerweitnau.de/, Mi-So11:00-22:00, Mo und Di Ruhetag

B&B **Landhaus Wolf**, Im Gosbolz 19, 87480 Weitnau, 083 75/781, landhaus.wolf@online.de, ab € 25 p. P. (etwas außerhalb des Ortskerns)

Widdumstüble, An der Stelze 24, 87480 Weitnau, 083 75/225 03 03, Do-So11:00-20:00, Fr erst ab 14:00, Mo-Mi Ruhetag

Baldauf's Käsekeller, Hoheneggstraße 25, 87480 Weitnau. Pilger erhalten hier 10 % Rabatt.

Linie 50 zum Bahnhof nach Kempten, weitere Busverbindung zum Bahnhof Immenstadt

Hoheneggmuseum, Hoheneggstraße 25, 87480 Weitnau (im Gasthof Zum goldenen Adler), 083 75/92 02-49, Mo 16:00-19:00, Do 10:00-11:30 und 16:00-19:00, Sa 10:00-11:30

St. Pelagius (kath.)

Pilgerstempel: in der Kirche St. Pelagius

Der Innenraum von St. Pelagius

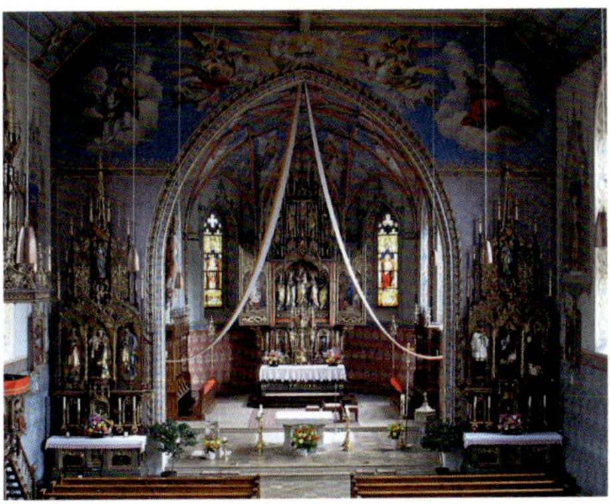

Der Markt Weitnau war bis 1805 ein Teil der österreichischen Herrschaft Bregenz-Hohenegg. Weitnau besaß seit dem Mittelalter das Marktrecht und war schon im 13. Jh. Verwaltungssitz der Herrschaft Hohenegg. Erst nach

Österreichs Niederlage gegen Napoleon in Austerlitz wurde Österreich im Frieden von Pressburg gezwungen, die Grafschaften Tirol und Vorarlberg an das Kurfürstentum Bayern abzutreten.

Die Pfarrkirche St. Pelagius wurde 1862-1872 neu gebaut. Es wird angenommen, dass beim Neubau 1862 nur das Kirchenschiff erneuert, dagegen der 1739-40 erbaute Chor beibehalten wurde. Teile des Turmes sind aus dem 14. Jh. Der einheitlich neugotisch ausgestattete Sakralbau mit seiner farbenfrohen Bemalung und der fantasievollen Schablonenmalerei ist beeindruckend. Die Figuren am Hochaltar entspringen der Multscherschule und sind um 1490 entstanden.

➭ Sollten Sie nach dem heutigen Wandertag noch Kondition und Lust haben, dann können Sie auf dem Sonneckgrat auch noch ca. 20 Min. bis zur beeindruckenden Burgruine Alt-Trauchburg weiterwandern. Die Burggaststätte bietet die einzige Einkehrmöglichkeit auf der Etappe zwischen Buchenberg und Weitnau.

Burggaststätte Alt-Trauchburg, ☏ 083 75/80 46, Ostern bis Mitte November 11:30-20:00, Mo und Di Ruhetag

Die Alt-Trauchburg ist eine der schönsten und besterhaltenen Burgruinen im Allgäu – ein Abstecher, der sich auf jeden Fall lohnt. In der Nähe der heutigen Burg wurde bereits 1041 eine Festung schriftlich erwähnt. Anfang des 13. Jh. verlegte Berthold von Trauchburg die Burg an ihren heutigen Standort. Sie beherbergte die Trauchburger und bereits 1258 die Truchsessen von Waldburg. Als die Familie Ende des 17. Jh. in das Schloss nach Kißlegg umsiedelte, wurde die Burg als Steinbruch für die Schlosserweiterung bzw. später für den Neubau benutzt.

Eine Allgäuer Sage erzählt, dass die Burg von einer Heidin erbaut wurde, die ihre Untertanen aus der Umgebung von Weitnau zu harten Fronarbeiten gezwungen habe. Sie war so geizig, dass sie ihre gesamte Barschaft Tag und Nacht in einem Säckchen um den Hals trug.

Später sollen in der Burg „Zwingherren" gewohnt haben, die das umliegende Volk genauso hart unterdrückten. Eines Tages erhoben sich die Bauern, zerstörten die Burg und ließen alles in Flammen aufgehen.

Der Allgäuer Brauch, am Funkensonntag (dem ersten Sonntag der Fastenzeit) große Holzscheite mit einer Stoffhexe obenauf zu entzünden, soll bis heute an das Strafgericht erinnern.

13. Etappe: Von Weitnau nach Simmerberg

27,6 km, 7 Std., ↑ 770 m, ↓ 801 m, ⇧ 744-945 m

0,0 km	⇧ 800 m	Weitnau B&B
5,2 km	⇧ 860 m	Wilhams
7,4 km	⇧ 916 m	Aigis
10,2 km	⇧ 892 m	Geratsried **B&B**
16,6 km	⇧ 799 m	Zell
19,4 km	⇧ 801 m	Genhofen (2,4 km entfernt)
21,9 km	⇧ 840 m	Hopfen **B&B**
27,6 km	⇧ 760 m	Simmerberg

Weitnau verlassen Sie auf dem Carl-Hirnbein-Weg, der sich gemächlich durch das Voralpenland schlängelt. Hier erfahren Sie alles Wissenswerte über die Käseherstellung und über die Natur im Allgäu an sich. Als Nächstes erreichen Sie Wilhams, den Geburtsort von Hirnbein. Von dort geht es zunächst bergab und dann immer weiter bergauf bis nach Aigis. Auch im weiteren Wegverlauf müssen Sie heute einige Höhenmeter bezwingen, denn immer dann, wenn Sie eine Ansteigung

Carl-Hirnbein-Weg nach Missen

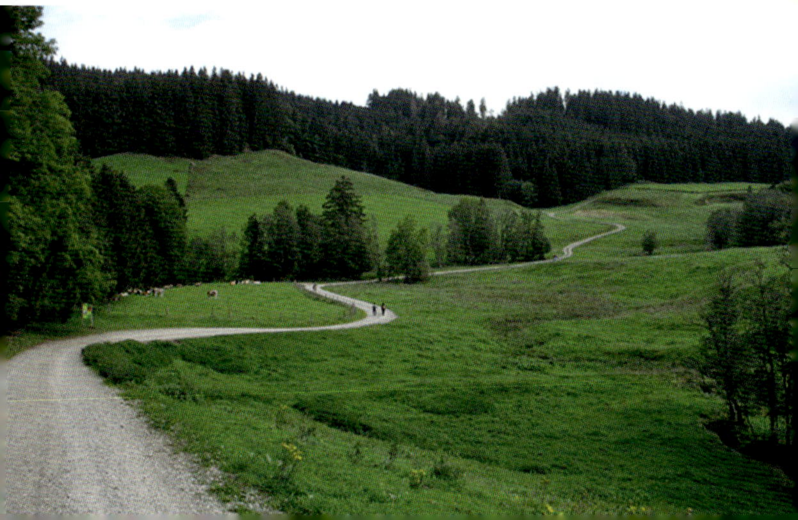

erreicht haben, führt der Weg bald darauf wieder hinunter. So durchwandern Sie die kleinen Weiler Geratsried, Trabers und Mutten. Dann biegt der Weg in den Wald ab und über einen hübschen Weg erreichen Sie schließlich Zell mit seiner außergewöhnlichen Kapelle. Weiter geht es über Genhofen hinauf nach Hopfen mit seiner hervorragenden Käserei. Simmerberg erreichen Sie schließlich entlang der Straße und dann über hübsche Wiesenwege.

Vom Ortszentrum aus wandern Sie in Richtung der Kirche Sankt Pelagius bergauf, vorbei am Friedhof und dann linker Hand weiter in Richtung der Tennisplätze, wo Sie nach links abbiegen. Hinter der Talstation des Skiliftes ❶ folgen Sie dem Carl-Hirnbein-Weg, der auf Informationstafeln in die Geheimnisse der Käseherstellung und in die Naturschönheiten des Allgäus einführt. Auf diesem gut beschilderten Weg (Sie folgen immer dem Zeichen des Hirnbeinweges) gelangen Sie bis kurz vor Wilhams. Am „Holzplatz" des Hirnbeinweges biegen Sie nach rechts ab und erreichen den kleinen Weiler Wilhams.

Hinter dem Skilift ist die Durchfahrt für Räder teilweise gesperrt. Am besten folgen Sie ab Weitnau dem beschilderten Winterwanderweg nach Wilhams.

Wilhams

Tourismusbüro Missen-Wilhams, Hauptstraße 45, 87547 Missen-Wilhams, ☏ 083 20/456, tourismus@missen-wilhams.de, www.missen-wilhams-tourismus.de. Das Tourismusbüro befindet sich im Ortsteil Missen, nicht direkt am Jakobsweg.

Beim Endeler, Wilhams 11, 87547 Missen-Wilhams, ☏ 083 20/219, info@beim-endeler.de, www.beim-endeler.de, ab € 40 p. P. (dieser Preis gilt nur für Pilger), Mo-Sa ab 17:00, So und Feiertag ab 11:30, Mi Ruhetag, eines der besten Restaurants auf dem Münchner Jakobsweg

Campingplatz Wiederhofen, Zur Thaler Höhe 12, 87547 Missen, ☏ 083 20/481, 6 km abseits vom Weg hinter Missen. Sollten Sie hier übernachten, wandern Sie am nächsten Tag am besten nach Geratsried und stoßen hier wieder auf den Jakobsweg.

Buslinie 82 nach Kempten und Immenstadt, von dort Zugverbindung nach München. Das Bushäuschen finden Sie, wenn Sie dem Jakobsweg bergab zur Staatsstraße folgen.

⌘ **Carl-Hirnbein-Museum**, Haus des Gastes, Missen, Fr 15:00-17:00

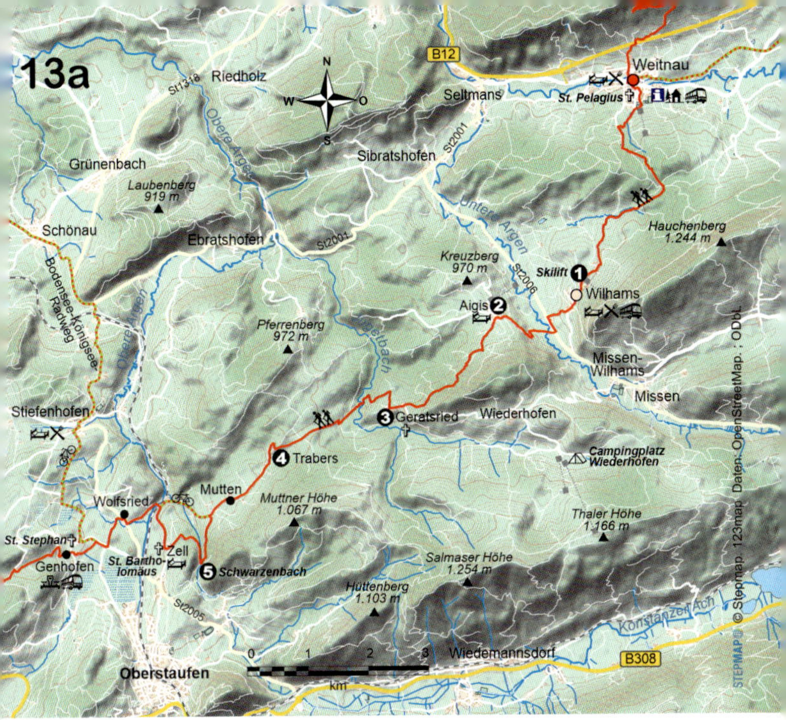

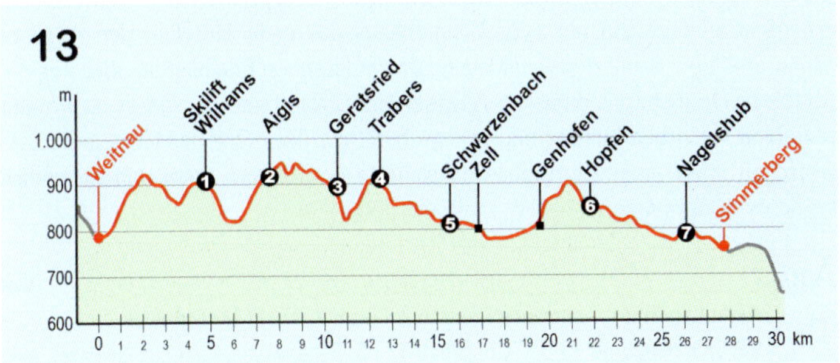

🚲 Mit dem Fahrrad bleiben Sie von Wilhams aus am besten auf der Straße bzw. dem Radweg nach Trabers. Von dort folgen Sie der Straße nach Mutten und fahren weiter geradeaus bis zur Bahnüberführung (nicht nach Zell abbiegen). Hier können Sie nach dem Bahnübergang auf der Straße links abbiegen und erreichen nach wenigen Kilometern Wolfsried. An der Kreuzung biegen Sie nach rechts ab und kommen so ebenfalls zum „Käse- und Hoflädle“ in Genhofen.

Kurz nach der Kapelle von Wilhams am Haus Nr. 2 biegt der Jakobsweg rechts von der Straße ab und führt bergab Richtung Aigis. Nach ca. 700 m erreichen Sie die Staatsstraße 2006 zwischen Missen und Sibratshofen, der Sie nach links folgen. Am Bushäuschen überqueren Sie die Straße und gehen bergauf bis nach Aigis ❷.

Der wohl berühmteste Sohn von Missen-Wilhams ist Carl Hirnbein, der 1807 in dem kleinen Dorf geboren wurde. Sein Vater schickte ihn als jungen Mann nach Italien in die Lehre und anschließend zur weiteren Ausbildung in die Schweiz. Hier lernte Carl Hirnbein das Käsen. Im Allgäu stellte man zu dieser Zeit nur einen Frischkäse her, der schnell verdarb. Dieser Käse war kaum zu vermarkten.

Hirnbein kam 1830 zurück in seine bitterarme Heimat. Jahrhundertelang hatten die Bauern im Allgäu vom Flachsanbau gelebt, der einst für die Weber des Mittelalters ein wertvoller Rohstoff war. Als allerdings die Baumwolle nach Europa kam, verarmten die Bauern, da das Interesse an Flachs nahezu zum Erliegen kam.

Carl Hirnbein brachte um 1840 die Weichkäserei und damit den wirtschaftlichen Aufschwung ins Allgäu. Er handelte mit Limburger und Romadur aus dem Allgäu in ganz Deutschland. Mit 1.000 Hektar Landbesitz war er einer der größten Grundbesitzer der Gegend. Für die Käsereien brauchte man Milch und für die Kühe Weiden. So erlangte das Allgäu die heute so typische grüne Farbe. 1852 erbaute Carl Hirnbein mit dem Grüntenhaus das erste Hotel in den Allgäuer Alpen und legte damit den Grundstein zur touristischen Erschließung der Region. So führte Hirnbein das damalige Allgäuer Hungerland von der längst nicht mehr rentablen Flachsbearbeitung und Hausweberei zur florierenden Milch- und Käsewirtschaft sowie zum Tourismus und sicherte den Bauern damit ein wesentlich besseres Auskommen.

Aigis

Aktiv Landhaus, Annemarie Preusch, Im Gern 2, 87547 Missen-Aigis, ☏ 083 20/925 98 83, 📱 01 73/840 17 00, Ferienwohnungen nur für Pilger, eine Person € 30, 2 Personen € 58

In Aigis biegen Sie gleich am Ortsanfang links in die Straße Im Gern ein und wandern dann weiter bergauf an einem frei stehenden Hof mit idyllischer Pausenbank vorbei und dann weiter in den Wald. Sobald Sie aus dem Wald kommen, führt ein Trampelpfad links bergan über eine Kuhweide. Danach geht es wieder in den Wald. Halten Sie sich bei den Weggabelungen immer links. So erreichen Sie **Geratsried**.

In Geratsried gehen Sie bis zur Kapelle ❸ und dann rechts bergab. Nach etwa 300 m biegt der Weg scharf links in den Wald. Sie überqueren das Bächlein Jugetach und erreichen bergauf und bergab schließlich Trabers ❹, das bereits zum Landkreis Lindau am Bodensee gehört. Auf der Straße geht es weiter nach Mutten.

🚲 Bleiben Sie nach Mutten auf der Straße, bis Sie die Bahngleise erreichen. Auf diesem Weg kommen Sie, im Gegensatz zum beschilderten Jakobsweg, nicht durch Zell. Diese Alternative empfiehlt sich auch für eilige Pilger. Sobald Sie die Bahngleise erreichen folgen Sie unten der Beschreibung hinter Zell ab der Bahnunterführung.

Nach dem letzten Gehöft von Mutten verlassen Sie die Straße auf einem Feldweg Richtung Buflings/Kalzhofen/Oberstaufen nach links (hier fehlte allerdings zur Zeit der Recherche die Muschelbeschilderung). Der Jakobsweg führt über eine Weide bis zum Wald. Hier orientieren Sie sich an einer Wegkreuzung nach rechts Richtung Zell/Buflings. Nachdem Sie den Schwarzenbach ❺ überquert haben, biegen Sie links und anschließend gleich wieder rechts ab. Auch an der folgenden Weggabelung halten Sie sich rechts, wandern anschließend linker Hand um die Weide herum und erreichen schließlich **Zell**.

Blick nach Oberstaufen

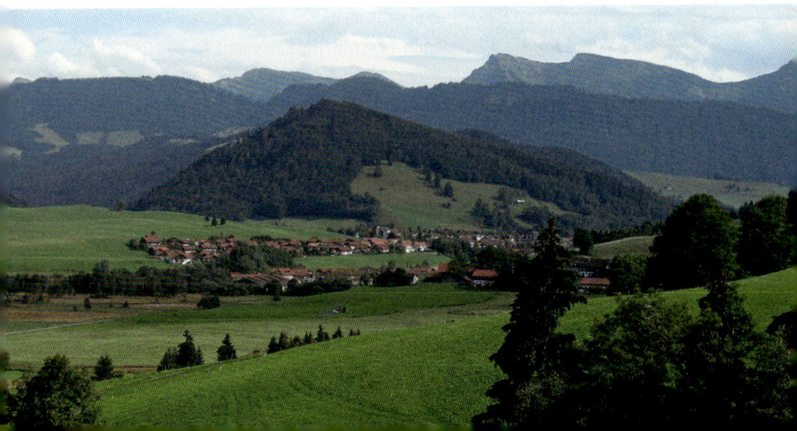

Zell

Kurheim-Bauernhof Geissler, Zell 11, 87534 Oberstaufen, ☏ 083 86/930 30, kurheim.geissler@t-online.de, https://kurheim-geissler.de, ab € 55 p. P., HP € 12 p. P.

St. Bartholomäus

Pilgerstempel: in der Kirche St. Bartholomäus

Die Filialkirche St. Bartholomäus ist wegen ihrer umfangreichen Wandmalereien ein sehenswertes Kleinod. Die Bilder stammen wohl aus der Zeit von 1450. An der rechten Seite grüßt Sie unter anderen christlichen Märtyrern auch der heilige Jakobus.

In Zell wandern Sie an der Kirche vorbei und biegen dann nach rechts ab. Hier gehen Sie weiter bergab, bis Sie auf Bahngleise treffen. Diese überqueren Sie an der Bahnüberführung. Sie biegen hier nach links ab und erreichen nach einigen Minuten **Wolfsried**.

Hier überqueren Sie die Ortsverbindungsstraße und gehen geradeaus durch den Reiterhof hindurch und dann nach dem Hof links in Richtung des Holzwegweisers Genhofen und Hopfen zum Waldrand. Dort führt der Jakobsweg weiter bis zur Ortsverbindungsstraße, auf der Sie nach rechts in Richtung Genhofen abbiegen.

Genhofen

Käse- und Hoflädle, Wolfsried 3, 88167 Stiefenhofen, Mo, Di, Do, Fr 9:00-18:00, Sa 9:00-14:00, Mi Ruhetag

Übernachtungs- und Einkehrmöglichkeit im ca. 2,4 km entfernten Stiefenhofen: **Landgasthof Rössle**, Hauptstraße 14, 88167 Stiefenhofen, ☏ 083 83/920 90, info@roessle.net, www.roessle.net, EZ ab € 56, DZ ab € 40 p. P. (direkt in Stiefenhofen), Restaurant: Mo, Do, und Fr 17:00-23:00, Sa und So und feiertags 11:00-14:00 und 17:00-23:00, Di und Mi Ruhetag

Im 2,4 km entfernten Stiefenhofen gibt es Busverbindungen zum Bahnhof nach Oberstaufen (RBI-Linie 733/VG Oberallgäu 9796).

St. Stephan (kath.)

Den Pilgerstempel erhalten Sie in der Kapelle St. Stephan in Genhofen sowie im Gästeamt Stiefenhofen.

Genhofen ist ein Ortsteil von Stiefenhofen und liegt an der ehemaligen Salzstraße. Hier sollten Sie der Filialkirche St. Stephan einen Besuch abstatten. Der heilige Stephan ist der Patron der Fuhrleute und Genhofen lag an der Salzstraße vor dem gefürchteten Anstieg auf den Hahnenschenkel, eine für Pferdefuhrwerke schwer zu nehmende Steilstrecke. So können Sie an der Sakristeitür Hufeisen und Andreaskreuze sehen, die von Fuhrleuten stammen, die hier den heiligen Stephan angerufen haben. Zwischen 1567 und 1605 wurde die Kirche mit prächtigen Wandmalereien ausgestattet. Auf dem spätgotischen Hochaltar finden Sie als Assistenzfigur der Muttergottes auch eine Figur des heiligen Jakobus.

🚲 Mit dem Rad wird es von nun an immer beschwerlicher. Sie können zwar der im Weiteren beschriebenen Route mit einigen Ausnahmen folgen, aber ab Genhofen gibt es immer wieder Teilstrecken, auf denen Sie Ihr Fahrrad schieben müssen, und nach Hopfen kommt ein Stück, das gar nicht mit dem Rad passierbar ist. Sie sollten deshalb ab Genhofen auf der Straße Richtung Simmerberg bleiben. Zwischen Lötz und Lindau führt die Radstrecke dann über eine befahrene Ortsverbindungsstraße. Alles in allem finde ich persönlich die weitere Strecke des hier beschriebenen Jakobswegs nach Lindau und Bregenz zum Radfahren nicht attraktiv und ziemlich anstrengend.

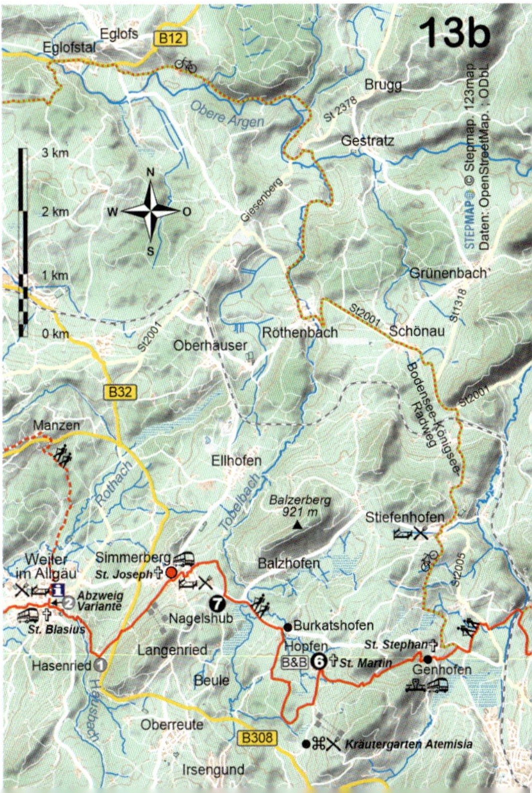

Als Alternative bietet es sich an, von Genhofen aus nach Stiefenhofen zu radeln. Kurz vor dem Gasthaus Rössle biegt der Bodensee-

Königsee-Radweg nach links ab. Diesem sehr gut beschilderten Weg können Sie ohne große Anstrengung bis nach Lindau folgen.

Sobald Sie die ersten Häuser von Genhofen erreicht haben, biegen Sie links zwischen den Häusern Nr. 5 und 7 Richtung Genhofen/Stiefenhofen/Hopfen ab. Der Weg führt durch ein Anwesen hindurch, Sie überqueren eine Straße und gehen geradeaus durch das Sägewerk hindurch. Nach dem Sägewerk biegen Sie rechts und direkt bei den Bauernhöfen wieder links in Richtung Iringshofen/Hopfen ab. Sie folgen weiter dem Weg geradeaus, auch wenn er am Anwesen Nr. 9 geradeaus über eine Wiese führt (und ein wenig schlecht erkennbar ist). Am Bauernhof direkt nach diesem Wiesenstück biegt der Weg scharf nach rechts (eine Jakobsmuschel weist Ihnen den Weg) zur Straße ab, der Sie dann nach links Richtung Hopfen und Hinterreute folgen. An der nächsten T-Kreuzung biegen Sie nach rechts Richtung Hopfen und Oberreute ab und laufen bergab nach **Hopfen ❻**.

Hopfen **B&B**

B&B **Bauernhof Mager,** Hopfen 14, 88167 Stiefenhofen, ☏ 083 86/23 25, EZ/DZ ab € 25 p. P., auf Anmeldung einen Tag im Voraus warme Abendmahlzeit ab € 10 (da sich keine Einkehrmöglichkeit in der Nähe befindet)

Sennerei Hopfen, 88167 Stiefenhofen, ☏ 083 86/28 33, Mo, Di und Do-Sa 9:00-12:30 und 15:30-18:00, Mi, So und feiertags geschlossen. Außerhalb der Öffnungszeiten gibt es einen gutgefüllten Käseautomaten.

⌘ ✕ **Kräutergarten Atemisia**, Hopfen 29, 88167 Stiefenhofen, ☏ 083 86/96 05 10, Mi- Fr 12:00-18:00, Sa und So 10:00-18:00 Mo/Di Ruhetag, Führungstermine werden telefonisch bekanntgegeben, Teestube und Hofladen, hübsche Einkehr mit kleinen Speisen, Kaffee und Kuchen, ca. 800 m außerhalb des Ortes (nicht am Jakobsweg)

⊙ Pilgerstempel: in der Kapelle Sankt Martin

Sobald Sie Hopfen erreicht haben, biegen Sie nach links ab, überqueren die Straße direkt an der Sennerei und gehen weiter geradeaus, vorbei am Spielplatz der Ferienanlage. Nach wenigen Metern führt der Weg scharf nach links an einer Hecke entlang (gehen Sie nicht Richtung Kuhstall) und Sie erreichen auf dem sich anschließenden Feldweg den Waldrand. Nach dem Bach biegen Sie nach links ab. Hier folgen Sie nicht dem breiteren Weg direkt in den Wald, sondern gehen noch ca. 20 m weiter, bis ein kleiner Pfad in den Wald biegt. Auch hier weist die

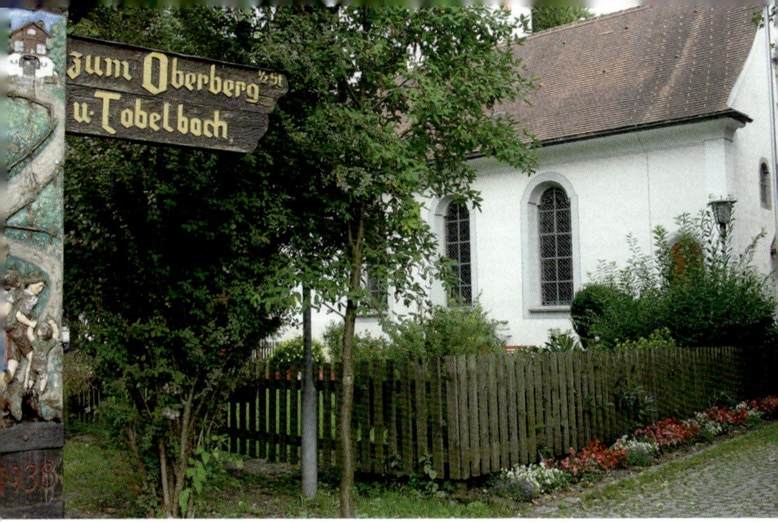

In Simmerberg

Muschel Ihnen den Weg. Über die Kuhweide geht es geradeaus bis zum Bauernhof. Dort wandern Sie rechts bis zur Fahrstraße, der Sie nach rechts folgen.

In Burkatshofen halten Sie sich an einer Weggabelung links (nicht geradeaus über den Bach!) und erreichen dann die Ortsverbindungsstraße Richtung Simmerberg. Dieser folgen Sie nach links bis **Nagelshub ❼**. Direkt in Nagelshub biegt der Weg nach rechts ab. Auf diesem Weg gehen Sie immer geradeaus, bis Sie auf einen einsam stehenden Baum mit einer roten Bank treffen. Hier biegen Sie nach links ab und erreichen **Simmerberg**.

Simmerberg

i B&B ✕ ☕ BANK 🚌

i **Kur- und Gästeamt** im Ortsteil Weiler (☞ Etappe 14, S. 165)

B&B **Gästehaus Rudolph**, Alte Salzstraße 42, 88171 Weiler-Simmerberg, ☎ 083 87/454, Übernachtung mit Frühstück für Pilger ab 40, p. P., bei Belegung des Apartments mit mehreren Personen Preisnachlass

🛏 Weitere Übernachtungsmöglichkeiten finden Sie in dem ca. 3 km entfernten Ortsteil Weiler (☞ Etappe 14, S. 165)

✕ **Bräustatt und Traferne**, Ellhofer Straße 2, 88171 Weiler-Simmerberg, ☎ 083 87/38 06, 🚪 Di-So 11:30-14:30 und 17:00-22:00, Mo Ruhetag

☕ **Bäckerei und Café Rieser**, Alte Salzstraße 35, 88171 Weiler-Simmerberg, ☎ 083 87/992 80, 🚪 Mo-Fr 6:30-18:00, Sa 6:30-17:00

⊙ Pilgerstempel: in der Pfarrkirche St. Joseph und im Gasthaus Krone

Durch Simmerberg führte während der vergangenen Jahrhunderte die bedeutendste Verkehrs- und Handelsstraße des Allgäus, die „Salzstraße". Bereits die Römer hatten die ersten Straßen im Allgäu gebaut, die auch im Mittelalter für den Salzhandel benutzt wurden. Der Verlauf der Hauptstraße Simmerbergs entspricht auch heute noch genau dem Verlauf der Salzstraße, die von Tirol kommend über den Gaichtpass nach Immenstadt, Simmerberg, Bregenz und weiter in die Schweiz bis nach Baden führte. Wie reich Simmerberg durch den Salzhandel war, daran erinnert noch das 1639 errichtete Salzfaktorhaus.

Hinweis zum Wegverlauf ab Simmerberg

Von Simmerberg aus haben Sie mehrere Möglichkeiten, den Bodensee zu erreichen. Entweder folgen Sie der Hauptroute. Diese führt Sie innerhalb von zwei Wandertagen von Simmerberg nach Weiler und von dort über Scheidegg nach Lindau (Etappe 14 und 15). Sie können in Scheidegg aber auch über den Pfänder nach Bregenz wandern (↬ Variante 15. Etappe). Oder Sie entscheiden sich für die ↬ Variante der 14. Etappe und wandern über Lindenberg nach Lindau. (Mit ca. 33 km ist diese Etappe als Tagesetappe aber auch sehr herausfordernd. Empfehlenswert ist es, diese Route in Lindenberg oder Niederstaufen zu unterbrechen.) Egal für welche Route Sie sich entscheiden: Zunächst wandern Sie erst einmal entlang der Hausbachklamm hinab nach Weiler.

14. Etappe: Von Simmerberg nach Scheidegg

12 km, 4 Std. 15 Min., ↑ 325 m, ↓ 277 m, ⇧ 608-828 m

0,0 km	⇧ 760 m	Simmerberg BANK
3,3 km	⇧ 630 m	Weiler B&B BANK
8,2 km	⇧ 750 m	Böserscheidegg
12,0 km	⇧ 804 m	Scheidegg BANK

Entscheiden Sie sich für den Weg nach Scheidegg, geht es zunächst weiter am Bach entlang. Dann zieht sich der Weg von Bremenried aufwärts nach Altenburg. Hier sollten Sie der alten Burg von Weiler einen kurzen Besuch abstatten, deren verwunschene Ruine etwas abseits vom Weg im Wald zu finden ist. Weiter geht es bergauf über Forsthäuser nach Böserscheidegg mit einer hervorragenden Käserei. Von dort aus ist es dann nicht mehr weit bis zum heutigen Etappenziel Scheidegg. Einen wunderbaren Blick auf den Bodensee haben Sie, wenn Sie hier noch über den Panoramaweg wandern, der auf einem Bergrücken über Scheidegg verläuft und Ihnen einen spektakulären Rundumblick bietet.

In Simmerberg folgen Sie der Alten Salzstraße bis zum Gasthaus Krone. Hier, direkt am Gasthaus, biegt der Weg in die Riedererstraße nach links ab. Am Ortsschild Rieder (⦿ Pilgerstempel in der Kapelle Sankt Antonius) gehen Sie weiter geradeaus Richtung Hasenried. (Alternativ können Sie hier aber auch nach rechts abbiegen und erreichen so in 20 Min. den Ort Weiler.) Sobald Sie auf die Schnellstraße treffen, gehen Sie ein kurzes Stück nach links bis zum Bushäuschen und unterqueren die Straße durch eine Fußgängerunterführung. Anschließend biegen Sie nach links ab und erreichen das Örtchen **Hasenried ❶**. Sie wandern weiter bis zum Ende des Sträßchens und biegen dort nach rechts in Richtung Weiler ab. Hier steigen Sie bergab, bis Sie im Tal auf eine T-Kreuzung stoßen. Dort gehen Sie nach rechts und gleich hinter der Weide wieder nach links Richtung Hausbachklamm. Der Hausbachklamm folgen Sie in Fließrichtung bergab in die Ortsmitte von **Weiler**.

Weiler

i **Kur- und Gästeamt**, Hauptstraße 14, 88171 Weiler-Simmerberg, ☏ 083 87/391 50, ✉ info@weiler-simmerberg.de, 💻 www.weiler-simmerberg.de, Mo-Fr 9:00-12:00 und 13:30-17:30

Gasthof und Brauerei zur Post, Fridolin-Holzer-Straße 4, 88171 Weiler-Simmerberg, ☏ 083 87/10 70, ✉ reservierung@postinweiler.de, EZ ab € 80, DZ ab € 120, Mo-Sa 17:00-22:00, So 12:00-14:00 und 17:00-22:00, Hotelanreise nach 17:00 (oder auf Anfrage)

B&B **Felisa Casal**, Bregenzer Straße 58, 88171 Weiler-Simmerberg, ☏ 083 87/32 60, DZ € 27 p. P. mit Frühstück

Gasthaus Engel, Kirchplatz 5, 88171 Weiler-Simmerberg, ☏ 083 87/27 45, 11:00-14:00 und 17:00-22:00 Mo und Di Ruhetag

Villa Lessing, Bahnhofstraße 14, 88171 Weiler-Simmerberg, ☏ 083 87/463, Do-So 9:00-18:00, Mo-Mi Ruhetag

Café Weinstube Mangold, Fridolin-Holzer-Straße 19, 88171 Weiler-Simmerberg, 9:00-18:00, Di Ruhetag

Campingplatz Alpenblick, Schreckenmanklitz 18, 88171 Weiler-Simmerberg, ☏ 083 81/34 47, ✉ info@camping-alpenblick.de, 💻 www.camping-alpenblick.de, 2,5 km von Weiler entfernt auf dem Weg Richtung Lindenberg (↳ Variante 14. Etappe)

- Busverbindung nach Kempten, von dort regelmäßige Verbindung nach München Hbf.
- St. Blasius (kath.), Kreuzkirche (ev.)
- Pilgerstempel: im katholischen Pfarramt St. Blasius (Schulstraße 11), im Kur- und Gästeamt und im Gasthof Engel

Weiler ist – wie auch Simmerberg – eine Gründung des Klosters St. Gallen und gehört zu den ältesten Pfarrorten im Westallgäu. Das ehemalige Amtshaus aus den Jahren 1680-81 ist heute das Rathaus der Doppelgemeinde Weiler-Simmerberg. Es wurde erbaut, weil die Altenburg, das ehemalige Schloss hoch über der Straße nach Scheffau (Sie kommen auf dem Weg nach Scheidegg noch an der Ruine vorbei), baufällig geworden war. Bis zum Jahr 1748 blieb das Haus im Besitz der Gerichte Altenburg und Kellhöf, nach dem Kauf durch die Familie Wagus wurde es ein Gasthaus und schließlich 1922 von der Gemeinde übernommen.

An die Schrecken der Pest und des Dreißigjährigen Krieges erinnert die Sebastianskapelle am südöstlichen Ortsausgang von Weiler. Als die Pest nach dem Dreißigjährigen Krieg ausbrach, gelobten die Weiler, eine Kapelle zu errichten. Die Kapelle war lange Zeit Wallfahrtsstätte, besonders für die Bewohner von Oberstaufen und Steibis. Vielfach brachten die Wallfahrer Reisigbesen als Opfergabe für die Heilung von Geschwülsten und Furunkeln.

Den hübschen Ort Weiler durchqueren Sie entlang des Dorfbaches in Richtung Kirche. Sollten Sie sich für die Alternative nach Lindau über Lindenberg entscheiden, müssen Sie ab der Kirche der ↳ Variante folgen ❷. Möchten Sie weiter Richtung Scheidegg wandern, bleiben Sie am Dorfbach und gehen weiter, bis Sie nach ca. 1 km auf eine Holzbrücke treffen. Hier überqueren Sie den Bach und wandern weiter Richtung Straße. Der Straße folgen Sie nach links bis zur Käserei, biegen dort nach rechts ab und erreichen den Ortsteil **Bremenried ❸**.

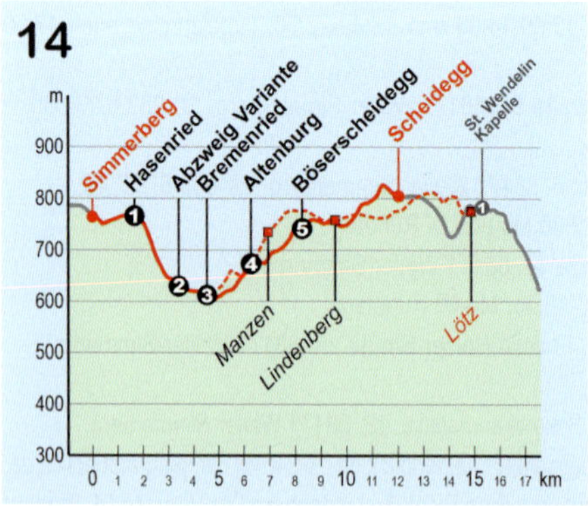

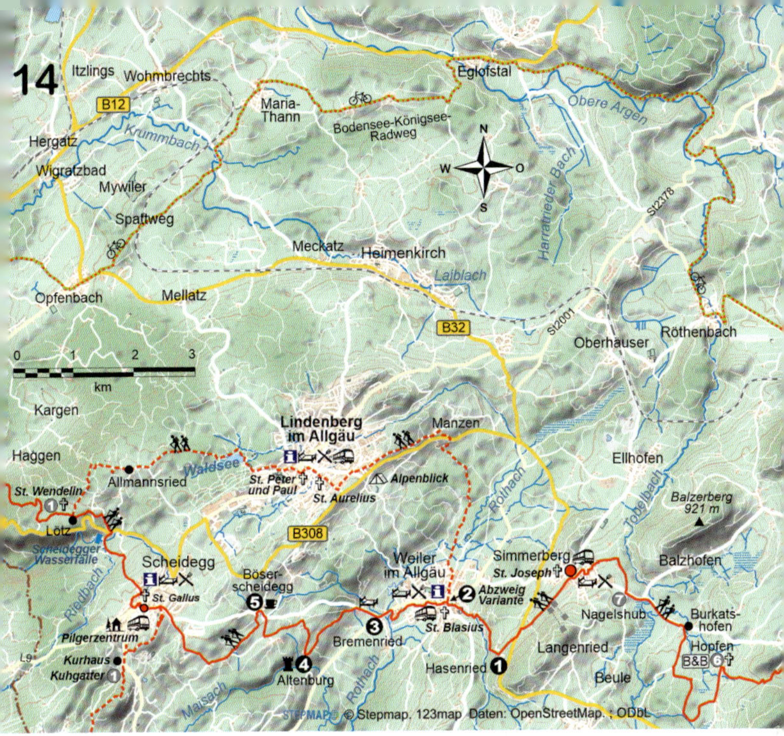

Bremenried

Johanneshof, Nazenbergstraße 12, 88171 Weiler-Simmerberg (Ortsteil Bremenried), ☏ 083 87/921 50, info@johanneshof-weiler.de, EZ € 49 DZ € 86

Bremenrieder Käslädele, Bregenzer Straße 96, 88171 Weiler-Simmerberg (Ortsteil Bremenried), ☏ 083 87/26 58, täglich 7:00-12:00

Am Ende des Ortes Bremenried biegen Sie nach links Richtung Altenburg ab. Sie wandern auf dem Sträßchen bergauf, bis Sie **Altenburg ❹** und seine verwunschene Burgruine erreichen. Diese finden Sie direkt an der Kapelle links hinter dem Bauernhof im Wald.

Altenburg

Die Burgruine Altenburg war einst die alte Burg von Weiler und damit ein Lehen des Klosters St. Gallen. Wann die Burg erbaut wurde und wer sie errichten ließ, lässt sich nicht mehr nachvollziehen. Der große viereckige Turm soll aber schon

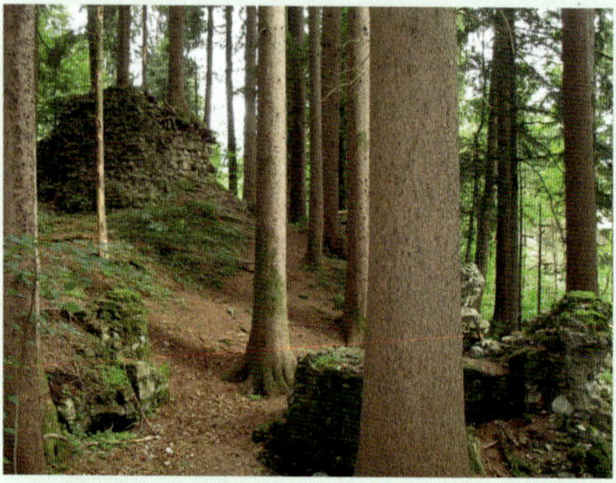

Burgruine Altenburg

zur Römerzeit gestanden haben. Schriftlich belegt ist, dass im Jahr 1212 der Edelknecht Burkart von Weiler die Burg bewohnte. Die Herren von Weiler dienten dem Kloster St. Gallen und später dem Grafen von Montfort. Nach dem Aussterben des Weiler Geschlechts ging das Schloss 1570 an Österreich und diente 111 Jahre lang als Gerichtshaus. Ab 1681 war die Burg unbewohnt und dem Verfall preisgegeben. Steine der verfallenen Burg wurden für den Bau des Scheidegger Kirchturms verwendet. Auch die Bauern holten sich von dem einst herrschaftlichen Besitz Steine zum Bau ihrer Stallungen. Für den Umbau eines Hauses in Lindenberg wurde gar der komplette Dachstuhl des großen Burgturmes verwendet.

Überlieferungen zufolge soll im Hof der Burg einst eine kleine Kapelle gestanden haben. Die Kapelle nahe der Ruine wurde aber erst nach dem gänzlichen Abbruch des Schlosses erbaut. Das Altarbild darin stammt jedoch aus dem Jahr 1553. Es zeigt die heilige Helena mit dem Kreuz. Zwei Mal im Jahr wird in der Kapelle noch die Messe gelesen: am 4. Mai zur Kreuzauffindung und am 16. September zur Kreuzerhöhung.

Der Jakobsweg führt weiter die Straße bergauf auf einen Privatweg, der Sie weiter bis kurz vor die Ortsverbindungsstraße führt. Etwa 100 m vor der Straße biegen Sie in den Weg nach links Richtung Forsthäuser/Böserscheidegg/Schalkenried ein. Nachdem Sie den Weiler Forsthäuser passiert haben, geht es rechts bergauf nach **Böserscheidegg**.

Böserscheidegg

- **Bäckerei & Café Seruga**, Böserscheidegg 27, 88175 Scheidegg, Di-Fr 6:00-18:00, Sa 6:30-12:00, So und Mo Ruhetag
- **Dorfsennerei Böserscheidegg**, täglich 7:30-18:30, Sa, So und feiertags 7:30-12:00 und 16:00-18:30

In Böserscheidegg ❺ folgen Sie der Hauptstraße bis zum Dorfende. Dort biegt der Jakobsweg nach links ab. An der Weggabelung gehen Sie nach links in Richtung Haus Nr. 6. Sobald Sie den Waldrand erreicht haben, biegen Sie wieder nach links ab, durchqueren das kurze Waldstück und überqueren die Wiese bergab, bis Sie die ersten Häuser von Schalkenried erreichen. Den Ort durchwandern Sie immer geradeaus bis zum Haus 119 ½ und biegen hier Richtung landschaftlicher Kurpark/Scheidegg ab. Auf der Straße erreichen Sie die Kurklinik und folgen dem Weg weiter geradeaus nach **Scheidegg**.

Der Hochgratstraße folgen Sie bis an die Blasiuskapelle (Di 18:00 Gottesdienst) und gehen links die Treppe hinauf. Auf dem Höhenweg wandern Sie bergauf und erreichen dann den Panoramaweg. Hier haben Sie einen wunderschönen Blick auf die Allgäuer Alpen und können bei schönem Wetter erstmals auch einen Blick auf den Bodensee erhaschen.

Wenn Sie weiter zum Pilgerzentrum wandern möchten, folgen Sie dem Panoramaweg bis zum Ende. Falls Sie in die Ortsmitte gehen wollen, finden Sie auf dem Panoramaweg immer wieder Abzweigungen in den Ort.

Scheidegg

Kurverwaltung Scheidegg, Rathausplatz 4, 88175 Scheidegg, ☏ 083 81/895 55, kurverwaltung@scheidegg.de, www.scheidegg.de, täglich 10:00-18:00

Pilgerzentrum Scheidegg, Am Hammerbach 14, 88175 Scheidegg, 01 51/54 87 57 91, pfarramt.scheidegg@elkb.de, pilgerzentrum-scheidegg.de, vom 1. April bis 15. Oktober täglich ab 16:30, im Winter auf Anfrage, 3 Schlafräume mit 18 Betten, € 26 mit Frühstück. Abendessen nach Voranmeldung möglich. Das Zentrum befindet sich neben der evangelischen Auferstehungskirche und steht unter evangelischer Trägerschaft. Übernachten kann jeder Pilger unabhängig von seiner Konfession.

🛏🍴 **Zum Hirschen**, Hotel und Gasthaus beim Stöckeler, Kirchstraße 1, 88175 Scheidegg, ☏ 08 381/21 19, ✉ info@zumhirschenscheidegg.de, 💻 www.zumhirschenscheidegg.de, EZ ab € 110, DZ ab € 160, 🚪 Restaurant: 11:00-14:00 und 17:30-23:00, Di und Mi Ruhetag

🛏 weitere Unterkünfte mit der Möglichkeit zur Online-Buchung unter 💻 https://scheidegg.tramino.de/gastgeber/suchen-buchen/

🍴 **Kässtadl**, Kurstraße 14, 88175 Scheidegg, ☏ 08 381/92 64 20, 🚪 17:30-23:00, Mi, Do Ruhetag

☕ **Café Engel**, Alemannenweg 2, 88175 Scheidegg, 🚪 10:00-18:00, Di Ruhetag

♦ **Danielas Genußwelt**, Prinzregent-Luitpold-Straße 13, 88175 Scheidegg, 🚪 10:00-17:30, Do, Fr Ruhetag

🚌 Buslinie 11 zum Bahnhof Röthenbach, von dort Verbindung nach Kempten, Linie 793 nach Lindau am Bodensee

♦ Landbus Unterland 14b nach Bregenz, Abfahrt vor dem Hotel Rössle, Zollstraße 2

✝ Auferstehungskirche (ev.), Sankt Gallus (kath.)

⊙ Pilgerstempel: im Pilgerzentrum sowie in der Kurverwaltung

Am Kapellenweg bei Scheidegg

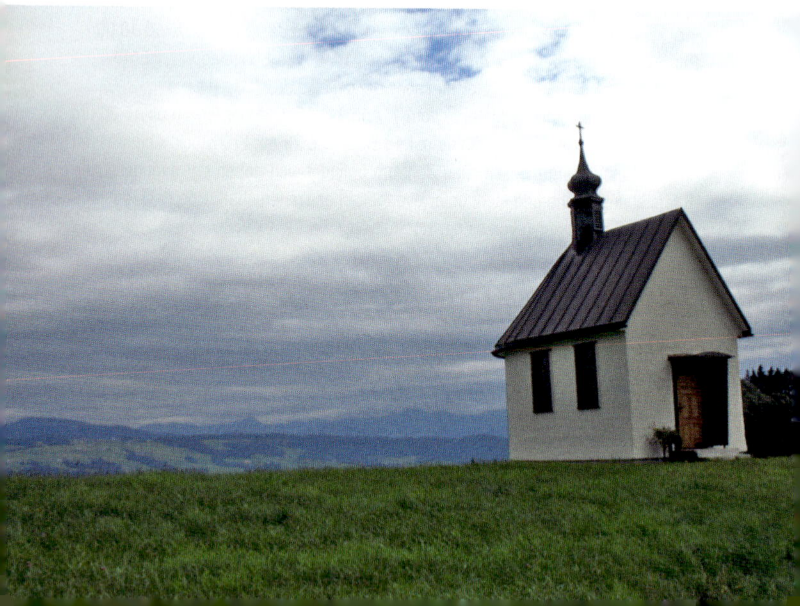

Scheidegg wurde vermutlich bereits im 6. und 7. Jh. von den Alemannen besiedelt. Bis 1481 gehörte der Markt zu Weiler und wurde infolge eines Urkundenverlustes 1255 erstmals schriftlich in Sankt Gallen erwähnt. 1296 versetzte Abt Wilhelm die Ortschaft Scheidegg an Graf Hugo von Bregenz (Montfort). Das Gebiet, das 1571 vom Haus Habsburg erworben wurde, blieb bis zum Pressburger Frieden im Jahr 1805 ein Besitztum der Österreicher, ging aber dann unter Napoleon an Bayern.

Die Pfarrkirche Sankt Gallus wurde nach dem Kloster Sankt Gallen bzw. dem heiligen Gallus benannt, der in dieser Gegend gepredigt haben soll. Nach einem Brand wurde die Kirche 1548 neu gebaut, musste aber 1789 wegen großer Bauschäden neu aufgebaut werden. In den Jahren 1886-89 wurde die Kirche im Rokokostil restauriert.

Die evangelische Auferstehungskirche bietet mit ihrem begehbaren Labyrinth mit sieben Umgängen von rund 6 m Durchmesser und rund 130 m Weg eine besondere Attraktion für Pilger, sozusagen den Pilgerweg im Kleinen. Sollten Sie neben dem Jakobsweg noch Muße und Ausdauer für ein Extra-Wegstück haben, dann ist außerdem der ökumenische Kapellenweg in Scheidegg sehenswert.

Variante 14. Etappe: Von Simmerberg über Lindenberg zur Insel Lindau

32,9 km, 9 Std. 20 Min., ↑ 631 m, ↓ 998 m, ⇧ 390-815 m

0,0 km	⇧ 760 m	Simmerberg
3,3 km	⇧ 630 m	Weiler
9,5 km	⇧ 762 m	Lindenberg
10,9 km	⇧ 758 m	Waldsee
18,5 km	⇧ 552 m	Niederstaufen
22,8 km	⇧ 485 m	Sigmarszell
24,3 km	⇧ 510 m	Schlachters
29,8 km	⇧ 400 m	Lindau (Ortsteil Reutin)
32,9 km	⇧ 400 m	Insel Lindau

Die Alternativroute von Simmerberg auf die Insel Lindau ist sehr lang. Sie kann in Sigmarszell bzw. Schlachters unterbrochen werden. Nicht ganz so weit ist es, wenn Sie planen, in Lindau in der Pilgerherberge zu übernachten. Der Ortsteil Reutin, in dem sich die Herberge befindet, liegt ganz am Anfang von Lindau (29,8 km).

Zunächst verlassen Sie Weiler und passieren den Erratischen Block – einen Findling, der etwas abseits im Wald liegt. Von dort geht es bergauf über Manzen in das Städtchen Lindenberg. Nach Lindenberg erreichen Sie den Waldsee, einen Moorsee, der verwunschen im Wald liegt. Hier führt Sie ein Moorlehrpfad weiter, auf dem es einiges zu entdecken gibt. Nun geht es bergan bis nach Lötz mit seiner Wendelinskapelle mitten auf dem Feld. Wie es im Allgäu üblich ist, folgt nach diesem Anstieg dann ein steiler Weg durch den Wald nach Niederstaufen und auch nach Sigmarszell müssen Sie noch einmal einige Höhenmeter bergab durch einen Tobel und dann erneut steil bergauf laufen. Sobald Sie nach Schlachters das Montfort-Schlösschen erreicht haben, wandern Sie nun eigentlich ständig bergab – teils durch Obstplantagen, teils auf Asphaltstraßen bis nach Lindau.

Wenn Sie den Jakobsweg von hier in Richtung Lindau fortsetzen wollen, dann folgen Sie zunächst der ☞ Beschreibung der Etappe 14 bis Weiler (S. 164).

In Weiler gehen Sie an der Kirche nach rechts (also nicht weiter entlang des Bachs) in Richtung Erratischer Block. Dann biegen Sie am Gasthof Post in die Kristinusstraße und folgen den Wegweisern zum Erratischen Block. Am Bau-

Hausbachklamm zwischen Simmerberg und Weiler

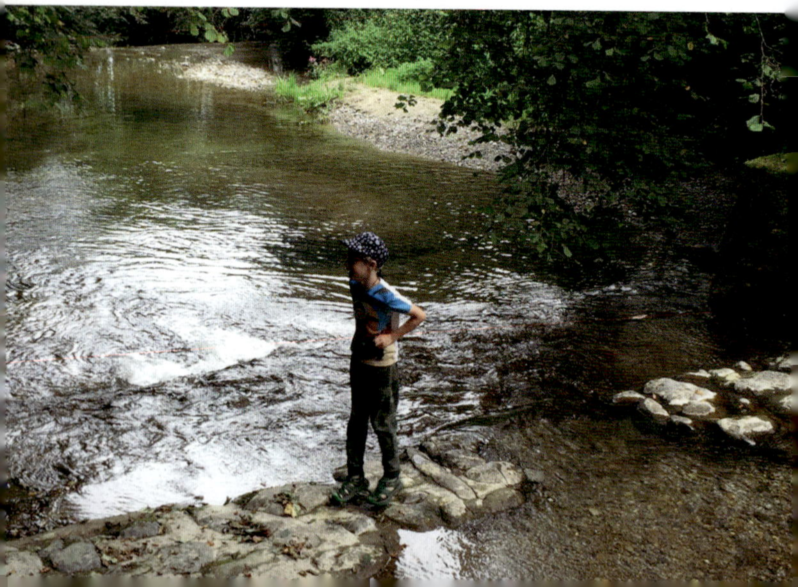

stoffwerk „Steinwerk Weiler" halten Sie sich links und wandern entlang der Eschweidstraße weiter. Vor dem Bächlein biegen Sie links in einen Feldweg (Richtung Erratischer Block). An einer Bank gabelt sich der Weg. Dort wählen Sie den Weg weiter geradeaus. Er führt in einer Linkskurve in den Wald. Im Wald weist ein Wegweiser nach rechts und bringt Sie in 5 Min. zum Erratischen Block, einem Findling aus der letzten Eiszeit. (Sie können hier aber auch weiter geradeaus Richtung Manzen/Lindenberg gehen.) Den Findling lassen Sie rechter Hand liegen (wenn Sie ihn sehen möchten, müssen Sie etwa 100 m in den Wald gehen), nehmen unterhalb des Bauernhofes den steilen Weg nach rechts und wandern unter der Bundesstraße 308 hindurch nach **Manzen**.

In Manzen gehen Sie bis zur Einmündung in die Ortsstraße, biegen am Wegkreuz nach links und beim Hotel Bavaria wieder nach rechts ab und wandern auf einem Höhensträßlein mit herrlichem Blick über das Rothachtal nach Kellershub. Biegen Sie hier nach links ab und überqueren Sie die Staufner Straße. Westwärts kommen Sie auf einem breiten Weg zur Bergstraße. Auf dieser gehen Sie rechts nach Lindenberg hinab und erreichen die Aureliuskirche beim alten Friedhof.

Lindenberg

Tourist-Information, Stadtplatz 1, 88161 Lindenberg i. Allgäu, ☏ 083 81/803-28, touristinformation@lindenberg.de, www.lindenberg.de, Di-Sa 9:30-17:00, So und Mo geschlossen

Hotel-Gasthof Lindenberger Hof, Hauptstraße 50, 88161 Lindenberg, ☏ 083 81/30 40, mail@hotel-lindenberger-hof.de, www.lindenbergerhof.de, EZ ab € 74, DZ ab € 134, Restaurant: Mo-Sa 8:00-23:00, So Ruhetag

Gästehaus Grath, Auf der Hub 23, 88161 Lindenberg, ☏ 083 81/92 71 34, EZ 50, DZ € 60

Buslinie 11 und 13 nach Hergatz bzw. Röthenbach zum Bahnhof, von dort Verbindungen nach Lindau bzw. Kempten/München

⌘ **Deutsches Hutmuseum**, Museumsplatz 1, 88161 Lindenberg im Allgäu, Di-So 9:30-17:00

✞ Pfarrkirche Sankt Peter und Paul (kath.), Johanneskirche (ev.), Aureliuskirche (kath.)

⊙ Pilgerstempel: im Stadtpfarramt (Goethestraße 4, 88161 Lindenberg) sowie in der Tourist-Information

Der Ort Lindenberg ist vor allem durch seine Hutmacherkunst bekannt. Bereits im Jahr 1656 wurden Lindenberger Strohhüte im Hausierhandel und auf Märkten verkauft.

Im Jahr 1755 wurden die Herstellung und später auch der Vertrieb von Strohhüten erstmals organisiert. Heute hat zwar die Hutindustrie kaum noch wirtschaftliche Bedeutung, doch der jährlich stattfindende „Huttag" sowie ein Hutmuseum erinnern an die große Zeit der Lindenberger Hutindustrie. Alle zwei Jahre wird auch eine Hutkönigin gewählt, die dann die Stadt Lindenberg repräsentiert.

An der Aureliuskirche halten Sie sich rechts. Sie erreichen die Fußgängerzone und überqueren den Stadtplatz. An der Tourist-Information biegen Sie nach links in die Rathausstraße und wandern an der Stadtkirche vorbei. Überqueren Sie sich leicht rechts haltend die breite Blumenstraße, wandern Sie zum Gymnasium und folgen Sie dann nach links dem Geh- und Radweg in westlicher Richtung. An der Martinstraße steigen Sie rechts hinauf und biegen nach ca. 50 m links Richtung Waldsee ab.

Am Waldsee wandern Sie am rechten Ufer weiter und bleiben auf dem Torflehrpfad. An der ersten Wegkreuzung nach dem Torflehrpfad halten Sie sich rechts Richtung Allmannsried und folgen dem Wanderweg Nr. 1 Richtung Feriendorf Lötz. Nach dem Feriendorf biegen Sie rechts ab und erreichen das Dörflein Lötz. Hier wandern Sie an dem schönen Schindelhaus mit der Nr. 195 vorbei geradeaus auf einen Feldweg in Richtung der frei stehenden Wendelinskapelle und halten sich an der Weggabelung an der Kapelle links. Kurz darauf erreichen Sie die Landwirtschaft „Kinberg".

Ab hier können Sie der Beschreibung der ☞ Etappe 15 folgen.

Wendelinskapelle bei Lötz

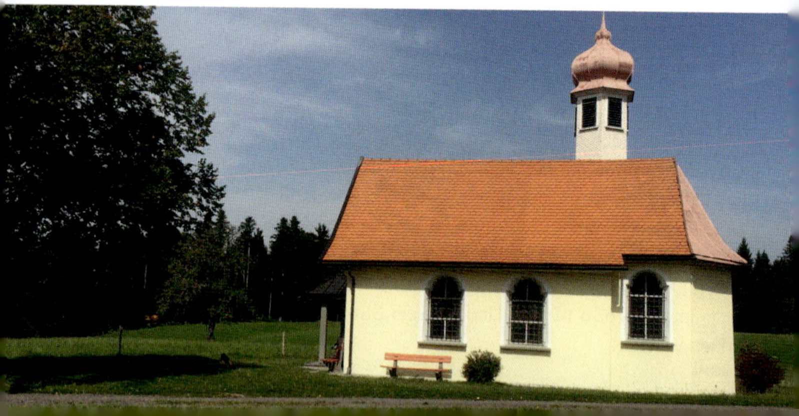

15. Etappe: Von Scheidegg nach Lindau

21,5 km, 5 Std. 15 Min., 364 m, 797 m, 390-828 m

0,0 km	804 m	Scheidegg
7,0 km	552 m	Niederstaufen
11,5 km	485 m	Sigmarszell **B&B**
12,9 km	510 m	Schlachters
18,3 km	400 m	Lindau (Ortsteil Reutin)
21,5 km	400 m	Insel Lindau

Die letzte Etappe des Münchner Jakobswegs führt Sie heute auch aus dem Allgäu hinaus. Sie merken es nicht nur an der Landschaft, sondern auch an der Bebauung. Nach dem ersten Stück durch das Leiblachtal und entlang des Flüsschens ist es noch recht ruhig und beschaulich. Aber je weiter Sie sich dem Bodensee nähern, umso mehr wandern Sie durch bebautes Gebiet, bis Sie schließlich den Lindauer Ortsteil Reutin erreichen und durch Wohngebiete bis an den Bodensee laufen. Über eine lange Brücke wandern Sie schließlich auf die Insel Lindau und erreichen das Ende des Münchner Jakobswegs, den Lindauer Hafen mit seinem Leuchtturm und dem bayerischen Löwen.

In Scheidegg wandern Sie Richtung Kirche. Über den Dorfplatz gehen Sie geradeaus in die Allemannenstraße, der Sie dann nach rechts folgen. (Vom Pilgerzentrum aus wandern Sie Richtung Ortsmitte. Sobald Sie die Hauptstraße erreichen, gehen Sie nach rechts und nach einer kleinen Wiese links die Treppen hinauf und orientieren sich dann nach rechts in Richtung der Lourdesgrotte. Der Sonnenstraße folgen Sie bis zur Allemannenstraße.) Am Ende der Straße geht es nach links in die Bräuhausstraße, der man aus den Ort hinaus folgt.

Der Jakobsweg führt bergab einen kleinen Teerweg hinunter zum Bergerhof (rechts finden Sie die Gallus-und-Magnus-Kapelle). Sie gehen nach links weiter bergab an einem Bach entlang. An der nächsten Gabelung halten Sie sich rechts und erreichen die Zufahrt zu den Scheidegger Wasserfällen. Diese lassen Sie allerdings linker Hand liegen und steigen die Teerstraße hinauf, überqueren die B308 und wandern weiter bergauf nach Ostkinberg. An der frei stehenden roten Bank gehen Sie links den Trampelpfad weiter bergauf und oben angekommen links den Pfad weiter in den Wald (sehr schöner Ausblick auf Scheidegg). Überqueren Sie die Straße nach Ostkinberg und folgen Sie dem Wegweiser nach Lötz. Hier wandern Sie an dem schönen Schindelhaus mit der Nr. 195 vorbei geradeaus auf einem Feldweg in Richtung der frei stehenden Wendelinskapelle ❶ und halten sich an der Weggabelung an der Kapelle links. Kurz darauf erreichen Sie die Landwirtschaft „Kinberg“.

In Kinberg gehen Sie scharf rechts über den Bauernhof bis zur Scheune und dann rechts weiter auf dem Feldweg bis in den Wald. Nach ca. 50 m geht es scharf links einen steilen Weg teils über Treppen bergab, bis Sie auf einen breiten Waldweg stoßen. An der nächsten Weggabelung halten Sie sich rechts auf einen Schotterweg und wandern an der Wiese entlang. Weiter steil bergab geht es über Adelberg, einen kleinen Weiler, weiter in Richtung Niederstaufen. Kurz bevor Sie den Ort erreichen, biegt der Jakobsweg links in ein Wäldchen ab und verläuft dann am Waldrand in Richtung der Kirche von **Niederstaufen** ❷.

Niederstaufen

Dorfladen Niederstaufen, Mo-Fr 6:45-12:30, Fr 15:00-18:00, Sa 6:45-12:00

Sobald Sie hinter der Kirche auf die Allgäustraße stoßen, biegen Sie nach links ab und folgen der Straße bis zu den Josef-Karg-Landmaschinen. Hier biegen Sie nach rechts in die Pfarrer-Wolfgruber-Straße ab, die in einen Feldweg mündet. Dieser führt zum Flüsschen Leiblach und weiter auf den Leiblachwanderweg.

Folgen Sie der Leiblach flussabwärts und überqueren Sie den Fluss auf einer schmalen Stahlbrücke. Anschließend führt auf der anderen Uferseite ein geteerter Weg ca. 350 m bergauf, bis ein Weg in einem Waldstück nach links abbiegt. Die-

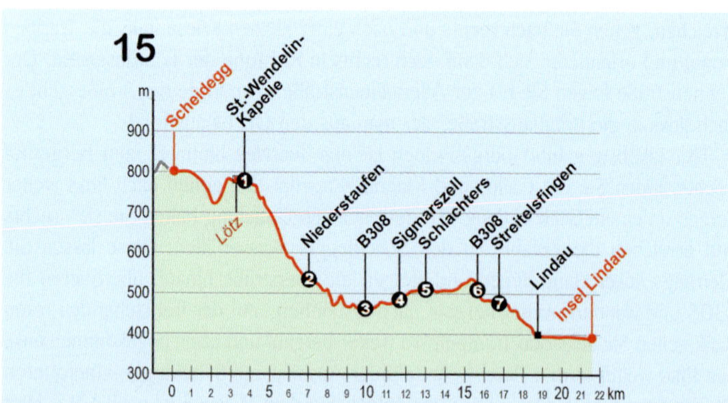

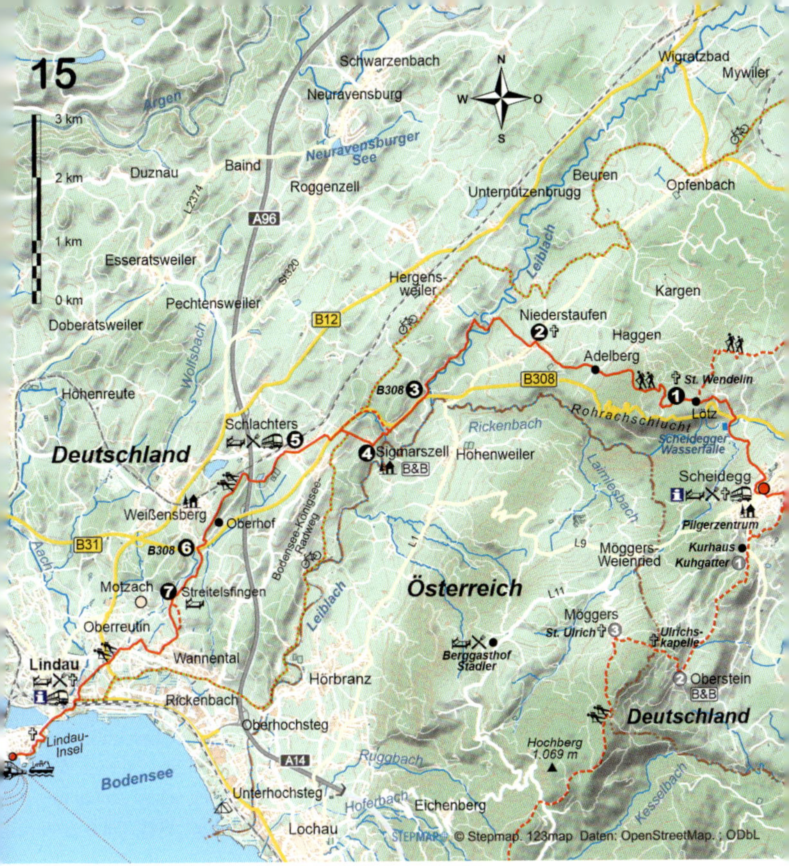

sem Weg folgen Sie, bis er Sie wieder zurück zu einer Brücke über einen Bach bringt. Kurz darauf stoßen Sie auf einen breiteren Waldweg, dem Sie entlang des Flusslaufes folgen.

Sobald Sie die B308 ❸ erreicht haben, folgen Sie der Schnellstraße ein kurzes Stück nach rechts. Bevor die Straße eine Rechtskurve macht, gehen Sie auf dem Feldweg weiter geradeaus (alternativ können Sie auch auf dem Fußweg neben der Straße weiterlaufen, der Sie nach Schlachtes bringt, bei schlechtem Wetter empfehlenswert). Der Hauptweg führt Sie auf den Leiblachwanderweg, dem Sie durch ein Waldstück mit etlichen Treppen durch einen Tobel folgen. Nach einer Brücke erreichen Sie schließlich **Sigmarszell ❹**.

Sigmarszell

Pilgerherberge Haus Jutta, Jutta Kern, Zellerstraße 8, 88138 Sigmarszell, ☎ 083 89/714, +49 151/28 04 63 47, kontakt@haus-sonne-bodensee.de, EZ 49, DZ € 69

B&B **Gästezimmer Edgar Kern**, Zellerstraße 11, 88138 Sigmarszell, ☎ 083 89/981 56, edgarkern@gmx.net, EZ € 40, DZ ab € 65 (Preis gilt nur für Pilger)

Durchqueren Sie Sigmarszell Richtung Biesings/Schlachters weiter geradeaus, bis Sie die B308 erreichen – hier weist die Muschel Sie nach links auf den Radweg Richtung Lindau/Schlachters. Sie folgen ihm ein kurzes Stück, bis Sie rechts durch eine Unterführung nach **Schlachters** ❺ kommen.

Schlachters

Landhotel Adler, Hauptstraße 31, 88138 Sigmarszell, ☎ 083 89/922 94 20, info@adler-sigmarszell.de, landhotel-adler.bayern, EZ ab € 95, DZ ab € 125

Pizzeria Mariano, Bahnweg 2, 88138 Sigmarszell-Schlachters, Di-Fr 11:00-14:00 und 17:00-23:00, Sa/So nur abends, Mo Ruhetag

Busverbindung zur Insel Lindau

Pilgerstempel: im Rathaus Sigmarszell-Schlachters (Hauptstraße 28, 88138 Sigmarszell-Schlachters, direkt am Weg)

Auf der Hauptstraße durchqueren Sie Schlachters, bis die Weiherstraße nach links abzweigt. Diese Straße führt Sie am Sportplatz und am Schlachterner Weiher vorbei. Nach der Brücke über die A96 wählen Sie den Weg scharf rechts weiter Richtung Weißensberger Halde. Im Wald gabelt sich der Weg nach einer Linkskurve erneut. Halten Sie sich links.

Wenn Sie dem rechten Weg folgen, gelangen Sie nach Weißensberg.

Weißensberg

Pilgerunterkunft St. Pelagius, Familie Schmidt, Pelagiusweg 10, 88138 Weißensberg, 01 51/64 32 93 06, Gästezimmer mit eigenem Bad im Haus, mit Frühstück auf Spendenbasis, Voranmeldung erforderlich

Sie durchwandern das folgende Waldstück. Wenn Sie aus dem Wald treten, haben Sie einen überwältigenden Blick auf den Bodensee. Gehen Sie in Richtung der Kapelle, lassen Sie diese aber dann links liegen und steigen Sie den schmalen

Pfad hinab nach Oberhof. Sie erreichen einen schmalen geteerten Fußweg, dem Sie nach links folgen. Er mündet in die Verbindungsstraße.

Sie gehen nach rechts bergab bis zur nächsten Einmündung, der Sie nach links folgen. Sie unterqueren die B308 ❻ erneut und wandern am Gewerbegebiet vorbei. An der nächsten Straßengabelung nach rechts folgen Sie dem Sträßchen in Richtung **Streitelsfingen** ❼.

Der Jakobsweg führt dann kurz vor Streitelsfingen scharf rechts in den Wald.

Streitelsfingen

Landhotel Montfort-Schlössle, Streitelsfinger Straße 38, 88131 Lindau (Ortsteil Streitelsfingen, direkt am Weg), ☏ 083 82/728 11, info@montfort-schloessle.de, www.montfort-schloessle.de, EZ ab € 115, DZ ab € 169

Von Streitelsfingen geht es auf der Straße am Montfort-Schlössle vorbei bergab Richtung Lindau. Kurz nach den letzten Häusern biegt der Weg etwas unvermittelt links in die Apfelplantagen ein. Auf diesem Weglein bleiben Sie, es führt Sie schließlich auf die Röntgenstraße. Kurz nach der Kreuzung mit der Otto-Hahn-Straße zweigt erneut ein Fußweg ab, dem Sie weiter bergab folgen. (Alternativ kann man aber auch kurz nach dem Montfort-Schlössle bei der Ortstafel „Lindau“ einem bergabführenden Gehweg nach rechts folgen.) Am Friedhof stoßen beide Wege wieder zusammen. Der Jakobsweg führt zur Kirche St. Verena, dort über den Friedhof und dann in Stufen weiter bergab. Sie erreichen die Köchinstraße, der Sie nach rechts folgen.

Lindau

Tourist-Information Lindau ☞ Lindau-Insel

Jakobus-Pilgerherberge Lindau, Oberreutiner Weg 21, 88131 Lindau (Ortsteil Reutin, direkt am Weg an der Kirche St. Verena), ☏ 01 51/25 69 71 08, von April bis Oktober, € 8, einfache Übernachtungsmöglichkeit ohne Frühstück. Küche für Selbstversorger steht zur Verfügung. Übernachtung ist nur bei Voranmeldung und gegen die Vorlage des Pilgerausweises möglich.

♦ **Jugendherberge Lindau**, Herbergsweg 11, 88131 Lindau, ☏ 083 82/967 10, jhlindau@djh-bayern.de, ab € 25,60 p. P., mit Jugendherbergsausweis

Hotel Landgasthof Köchlin, Kemptener Straße 41, 88131 Lindau (Ortsteil Reutin), ☏ 083 82/966 00, info@hotel-koechlin.de, www.hotel-koechlin.de, Restaurant: Di-So 10:00-22:00, Mo Ruhetag

✝ Sankt Josef (kath.), St. Verena (ev.) gleich neben der Pilgerherberge

⊙ Den Pilgerstempel erhalten Sie in der Tourist-Information.

Von hier aus ist der Weg zur Insel Lindau hervorragend ausgeschildert. Folgen Sie diesem Wegverlauf stadteinwärts. Über die Seebrücke erreichen Sie schließlich die Insel Lindau. Sowohl den Hauptbahnhof als auch den Hafen erreichen Sie, indem Sie durch die Fußgängerzone geradeaus Richtung See wandern.

Lindau-Insel

BANK

Tourist-Information Lindau, Alfred-Nobel-Platz 1, 88131 Lindau, ☎ 083 82/26 00 30, info@lindau-tourismus.de, www.lindau-tourismus.de, Mo, Di, Do und Fr 10:00-18:00, Mi 10:00-12:30, Sa 14:00-18:00 und So 10:00-13:00

Der Hafen von Lindau

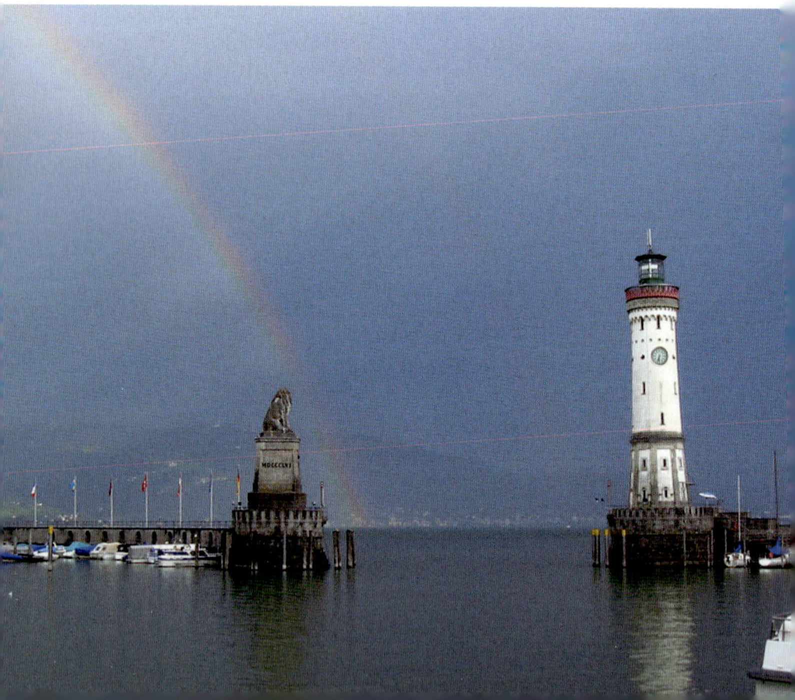

Hotel-Gasthof Alte Post, Fischergasse 3, 88131 Lindau, ☏ 083 82/93 46-0, info@alte-post-lindau.de, www.alte-post-lindau.de, EZ ab € 93, DZ ab € 185

♦ **Hotel Gasthof Stift**, Stiftsplatz 1, 88131 Lindau, ☏ 083 82/93 57-0, hotel-stift@web.de, www.hotel-stift.de, EZ ab € 105, DZ ab € 120

Park-Camping Lindau, Frauenhofer Straße 20, 88131 Lindau, ☏ 083 82/722 36, info@park-camping.de, www.park-camping.de

stündliche Verbindungen Richtung München

Vom Hafen aus fährt der Schifffahrtslinienverkehr von Mai bis Mitte September viermal pro Tag nach Rorschach in der Schweiz, wo der Jakobsweg auf dem sogenannten St. Galler Weg weiterverläuft (Verbindungen in der Hauptsaison Mai bis Mitte September um 9:10, 11:20, 16:05, 18:20, in der Vor- und Nachsaison nur Sa/So um 13:05, 15:20 und 17:40). Außerdem gibt es mehrmals am Tag eine Schiffsverbindung nach Konstanz zum Weiterwandern auf dem Schwabenweg. Weitere Informationen: Bodensee Schiffsbetriebe GmbH, ☏ 083 82/27 58 40, www.bodenseeschifffahrt.de. Passkontrolle zur Grenze in die Schweiz

✞ Das Münster Unserer Lieben Frau (kath.) ist wegen seiner Einzigartigkeit einen Besuch wert. St. Stephan (ev.)

⊙ Pilgerstempel: in der Tourist-Information sowie im Münster Unserer Lieben Frau

Lindau am Bodensee wurde vor über 1.000 Jahren im Jahr 882 erstmalig urkundlich erwähnt. Der Name „Lindau" bedeutet „Insel, auf der Lindenbäume wachsen". Auch heute noch ziert ein Lindenblatt das Stadtwappen. Die Altstadt findet sich auf der Insel Lindau, doch im Laufe der Zeit wuchs Lindau auch über die Insel hinaus und verbreiterte sich am Bodenseeufer. Heute hat Lindau über 26.000 Einwohner.

Die Ursprünge Lindaus gehen auf ein Frauenkloster im 9. Jh. zurück. Eine Legende besagt, dass Graf Adalbert zu Rätien bei einem Schiffbruch gerettet wurde und das Kloster für seine Rettung stiftete. Die katholische Pfarrkirche Münster Unserer Lieben Frau ist eines der letzten Überbleibsel des alten Konvents.

Im Jahr 1275 erhielt Lindau den Status einer Reichsstadt, der ihr auch 700 Jahre erhalten blieb. Erst Napoleon entzog die Stadtprivilegien und gliederte Lindau dem österreichischen Staatsgebiet zu. Allerdings fiel Lindau schon drei Jahre später – 1805/1806 – zusammen mit ganz Vorarlberg an den bayerischen König.

Variante 15. Etappe: Von Scheidegg über den Pfänder nach Bregenz

19,8 km, 5 Std. 15 Min., ↑ 610 m, ↓ 1.023 m, ⇧ 390-1.064 m

0,0 km	⇧ 803 m	Scheidegg
4,1 km	⇧ 881 m	Oberstein **B&B**
5,3 km	⇧ 948 m	Möggers ✞ (3 km entfernt)
13,0 km	⇧ 1.064 m	Pfänder
16,3 km	⇧ 794 m	Fluh
19,8 km	⇧ 390 m	Bregenz BANK ✞

Wenn Sie den Jakobsweg über den Pfänder an den Bodensee wählen, sind noch einmal Ihre Beinmuskeln gefragt, denn von Scheidegg geht es stetig bergauf, bis Sie den 1.064 m hohen Gipfel des Pfänders erreichen. Belohnt werden Sie auf dieser wunderschönen Tour immer wieder mit spektakulären Blicken auf die österreichischen und Schweizer Alpen und den Bodensee.

Von der Ortsmitte in Scheidegg orientieren Sie sich Richtung Kurhaus oder steigen wieder zum Panoramaweg auf und folgen diesem mit einer herrlichen Sicht auf

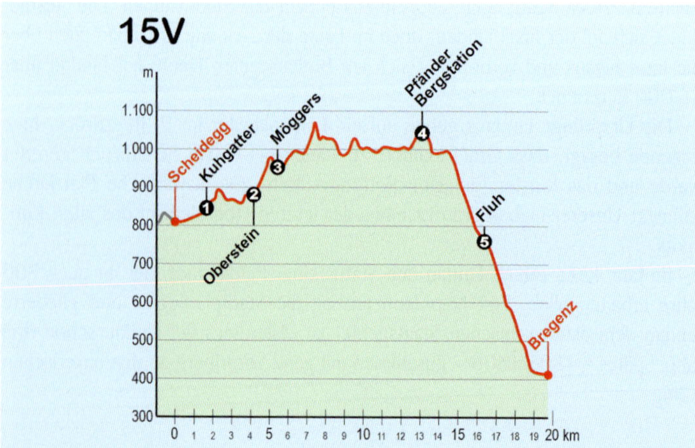

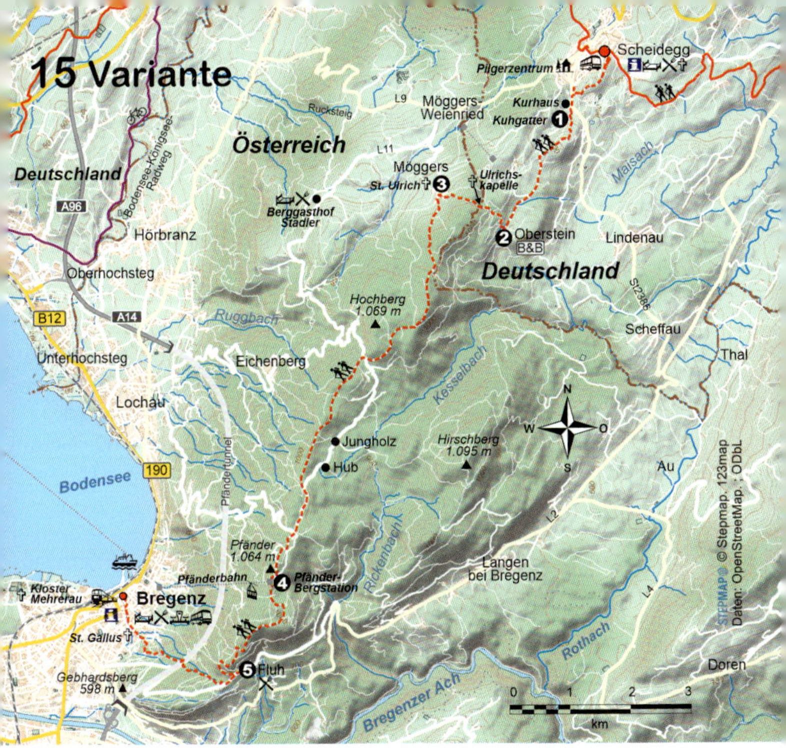

Scheidegg und die Allgäuer Alpen. Den Panoramaweg verlassen Sie am Kurhaus, wandern daran vorbei und dann rechter Hand über den Wohnmobilparkplatz.

Der Jakobsweg führt dort links durch ein Kuhgatter ❶ und dann über eine Wiese in einer lang gezogenen Kurve Richtung Wald. Kurz hinter der roten Bank am Waldrand führt der Wanderweg in den Wald und dann nach rechts weiter bergauf in Richtung **Oberstein**. Der Straße, die Sie kurz darauf erreichen, folgen Sie ein Stück nach links und gehen dann, sobald Sie ein Bauernhaus erreicht haben, links vorbei nach Oberstein ❷.

Oberstein **B&B**

B&B **Haus Matthias**, Resi Milz, Oberstein 84, 88175 Scheidegg, ☎ 083 81/73 10, milz@allgaeu.org, www.haus-matthias.de, ab € 20 p. P., Frühstück auf Anfrage, Pilgerunterkünfte in einem kleinen Gartenhäuschen mit Heizung und Kochgelegenheit in der Nähe des Bauernhofes

In Oberstein, direkt am Haus Matthias, biegen Sie nach rechts und dann gleich wieder rechts in den Wald ab, bis Sie an der Ulrichskapelle die Grenze nach Österreich passieren.

✞ Die Ulrichskapelle wurde 1005 errichtet und ist wohl die älteste Kapelle der Umgebung. Der heilige Ulrich von Augsburg (890-973) wurde von 900-908 in der Abtei St. Gallen ausgebildet. Einer Legende nach soll er sich auf seinem Heimweg über den Pfänder erschöpft und durstig an der Stelle der heutigen Kapelle niedergesetzt und Gott um einen Schluck Wasser angefleht haben. Da entsprang an einem Fels eine Quelle. Sie sprudelt bis heute und dem Wasser daraus wird nachgesagt, dass es bei jeder Form von Augenleiden helfen soll.

Im Sommer (15. Mai bis 30. September) finden sonntags um 15:00 Gottesdienste in der kleinen Kapelle statt.

⊙ Pilgerstempel: in der Kapelle

Der Jakobsweg führt hinter der Kapelle weiter bergauf, bis Sie den Ortsrand von **Möggers** (dem ersten Dorf auf österreichischem Boden) erreichen. Wandern Sie in Richtung der Kirche ❸, die hier ebenfalls dem heiligen Ulrich geweiht ist.

Möggers

🛏 ✕ **Berggasthof Stadler**, Möggers 25, A-6900 Möggers, ☏ 00 43/(0)55 73/825 72, ✉ info@der-berggasthof.com, 💻 www.der-berggasthof.com, EZ ab € 58, DZ ab € 50 p. P., Mo/Di Ruhetag, ca. 3 km/40 Min. Gehzeit vom Dorf/Kirche entfernt

✞ Sankt Ulrich (kath.)

⊙ Pilgerstempel: in der Kirche Sankt Ulrich

Möggers wurde 1591 erstmals urkundlich als Besitztum der Herren von Weiler erwähnt. Die Kirche Sankt Ulrich wurde von 1738 bis 1743 auf den Überresten eines Jagdschlosses erbaut. Der heutige Kirchturm stammt vermutlich aus dem 12. oder 13. Jh. und war wohl der Wachturm der ehemaligen Burg.

Wandern Sie in Möggers links an der Kirche vorbei und folgen Sie von nun an dem sehr gut beschilderten Pfänder Höhenwanderweg. Der Höhenwanderweg von dort bis zum Pfänder ist wirklich eine einzige Genusstour und sehr gut beschildert. Es ist beeindruckend, wenn man schließlich auf den Bodensee blicken kann und weiß, dass man so weit zu Fuß gekommen ist. An der Pfänder-Bergsta-

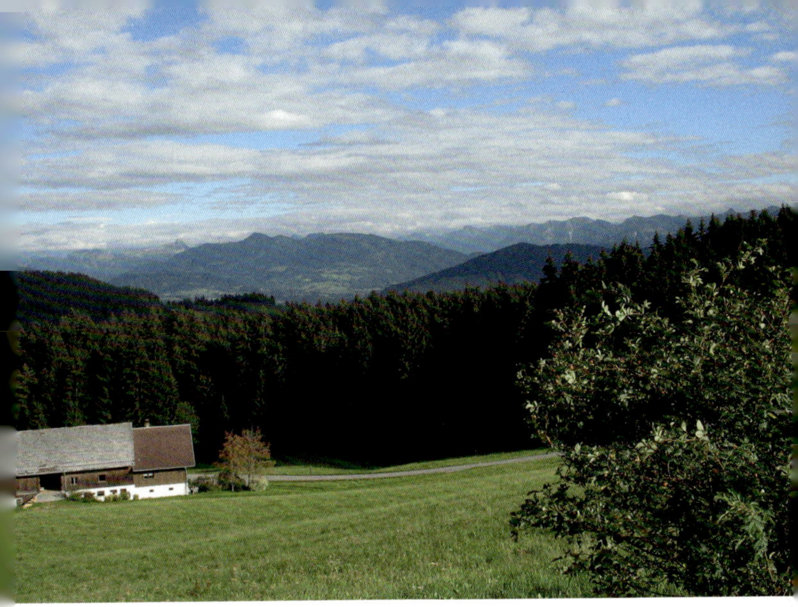

Auf dem Pfänder

tion ❹ können Sie wählen, ob Sie mit der Bergbahn nach Bregenz schweben möchten oder in etwas mehr als 2 Std. in den Ort hinabsteigen. Für die Wanderung orientieren Sie sich in südliche Richtung und laufen abwärts zu der Ortschaft Fluh. Über den Gebhardsberg und die Pfarrkirche St. Gallus geht es hinab nach Bregenz. Der Weg hinab vom Pfänder ist allerdings noch einmal sehr steil und kräftezehrend.

Pfänder

Pfänderbahn, office@pfaenderbahn.at, www.pfaenderbahn.at, täglich von 8:00-19:00 zur vollen und halben Stunde, zur Viertelstunde bei 10 Personen. Die Talstation ist 5 Gehminuten vom Schiffshafen und 15 Minuten vom Bahnhof entfernt.

Berghaus Pfänder, A-6911 Lochau, ☏ 00 43/(0)55 74/421 84, www.pfaender.at/gastronomie/berghaus-pfaender, Mai bis Ende September 9:30-18:30

♦ **Gasthaus Pfänderdohle**, A-6911 Lochau, ☏ 00 43/(0)55 74/430 73, täglich 9:30-18:30

Gasthaus Pfänderspitze, A-6911 Lochau, ☏ 00 43/(0)55 74/430 66, So-Do 10:00-19:00, Fr und Sa 10:00-22:00, Mo Ruhetag

Der Pfänder ist mit seiner einzigartigen Aussicht auf den Bodensee und auf 240 Alpengipfel der berühmteste Aussichtspunkt der Region. Bei klarem Wetter reicht der Blick von den Allgäuer und Lechtaler Alpen im Osten über den Bregenzerwald und die Arlberggipfel bis in die Schweizer Alpen hinein. 1980 wurde der Pfänder untertunnelt und verbindet so Deutschland mit Österreich.

Wenn Sie zu Fuß hinab nach Bregenz steigen möchten, gehen Sie an der Pfänderbahn vorbei in Richtung des Gasthauses Pfänderdohle, das etwas unterhalb der Bergbahn liegt. Sie wandern an dem Gasthaus vorbei in einer Linkskurve Richtung Wald. Der Weg führt dann in einer weiteren Rechtskurve weiter bergab. An der nächsten T-Kreuzug wandern Sie nach rechts. Sobald Sie aus dem Wald heraustreten, erreichen Sie die kleine Ortschaft **Fluh ❺**.

Fluh

Gasthaus Adler, Fluh 11, A-6900 Bregenz, ☏ 00 43/(0)55 74/44 87 27,
Di 17:00-22:00, Mi-Sa ab 11:00 und So und Feiertage 10:00-15:00, Mo Ruhetag

Pfänderbahn im Sonnenuntergang

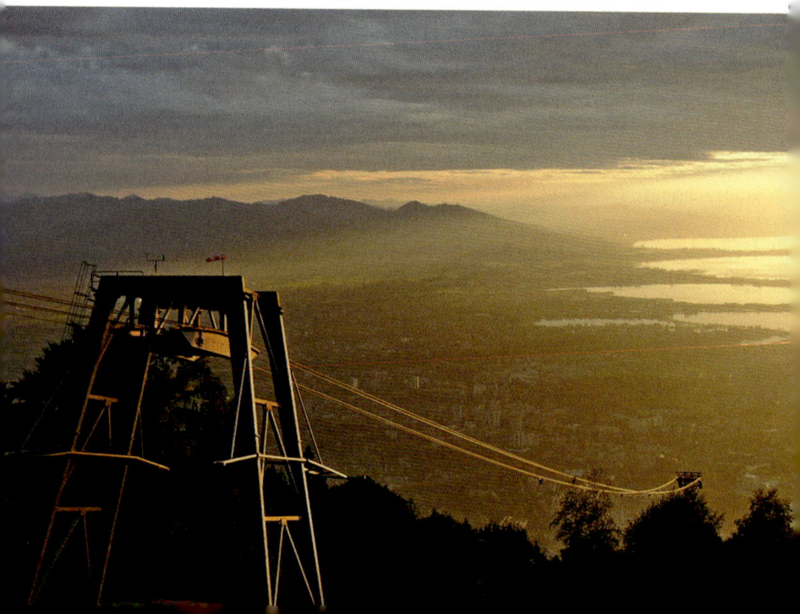

Sobald Sie Fluh erreicht haben, folgen Sie der Straße nach rechts und biegen nach den Parkplätzen erneut rechts ab. Der Weg gabelt sich mehrfach, Sie können allen Wegen hinab nach Bregenz folgen. Wenn Sie den Wald verlassen haben, folgen Sie der Schedlerstraße vorbei am Kloster Thalbach und danach der Thalbachgasse weiter geradeaus in die Fußgängerzone von Bregenz. Hier wandern Sie weiter Richtung See und erreichen so den Hafen und den Bahnhof von Bregenz.

Bregenz

Bregenz Tourismus & Stadtmarketing GmbH, Informations- und Buchungszentrale, Rathausstraße 35a, A-6901 Bregenz, ☏ 00 43/(0)55 74/49 59-0, tourismus@bregenz.at, www.bregenz.at, Mo-Fr 9:00-18:00, Sa 9:00-12:00, Juli bis 21. August täglich bis 19:00, Sa 10:00-14:00

JUFA Bregenz, Jugend- und Familiengästehäuser West, Mehrerauer Straße 5, A-6900 Bregenz, ☏ 00 43/(0)55 74/428 67, bregenz@jufa.at, www.jufa.at/bregenz, EZ ab € 86, DZ € 101, Frühstück € 18

Seecamping Bregenz, Hechtweg, A-6900 Bregenz, ☏ 00 43/(0)55 74/718 95

zahlreiche Hotels und Pensionen in allen Preisklassen

Zugverbindung nach München

Abtei Wettingen Mehrerau (kath.), Pfarrkirche Zum heiligsten Herzen Jesu (kath.)

⊙ Den Pilgerstempel erhalten Sie in der Abtei Wettingen Mehrerau (Mehrerauer Straße 66, A-6900 Bregenz) sowie im Martinsturm (Martinsgasse 3b, A-6900 Bregenz, Di-So 10:00 bis 17:00).

Die Geschichte Bregenz' geht auf die befestigte keltische Siedlung Brigantion vor mehr als 2.000 Jahren zurück. Seit jeher ist Bregenz für die Bodenseeschifffahrt ein wichtiger Hafenplatz. Das wussten auch die Römer, die um 15 v. Chr. die Bodenseeregion für ihren Kaiser August eroberten und an der Stelle des heutigen Brengenz ein Kastell errichteten. Um das Kastell entstand in den darauffolgenden Jahren die römische Stadt Brigantium. Lange Zeit war Brigantium eine wichtige Handels- und Verkehrsmetropole für die Römer. Bis zum Ende des 4. Jh. sollen im Hafen noch Schiffe der römischen Armee stationiert gewesen sein.

Um 610 ist die Christianisierung durch die Missionare Columban und Gallus belegt. Eine erste urkundliche Erwähnung von Bregenz findet sich erst um 802. Zu dieser Zeit wurde der Ort von den Grafen der Udalrichinger beherrscht und nachdem diese ausgestorben waren, übernahmen im 12. Jh. die schwäbischen Grafen von Montfort die Herrschaft. Die eigentliche Gründung der Stadt Bregenz

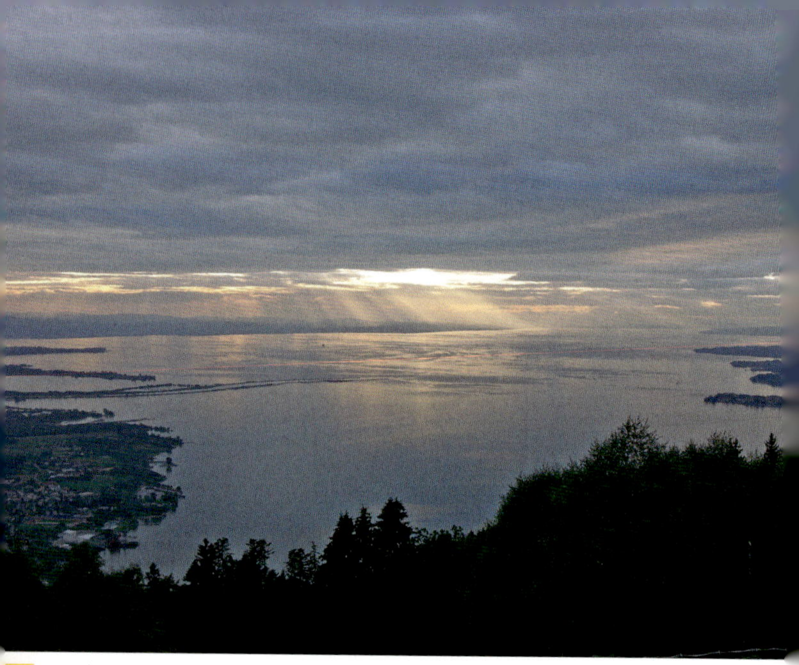

Abendstimmung am Bodensee

– so wie wir sie heute kennen – auf dem Plateau der Oberstadt erfolgte um 1250 durch die Grafen von Montfort. Als 1523 der Bregenzer Zweig der Grafen von Montfort ebenfalls ausgestorben war, kam die Stadt Bregenz an die Habsburger und wurde somit österreichisch. Nun wurde der Ort zur Festung ausgebaut. Nach den napoleonischen Kriegen und dem Frieden von Preßburg gehörte Bregenz von 1805 bis 1814 für eine kurze Zeit zum Königtum Bayern. Die bayerische Herrschaft, die besser war als ihr Ruf, brachte einen enormen Modernisierungsschub für die Bodenseegemeinde. Als Bregenz 1814 wieder zu Vorarlberg kam, wurden die meisten der Gemeindereformen beibehalten.

Wirtschaftlich ist Bregenz heute eine wohlhabende Stadt. Im 19. und 20. Jh. erfuhr die Stadt eine starke wirtschaftliche Entwicklung mit Nahrungs- und Genussmittelindustrie, Feinmechanik und Textil. Auch der Fremdenverkehr ist eine große Einnahmequelle. Vor allem ist Bregenz für die Festspiele bekannt, die alljährlich in den Sommermonaten auf der spektakulären Seebühne stattfinden.

So geht es weiter

Wenn Sie Ihren Camino weiter in die Schweiz fortsetzen wollen, haben Sie von Lindau aus die Möglichkeit, noch über Wasserburg nach Nonnenhorn weiterzuwandern und dann mit dem Schiff nach Konstanz überzusetzen. In Konstanz setzen Sie die Route dann auf dem sogenannten Schwabenweg fort. Außerdem können Sie direkt von Lindau aus nach Rorschach übersetzen und von dort über Sankt Gallen nach Einsiedeln weiterwandern.

Von Bregenz aus gibt es drei verschiedene Möglichkeiten: Sie können mit dem Schiff ebenfalls nach Rorschach in die Schweiz oder nach Konstanz fahren und dort auf dem St. Galler bzw. Schwabenweg weiter in Richtung Santiago wandern. Oder Sie folgen der Beschilderung des Jakobsweges von Bregenz zu Fuß nach Rorschach zum Anschluss an den St. Galler Weg. Dieser führt von Rorschach über St. Gallen nach St. Peterzell und von dort nach Einsiedeln.

Weitere Informationen:

www.jakobsweg.ch

oder

Engel, Hartmut, **Schweiz: Jakobsweg vom Bodensee zum Genfersee**, Conrad Stein Verlag, ISBN 978-3-86686-656-0

Index

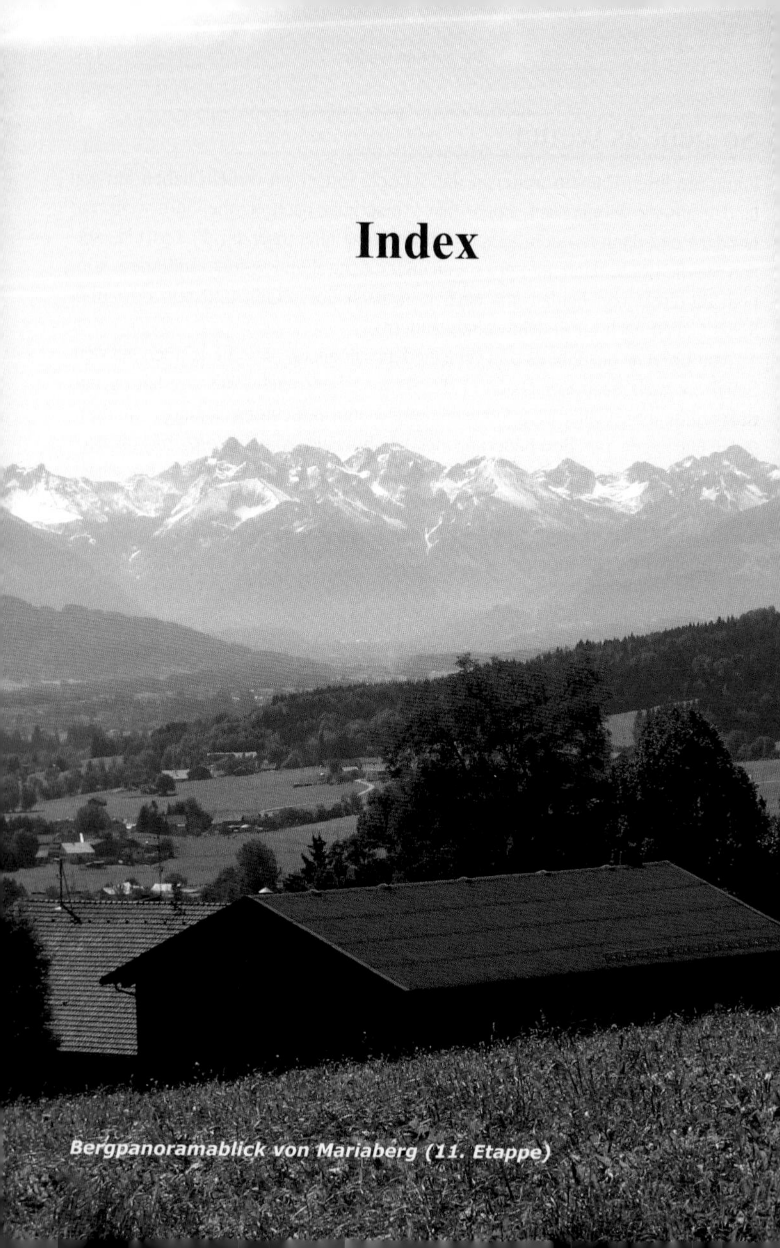

Bergpanoramablick von Mariaberg (11. Etappe)

A

B

D/E

F/G

H

K

L

M

N